KB140135

문명충돌과
美中무역전쟁

한중 경제관계에 미치는 영향과 대응방안 모색

문명충돌과 美中무역전쟁

한중 경제관계에 미치는 영향과 대응방안 모색

정인갑 · 조평규 · 박동훈
박재진 · 안유화 · 전병서 외 지음

『문명충돌과 美中 무역전쟁』 발간사

세계 경제정치 지형이 요동친다

미중 무역전쟁이 한창 치열하게 진행 중이다.

2019년 10월초 현재 일각에서는 이번 미중 무역전쟁을 21세기 냉각된 평화전쟁이라고 한다. 21세기 들어 첫 20년이 마무리되어 가는 시점에 국제관계에서 미-중 양국이 심각하게 대치되어 있는 새로운 양상이 연출되고 있다. 하면 우리는 이 미-중 대립과 같은 세계적인 국면을 어떻게 이해할 것인가?

역사적인 안광으로 현재를 바라보는 것, 이것이야말로 현재를 이해하는 가장 보편적이고 효과적인 방법일 것이다. 하지만 역사적인 안광에도 방법론이라는 문제가 존재해 있고, 역사는 중복되지 않으며 우리 사는 세상에는 날마다 신기한 사건사고들이 발생하고 있다. 따라서 21세기의 국제관계에도 중대한 변화가 일어나고 있다.

과거와 현재를 이해함에 있어서도 수많은 개념들을 제시한 이론들이 있으므로 기존의 국제관계이론을 그대로 인용하는 것도 한 가지 방법일 것이다. 그리고 미래를 예견하는 사회과학이론 또한 근거 없는 것이라고 할 수는 없지만, 과거지사를 아우르는 참신한 이론으로 새로운 사물을 새롭게 해석하는 방법 또한 지식의 진보를 가져올 것이다.

 주지하다시피 지금 지구촌에서는 가장 영향력이 막강한 두 나라 중국과 미국이 무역전쟁 중이다. 트럼프 미국대통령은 2018년 3월 22일 중국 301조 조사결과 관련 행정명령에 서명하면서 대중국 무역전쟁을 선포했다. 이번 무역전쟁의 영역은 산업 및 경제 전반, 심지어 정치, 군사문제로까지 넓혀지면서 한때는 파국직전의 대치국면으로 치달았다.

이번 중미 무역전쟁은 결과에 따라 글로벌 경제 정치 지형도에도 적지 않은 영향을 미치고 있다. 지난 1년 4개월간 중미는 싸우다가는 담판하고 담판하다가 또 싸우면서 오늘날까지 왔다. 지금까지의 현실이 증명하다시피 이번 무역전쟁은 승자도 패자도 없다. 지속된다면 결과적으로는 양국이 모두 중대한 피해를 볼 것이며 전 세계의 평화와 발전에 엄중한 악영향을 끼칠 것은 자명하다.

중국은 무역전쟁 장기화를 각오하고 있는 분위기다.

9월 4일 중국 관영 신화통신에 따르면 시진핑 중국 국가주석은 전날 중앙당교 간부 교육생들 앞에서 "각종 위험과 도전이 쌓여 집중적으로 드러나는 시기를 맞았다"면서 "우리가 맞이한 각종 투쟁은 단기가 아니라 장기적이겠지만 중국이 반드시 단호히 투쟁해야 하며 또한 투쟁에서 승리해야 한다"고 촉구했다. 시 주석이 발언에서 투쟁의 대상을 구체적으로 언급하지는 않았지만 중국이 마주한 최대 숙제가 무역전쟁인 만큼 중국의 물러서지 않겠다는 의지와 협상 지연을 예고한 것으로 풀이되고 있다.

지난 5월 미국 폭스뉴스 비즈니스 채널의 앵커와 무역전쟁을 놓고 설전을 벌였던 중국 국영 방송 CGTN의 앵커인 류신도 무역협상 재개 가능성에 물음표를 던졌다. 류 앵커는 3일(미국시간) CNBC 인터뷰에서 "트럼프 대통령의 무역전쟁 관련 발언들은 상황을 더 복잡하고 지치게 만든다. 이달로 예정된 미·중 무역협상 가능성도 해치고 있다"고 발언했다. 그는 "중국은 무역전쟁 종식을 원하고 있지만 자국 이익은 계속 보호할 것"이라며 "미국은 협상 재개가 가능할 수 있도록 좋은 조건들을 만들어야 할 것"이라고 말했다.

미중 간 무역전쟁 종식을 위한 돌파구가 마련되지 못하고 있는 가운데 중국은 미국 운송업체 페덱스를 옥죄며 미국을 향한 압박을 이어나가고 있다. 페덱스 중국 지부는 최근 홍콩이 목적지로 되어있는 페덱스 소포 안에서 칼을 적발하고 공안 당국에 신고했다. 칼이 든 소포를 압수한 공안 당국은 현재 관련 사건에 대해 조사를 진행 중이다. 페덱스가 무기를 운반한 것으로 판정될 경우 면허 취소 및 중국 시장 퇴출 같은 심각한 결과로 이어질 수 있다.

"강 건너 불 보듯 더는 할수 없다."

동북아지역은 두 강대국의 갈수록 치열해지는 무역전쟁 가운데서 샌드위치 격이 되고있다. "고래싸움에 새우등 터진다"고 강렬한 위기의식을 절감한 한국과 중국의 우리 민족 교수 학자들은 그 출구를 모색하기에 모질음을 쓰고있다. 이런 전 세계적인 전대미문의 격랑속에서 한국과 중국의 지성인들은 사명감과 책임감이 막중함을 강하게 느끼였다. 그래서 지난 7 월19일 한국 정치경제의 지역, 서울의 노란자위 여의도에 위치한 한국 중소기업중앙회 청사에서 학술세미나를 거행하였다. 주제는「중미무역전쟁이 한중경제관계에 미치는 영향과 대응방안 모색」이다. 그후에도 여러 차례 각종 경로를 통하여 상기한 주제를 둘러싸고 토론도 벌리고 많은 정책대화도 진행하였다. 이를 토대로 비교적 체계화하고 참고가치가 농후한 결과물을 도출해 낼수 있게 되었다. 그리고 도서로 출판할 수 있게 되었다.

세상에 절대적 완벽함이란 존재하지 않는다. 이 도서도 마찬가지이다. 미중(美中)간의 무역전쟁이 한중(韓中)관계에 미치는 영향과 그 대응방안을 모색하였고 이 공동한 주제연구에 정진하였다. 한국과 중국의 교수 학자들의 피 타는 노력과 각고의 탐구가 슴베였지만 의연히 성숙되지 못한 주장과 관점들도 존재하는 등 부족점을 승인하지 않을 수 없다. 하지만 이런 주장과 제언들이 자국의 실정을 돌아보고 분석하고 상응한 대응방안을 모색하는 동시에 상대를 통하여 자신들을 돌아보는 창과 거울이 되고 상대의 주장과 관점과 제언들에서 훌륭한 것과 참고가치가 있는 것으로 자신들을 보완하는 타산지석이 된다면 만족하겠다.

발간사를 마치면서 이 프로젝트를 기획하고 학술세미나를 거행하고 그 주장과 관점과 제언이 헛되지 않도록 공동으로 힘써 주신 한국과 중국의 모든 교수 학자님 그리고 후원자님들과 출판사 해당 인사들에게 심심한 사의를 표시한다. 동시에 도서의 출판에 혼신을 다하여준 동포세계신문의 대표이신 김용필 주필한테 특히 감사를 드리는 바이다.

2019. 10. 서울에서
발행인 장경률

목 차

PART II 전문가 논단 - 문명의 충돌과 美中 무역전쟁

PART Ⅲ 자유논단 - 美中 무역전쟁에 관하여

PART IV 부록

기획특집 - 언론보도를 통해 본
미중 무역전쟁 전개과정

2003년~2016년
미중 무역전쟁의 서막

2003년 – 미국 대선 앞둔 위안화 전쟁

인터넷 언론 프레시안은 9월 5일 중-미 '위안화 전쟁'이 본격화 되었다고 보도하였다. 위안화 평가절상 문제에 대해 세계경제계가 주목하고 있는 가운데, 미국 부시 대통령이 2004년 재선 승리를 위해 경기활성화와 실업률 해소를 위해 중국에 위안화 평가절상을 강하게 요구하고 나왔다는 분석이다. 여기에 미국 언론 뉴욕타임즈(NYT)가 "대선을 앞두고 경기불황을 중국에 떠넘기는 무책임한 행동"이라고 비판한 내용도 인용보도하였다.

2004년 – 미국대선, 국내 문제보다 외교전략이 승산 요인

베이징칭넨바오(北京靑年報)는 우이(吳儀) 대외무역담당 부총리가 4월 21일 미국을 방문해 대미 무역분쟁 타협점을 찾기로 했다고 보도했다. 주요 쟁점은 중국 반도체 세제에 대한 미국의 세계무역기구(WTO) 제소, 중국의 독자 무선랜 표준 고수, 지적재산권 침해 논란 등이다.

　중국 관영매체는 이 주요쟁점 사안에 대해 타결점을 찾게 될 것이라고 기대하며 보도했다. 4월 9일 헤럴드경제는 이같은 소식을 전하며 "전문가들은 중국이 자유무역, 공정경쟁, WTO 양해각서 이행을 위해 노력할 것이라는 다짐에도 불구하고 미국 행정부는 오는 연말 대선을 의식, 매우 강경한 태도로 중국 측을 압박할 것으로 전망하고 있다."고 보도했다.

　7월 14일자 중국 신화사 국제뉴스전문 주간지 국제선구도보는 홍콩중문대 아태연구소 왕쟈잉 교수와의 인터뷰 보도를 "전통적으로 비교적 온화한 친중노선을 실시하는 민주당이 올해 대선에서 승리할 경우 앞으로 4년간 중미관계의 발전에 상당히 유리할 것"이라는 논평을 실었다. 중국이 외교관계에서 최우선시하는 대만문제와 홍콩의 민주화문제에 있어서 미국과 입장 차이를 보이며 갈등을 빚고 있는 가운데 중국이 부시 재선 보다 민주당 케리 후보의 승리를 바란다는 것을 표명한 것이어서 주목을 끌었다.

　7월 20일 이를 인용보도한 내일신문은 "지금까지 미국 국내문제가 대선의 결정적 요인이었으나 올해만큼은 이라크 전쟁, 북핵 등 중요한 국제현안들과 더불어 외교전략이 가장 큰 승산 요인이 될 것"이라고 내다봤다.

2005년 – '신흥강국' 중국

미국 대 중국 무역적자가 1994년 295억 달러에서 2004년에는 1620억 달러로 증가했다. 이런 변화로 미국과 중국의 무역분쟁은 심화되고 전투적인 양상으로 변했다.

미국은 중국의 섬유 및 의료 등 특정 제품에 수입쿼터를 제한했으며 미국의 상무장관 존 스노우는 중국의 외화정책을 공개적으로 비난하고 나섰다.

스노우는 보고서에서 "현재 중국의 정책은 매우 왜곡된 것이며 중국 경제, 무역 대상국, 세계 경제 성장에 위협이 되고 있다"고 밝혔다. 이에 중국 수상 웬 지아바오는 중국이 환율개혁에 있어서 외국의 압력에 굴하지 않을 것이라고 맞대응하였다.(5월4일 ZDkorea)

7월15일자 동아일보는 "中 견제 수위 높여가는 미국"이라는 제하의 스인홍 중국 런민(人民)대 국제관계학원 교수의 기고문을 게재했다. 스인홍 교수는 "중-미 관계에는 경제적 상호의존, 안보문제의 선택적 협력, 정치와 외교문제의 이견, 전략적 경쟁이라는 4개 주요 영역이 있다. 현재 이들 영역의 모순과 긴장 정도가 명확해지고 있다."고 분석하고 말미에 "미국은 중국에 대한 전략적, 군사적 대비 필요성을 더욱 강하게 느끼고 있다. 중국의 군사력 신장은 미국 전략가와 신보수파들에게 두드러진 과제로 떠오르고 있다. 이들은 미국에 가장 중요한 전략 자산인 '절대적인 군사 우위'를 유지하려 할 것이다. 이런 상황은 향후 중미 관계를 규정하는 요소로 작용할 것이며 점차 강대국 간의 경쟁 관계라는 전략적 색채를 띠게 될 것이다."고 전망했다.

2007년 – 또다시 불거진 '중국위협론'

금희연 서울시립대 교수(중국정치)는 7월호 신동아에 "다시 떠오른 '중국 위협론'의 실체"라는 글을 기고했다.

주요내용은 1990년대 떠오른 중국위협론이 다시 떠오르고 있다는 것이다. 주요 근거로 3월 27일 '초대형 항공모함 건조계획'을 담은 중국공산당 내부자료를 인용 보도한 외신보도 내용, 그리고 5월 25일 미 국방부가 배포한 '중국 군사력에 관한 연례보고서'에서 '중국이 여전히 국제사회의 군사적 균형을 파괴하고 평화를 위협하는 군사대국으로서의 패권을 추구한다'고 강력히 비난했다는 내용이다.

금희연 교수는 '중국위협론'에 대해서 '미국의 중국 때리기', 또는 '기우론'이라는 주장을 분석해 소개했다.

중국 위협론이 최초로 세상에 알려진 것은 1990년 8월 일본방위대학의 무라이(村井友秀) 교수가 '제군(諸君)'이라는 잡지에 기고한 '중국, 잠재위협을 논함'이라는 논문에서였다. 미국에서는 1992년 '폴리시리뷰(Policy Review)' 가을호에 로스 먼로 교수가 '깨어나고 있는 거룡(巨龍), 아시아의 진정한 위협은 중국으로부터 온다'라는 논문을 게재하면서 '중국 위협론(China Threat)'이라는 용어가 본격적으로 학계와 언론계, 군사 및 안보 전문가들 사이에서 사용되기 시작했다.

이후 중국 위협론은 미국과 중국의 관계가 악화되거나 중요한 사안이 발생할 때마다 어김없이 등장하게 된다. 1995년과 1996년 미국은 홍콩 반환으로 자유세계가 전체주의의 위협을 받을 수도 있다면서 중국 위협론을 재등장시켰고, 1997년에는 이를 극명하고 적나라하게 묘사한 리처드 번스타인과 로스 먼로의 '다가올 중국과의 일전(Coming Conflict with China)'이 출간됐다.

2008년 – 21세기 금융전쟁 서막, 중국 "위안화를 기축통화로"

베이징올림픽이 열린 2008년 미중관계는 "당선되면 환율 문제를 대(對)중국 정책의 최우선 과제로 삼겠다"고 한 오바마의 제44대 미국 대통령 당선으로 새로운 국면을 맞게 되었다.

2007년 미국의 대중국 무역적자는 2천563억달러를 기록했다. 11월 6일자 연합뉴스는 "오바마 당선...中, 외교탐색전 경제패권 도모" 제목하 보도에서 "오바마 당선인 취임 이후 중국과 미국의 관계는 겉으로는 양국관계 발전을 위해 노력하겠다고 떠들겠지만 뒤돌아서면 세계 패권을 둘러싸고 총성 없는 외교전을 벌일 것"으로 전망했다.

12월 5일 SBS 뉴스는 '환율전쟁' 중·미 전략대화...'날카로운' 신경전 제목 보도에서 폴슨 미국 재무장관이 "미국은 중국에 대한 심각한 무역불균형을 해소하기 위해서라도 위안화의 평가절상이 절실한 상황"이라고 말하는 장면과 왕치산 중국 부총리가 "미국은 경제와 금융시장을 안정시켜 중국이 미국에 투자한 자산의 안전을 보장해야 한다"고 말하는 장면을 방송하였다. 2008년 중국은 5,850억 달러에 이르는 미국 국채 최대보유국이었다.

2009년 – "차이메리카"

2009년은 미국과 중국이 공식 외교관계를 수립 한지 30주년을 맞는 해이다. 전 세계의 유일한 초강대국인 미국과 개혁개방 30년간 세계적인 경제대국으로 부상한 중국은 1979년 1월1일자로 대사급 공식 외교관계를 수립했다.

중·미 수교는 '죽의 장막'에 가려졌던 중국이 개혁개방 정책의 천명과 함께 세계무대를 향해 장막을 걷어낸 사건으로 세계 질서에 큰 변화를 초래한 역사적인 사건이었다.

중국 차이나데일리, 북경청년보(北京靑年報) 등 중국 언론들은 2009년 새해를 앞두고 '중미 건교 30주년'이란 제목의 특집기사를 실어 세계의 근현대사에 한 획을 그은 역사적인 사건을 기념하고 축하했다.

그러나 30년 수교를 맺어온 미중관계는 공생관계에서 균열과 충돌이 곳곳에서 감지되고 있다는 분석이다.

9월 17일자 한겨레신문은 "점점 더 멀어지는 '차이메리카'"라는 제목하에서 "미국 국가정보국(DNI)은 15일 내놓은 <2009 국가정보전략보고서>에서 중국을 북한, 이란, 러시아와 함께 "전통적 또는 새로운 수단으로 미국의 이익에 도전하는 주요 국가"로 분류했다. 이 4개국은 앞으로 4년 동안 미 국가정보국이 첩보 활동 목표로 삼는 '가상적'이 됐다."고 보도했다.

이 보고서는 데니스 블레어 미국 국가정보국장의 이름을 따 '블레어 보고서'라고 불리운다. 이 문서는 "중국은 미국과 여러 측면에서 이해관계를 공유하고 있지만 자원경쟁에 집중된 중국의 외교와 군사 현대화 등은 중국을 복잡한 글로벌 도전자로 만드는 요인들"이라고 지적했다. 또 중국이 "사이버 공간에서 매우 공격적"이라면서 사이버공간에서 미국을 위협할 수 있는 핵심 국가로 분류했다.

이 보고서에 대해 푸단대학 미국연구소의 션딩리 교수는 9월 17일 <글로벌타임스>에 "서로 다른 이데올로기를 가진 두 주요국으로서, 미국과 중국은 여러 전선에서 경쟁하고 있으며, 이 보고서는 중국이 점점 더 부상하는 가운데 이에 대해 주의하겠다는 미국의 전략을 보여주는 신호"라고 분석했다.

오바마 美대통령의 11월 15일 중국 방문을 앞두고 미국과 중국의 무역전쟁이 치열해지고 있다는 분석도 있었다. 중국 경제참고보(經濟參考報)가 11월 9일 오바마 대통령이 방중을 앞두고 위안

화 평가절상 압력을 가하기 위해 무역전쟁을 일으키고 있다고 보
도했기 때문이다.

미국은 2009년 9월 중국산 타이어에 반덤핑 관세를 부과키로
하고 11월 5일 강관 제품에 대해서도 최고 99%의 반덤핑 관세를
부과하겠다는 예비판정을 내렸다.

* 차이메리카 : 중·미 경제적 공생관계를 의미하는 신조어

2010년 - 구글발 사이버전쟁

2010년 새해 벽두부터 미국과 중국은 사이버 전쟁으로 불꽃을
틔였다.

지난해 12월 중국 인권운동가 두 명의 G메일(구글의 이메일)
계정이 해킹당하는 사건일 벌어졌다. 이에 1월 13일 구글은 중
국의 인터넷 검열과 해킹에 반발하고 중국에서 철수할 것임을
밝혔다.

미국 정부는 구글을 두둔하고 중국의 인터넷 검열을 없애기 위
해 세계무역기구(WTO)에 제소하는 방안을 논의한다고 밝혔고,
곧이어 중국도 "구글 해킹 사건에 중국 정부가 관여하지 않았다"
고 부인하면서 "인터넷 검열은 불가피하다"는 입장을 담은 성명
서를 1월 25일 신화사를 통해 발표했다.

1월 25일자 서울경제는 "미국과 중국이 구글발 사이버 전쟁을

매개로 한치 양보없는 공박을 펼치며 전면전 양상으로 치닫고 있다."고 보도했다. 같은 날 한국경제도 "구글 갈등은 美·中 패권 분쟁 대리전"이라는 제목의 보도를 통해 미중간에 격화되는 사이버전쟁의 배경을 구체적으로 소개했다.

중국은 2003년부터 베이징 광저우 등 4대 군구 산하에 미국 유학생 등 2000여명의 해커로 구성된 '전자전 부대'를 창설해 운영 중이며 '홍커(레드 해커)'로 불리는 100만여명의 민간 해커들은 2001년 백악관 사이트를 완전히 다운시키기도 했다는 것이다.

구글사태로 인한 미국과 중국 정부 간 갈등은 새해 초부터 불거진 △중국산 철강제품에 대한 미국의 반덤핑 관세 부과와 △대만에 무기 판매를 결정한 미국에 항의하기 위한 중국의 첫 지상 미사일 요격 실험 등에 이은 것으로 군사·무역에 이어 인터넷까지 미중충돌이 전방위로 확산되어 가고 있음에 언론은 주목했다.

[2010년 화제의 책] '중미전쟁' – 차이메리카는 없다.

2010년 11월 관심을 끈 책이 있다. 랑셴핑(郞咸平) 홍콩 중문대 석좌교수가 발간한 '중미전쟁'(비아북 펴냄)이다. 대만 출신 경제학자 랑셴핑(郞咸平)은 미국과 중국이 벌이고 있는 경제패권 경쟁을 분석했다. 특히 중국과 미국 경제전쟁의 핵심 아젠다인 환율과 무

역, 원가 경쟁을 중심으로 한 신경전들을 다루고 있다.

중국은 미국과의 경쟁공생 관계를 의미하는 '차이메리카'(chimerical)라는 신조어까지 만들어냈다. 중국이 앞으로 10년 후 미국을 제치고 세계 1위에 오를 것이라는 전망까지 나오고 있다. 그러나 저자는 중국이 세계 패권 장악이라는 성공 가능성에 취해 샴페인을 터트릴 때 미국은 이미 대대적인 경제전쟁을 준비하고 있고 중국이 이에 대비하지 않으면 위기가 올 것이라고 경고했다. '차이메리카'는 존재하지 않는다고 단언했다.

더 구체적으로 미국은 중국의 위안화 평가절상이 기대에 못 미치면 무역전쟁과 원가전쟁의 수순을 밟아 자국의 무역 적자를 극복하려고 할 것이라고 저자는 전망하기도 했다. 중국을 환율 조작국으로 지정해 관세를 27.5% 인상하고 슈퍼 301조를 발동해 관세를 추가로 부과하며 원자재 국제가격을 인상시켜 중국 제조업체들의 원자재 수입부담을 유발해 중국내 인플레이션을 야기할 것이라는 게 저자의 시각이었다.

랑셴핑 교수의 이런 분석이 과연 현실화 될지 주목을 받았던 것이다. 또한 2010년 11월 11월, 12일 이틀간 열린 G20(선진20개국) 서울 정상회의에서 버락 오바마 미국 대통령과 후진타오 중국 국가 주석은 환율 문제로 날선 공방을 벌이는 등 환율이 세계 경제의 최대 관심사로 떠올랐다.

2011년- 후진타오의 방미(訪美)

2011년 새해 화두는 1월 18~20일 후진타오(胡錦濤) 중국 국가 주석의 미국 국빈방문이다. 1979년 1월 덩샤오핑은 미국을 방문해 미국과의 30년간의 적대 관계를 청산하고 국교를 수립했다. 이번 후진타오 미국방문도 미중 양국관계에서 가장 역사적인 이벤트로 전 세계의 주목을 받았다. 향후 미중 관계가 어떻게 설정되느냐가 세계사의 흐름에도 상당한 영향을 미칠 것으로 전망되고, 그만큼 중국의 영향력이 커졌기 때문이다.

1월 16일 연합뉴스는 <미중 정상회담>에 대해 의미와 전망을 내놓았다. 덩샤오핑 방미 이후 30여년동안 중국의 성장은 눈부셨다. 그 무렵 중국의 국내총생산(GDP)는 1천억달러를 약간 웃도는 수준이었으나 지금은 5조달러에 육박하며 세계 2위 경제대국으로 부상했다. 당시 두 나라의 교역량은 수억달러 규모에 불과했지만 지금은 연간 4천억달러를 넘어섰다.

지난해 벽두 구글발 '사이버 전쟁'을 필두로 갈등이 불거지더니, 남중국해 분쟁지역에 대한 중국의 '핵심이익' 선포로 빚어진 마찰, 북한의 도발적 행동에 대한 이견, 중국의 전략자원인 희토류 수출 규제 조치 등으로 양국 관계는 악화일로로 치달았다.

게다가 미국의 대만 무기 판매, 중국의 군사력 증강, 위안화 평가절상 문제 등 양국의 이해가 엇갈린 마찰 요인들이 잇따랐다.

지난해의 갈등 국면을 거친 후 후진타오 주석이 워싱턴을 국빈

방문하고 정상회담이 열리기 때문에 이번 회담의 의미는 더욱 커
졌다는 분석이다.

"위안화 환율 충돌은 中美간 신 냉전" 中 전문가

10월 11일(미국시간) 미국이 위안화를 겨냥한 '환율감시개혁법
안'을 통과시켰다.

10월 12일(중국시간) 중국 외교부 미국에 대해 "해당 법안은
'환율불균형'이란 명분 아래 보호주의를 실행하는 것으로 세계무
역기구(WTO) 규정을 심각하게 위반하는 것"이라고 비난했다.

11월 22일 광동공영(廣東共贏) 경제학연구원 마궈슈(馬國書)
원장은 중국경제망(中國經濟網)에 기고한 칼럼에서 "냉전당시 미
소(美蘇)간 대결 구도처럼 중국이 원하든 원하지 않든 세계에는
중미간 환율대결의 새로운 구도가 형성되고 있다"면서 "미국은
적자패권국이고 중국은 세계 최대흑자국으로 이런 불균형 구도가
장기화되면 결국 환율문제의 정치화는 불가피하다"고 말했
다.(CBS 노컷뉴스 2011.11.22.)

2012년 – 불 붙은 '패권전쟁'

미국은 지난해 대(對)중 무역적자가 사상 최고치인 2,954억
5,800만달러를 기록한 가운데, 11월 대통령 선거를 맞게 된 오바

마 행정부는 '중국 때리기'를 본격화 하는 모양새이다. 미 공화당 대선후보 경선의 선두 주자인 밋 롬니 전 매사추세츠 주지사는 "오바마 대통령이 일자리를 훔치는 중국에 제대로 대응하지 못하고 있다"며 "대통령이 되면 중국 정부의 환율정책에 맞서 행동에 나설 것"이라고 주장했다.

3월 2일 서울경제는 "美-中 통상전쟁도 일촉즉발"이라는 제목의 보도를 통해 미 무역대표부(USTR)가 3월 1일(현지시간) "중국이 공정무역 관행 약속을 준수하도록 모든 수단을 사용하겠다"며 "올해 전면전이라도 불사하겠다"는 연례보고서를 발표했다고 보도했다. 중국 정부의 보조금 지원 등 불공정한 지원 행태와 미국 기업에 대한 차별정책을 종식할 수 있도록 공정무역 이행 노력을 끊임없이 촉구할 것이라는 내용과 중국에 투자시장 개방과 각 분야의 시장 진입장벽 해소, 시장의 투명성 제고, 세계무역기구(WTO) 정부조달협정의 협상 마무리 등을 위해 지속적으로 압력을 행사할 것이라는 게 주요내용이다.

미 행정부는 2월 28일 중국을 겨냥해 각국의 불공정무역 관행을 감시하고 대응할 정부 차원의 '범부처무역집행센터(ITEC)'를 신설하기로 결정한 데 이어 불과 3일 만에 강경대응 방침을 또다시 예고한 것이다.

이런 미국의 조치에 대해 로이터통신은 "미 정가가 대선을 앞두고 일자리를 창출하라는 미국 유권자의 거센 압력과 정서에 편승하는 선거전략으로 중국의 불공정무역을 거론하고 있다"고 분석했고, 중국 기관지 인민일보는 "양국 간 무역경쟁이 새로운 단계로 진입했다"며 "경제에서 촉발된 마찰이 군사 등 다른 부분에까지 확산될 수 있다"고 경고했다. 특히 제5세대 지도부 교체를 앞두고 수출감소로 어려움을 겪고 있는 중국도 연 8% 이상 성장 목표를 달성하기 위해 미국에 더는 밀릴 수 없다는 분위기임을 서울경제는 전했다.

7월 16일 CBS 노컷뉴스는 중국이 태양광의 핵심부품인 한국산 폴리실리콘에 대해 반덤핑 예비조사에 착수했다는 소식을 전하면서 "중국으로선 미국산에 대해서만 반덤핑 예비조사에 착수할 경우 중미 양국간 무역분쟁이 격화될 소지 등을 감안해 한국산 제품을 '끼워넣기'했을 것"이라고 분석했다. "반덤핑"을 놓고 벌이는 中·美 무역분쟁이 한국에 불똥이 튀고 있음을 보여준 사례가 되었다.

2011년 버락 오바마 미국 대통령은 미국 외교정책의 중심축을 중동에서 아시아로(Pivot to Asia) 옮기겠다고 공표하였다. 2010년 일본을 제치고 세계 2위로 부상한 중국의 경제력과 급팽창하는 군사력에 심각한 위협을 느낀 미국이 중국 '봉쇄'를 노리고 본격적으로 팔을 걷어붙인 것이라는 분석이다.

9월 19일 서울경제는 '동북아 신냉전시대 온다<1> 20년 만에 불붙은 패권전쟁'이라는 분석 기사에서 이같이 지적하고 "중국 역시 2008년 금융위기로 미국의 패권이 흔들리는 사이 막강한 자금력을 내세워 본격적인 세력과시에 나서고 있다. 후진타오 정권은 대외적으로 '화평굴기(和平崛起·평화롭게 강대국으로 일어선다)'를 외교노선으로 내세웠지만 실질적으로는 공세적 의미의 '대국굴기(大國崛起·큰 나라로 우뚝 선다)' 노선을 취하고 있다. 특히 최근에는 미국의 이란 및 시리아 제재 방침에 러시아와 손을 잡고 노골적으로 맞서는 등 미국의 패권행보를 가로막기 시작했다."고 분석했다.

10월 7일 또한 미국 의회가 중국 화웨이와 ZTE의 통신장비가 대량의 데이터를 중국으로 빼돌릴 수 있다는 '안보 위협' 보고서를 공개해 통신장비를 둔 패권전쟁에도 불 붙을 것임을 예고했다.

2013년– 중국 시진핑 시대 개막 … 취임연설서 "중국몽" 강조, 미국에 신형대국관계론도 제의

미국은 오바마 미 대통령이 연임에 성공해 아시아 중시 전략은 지속될 것으로 예상되었다. 중국은 3월 14일 시진핑 공산당 총서기가 당과 군에 이어 정부 수반에 올라 명실공히 '시진핑 시대'가 시작되었다.

시진핑 주석은 3월 17일 취임 연설에서 중국의 꿈이라는 말을 아홉 차례나 하면서 중화민족의 부흥을 역설했다. 시 주석이 말하는 중국의 꿈은 바로 국가의 부강과 인민의 행복이다. 이러한 꿈은 중국의 특색 있는 사회주의의 길을 걷는 것으로 실현될 수 있다고 시 주석은 강조했다.(연합뉴스TV 3.18)

시진핑-리커창 중국 5세대 지도부는 공업화, 정보화, 도시화 등을 주요 핵심 정책으로 내세웠다. 외교정책에 있어서도 시진핑 국가주석은 5월 27일 출국해 트리니다드토바고, 코스타리카, 멕시코 등 중남미 국가를 순방했다. 시기적으로 조 바이든 미 부통령이 카리브해 지도자들과 정상회담을 가진 것과 맞물려 이 지역을 둘러싼 중미간 외교전쟁이 본격화되었다는 언론분석이 나왔다.

중남미 순방을 마친 시진핑 주석은 6월 7일 미국 캘리포니아에 들러 버락 오바마 미대통령과 정상회담을 가졌다. 이때 시 주석은 처음으로 '신형대국관계론'을 제의했다. 주요 내용은 두 대국이 서로 충돌하지 말고 대화와 협력을 통해 상호 공영하자는 것이다.

2014년 − 시진핑의 '대국외교' 표방 … 중−러 동맹관계로 미국에 맞대응

중국의 최대 정치행사인 '양회(兩會)', 2014년 3월 3일 공식 개막하는 양회는 집권 2년차를 맞은 시진핑 국가주석을 정점으로 하는 중국 지도부의 국정 운영을 제도적으로 뒷받침하는 각종 조치들을 선보이는 무대가 될 것으로 보여 관심을 끌었다.

주요 2개국(G-2)으로 올라선 중국은 이번 양회를 계기로 '강한 군대', '대국 외교' 등을 표방해 더욱 과감하고 힘있는 대외 노선을 걸을 것으로 전망되었다.

3월 5일 전인대 개막식에서 리커창(李克强) 총리는 업무보고에서 중국의 올해 경제성장 목표치를 7.5% 정도라고 밝혔다. 이는 2012년 이후 3년째 같은 목표치다. 중국이 성장목표를 7.5%로 유지한 것은 안정과 성장이라는 '두 마리 토끼'를 모두 잡겠다는 의지를 표명한 것이라는 분석이다.

또 주목되는 것은 2014년 중앙정부 차원의 국방예산을 8천82억 2천만 위안으로 전년보다 12.2% 늘리기로 했다는 점이다. 중국의 국방예산은 지난해 10.7% 증가했으며 2011년 12.7%, 2012년엔 11.2% 각각 증가했다.

리 총리는 업무보고에서 "당의 강군 목표를 견지하고 군대의 혁명화, 현대화, 정규화 건설을 전면적으로 강화함으로써 정보화시대 군대의 위력과 실전능력을 끊임없이 향상시킬 것"이라고 다짐했다.

그는 이어 "변경, 바다, 방공에 대한 관리와 통제를 강화할 것"이라며 해·공군력의 강화 의지도 피력했다.(연합뉴스 2014. 3. 5)

중국 시진핑 주석이 러시아 푸틴 대통령과의 여러차례 정상회담을 갖고 중-러 군사합동훈련까지 실시해 시진핑 주석의 대국외교가 언론의 주목을 받았다.

5월 20~21일 이틀 일정으로 중국 상하이(上海)에서 시진핑 주석과 블라디미르 푸틴 러시아 대통령이 6번째 정상회담을 가졌다. 또한 중-러 합동훈련을 '해상협력-2014'라는 이름으로 5월 20일부터 26일까지 중국 창장(長江) 입구와 동중국해 북부 해역에서 진행했다.

중국과 러시아의 이런 관계 형성은 궁극적으로 일본, 필리핀,

말레이시아 등과의 동맹 강화를 통해 '아시아 회귀'를 공고히 하려는 미국에 맞서 사실상의 '중-러 군사 동맹'으로 맞대응 카드를 던진 셈이라는 분석이라고 언론들은 전했다.

앞서 지난 2월 14일~15일 일정으로 존 케리 미국 국무부 장관이 베이징을 방문했을 때 인민일보(人民日報) 해외판은 '중미관계에 신활력 주입'이라는 제목의 롼쭝쩌(阮宗澤) 중국국제문제연구소 부소장의 기고문을 1면에 게재해 관심을 끌기도 했다.

'미국통'인 롼 부소장은 기고문 서두에서 올해가 중미수교 35주년이 되는 해라는 점을 들며 "35년 전에는 세계가 중미관계 개선을 필요로 했다면 오늘날에는 '투키디데스의 함정'을 초월할 것을 요구한다"며 '투키디데스 함정'을 언급한 것이다.

이와 관련 롼 소장은 지난해 시진핑(習近平) 국가주석이 미국을 방문해 오바마 대통령과 중미 간 신형대국관계를 만들어가기로 합의한 점, 양국의 무역규모가 5천억 달러를 초과한 점 등 양국관계의 특징을 설명하고 "적지 않은 갈등이 존재하지만, 양국은 계속 협력을 강화해나가야 한다"는 경고음을 케리 장관에서 주기 위한 것이라고 언론은 분석했다. (연합뉴스 2014.02.13.)

  * 투키디데스의 함정이란 고대 역사가 투키디데스가 아테네와 스파르타 전쟁을 두고 '패권국과 신흥 강국은 싸우는 경향이 있다'고 언급한 내용으로 최근의 중미관계를 이야기할 때 종종 거론되는 용어이다.

2015년 - 미중관계는 "경쟁 속 협력", "양자관계" 주창

6월 12일자 동아일보는 주평(朱鋒) 베이징대 국제관계학원 교수의 "중국과 미국, 남중국해서 전쟁? 타협?" 제목의 글을 게재했다. 중국이 남중국해에 인공섬을 건설해 영유권을 넓히려는 것에 맞대응해 미국이 인공 섬의 12해리 내에 군함을 들여보내겠다고 공공연히 주장함으로써 남중국해에서 인공섬이 미중간의 군사충돌의 도화선이 될 것인가라는 의문점에 대해서 중국 전문가의 의견을 게재한 것이다.

이 물음에 대해 주평 교수는 "중미 양국이 남중국해 문제로 전쟁에 말려들어 갈 것이라든지, 신냉전이 나타날 것이라든지 하는 생각은 양국의 '전략적 지혜'를 과소평가하는 것이다. 중미의 경쟁 속 협력 관계는 앞으로도 계속될 것이다. 중미가 전략적 경쟁 및 충돌을 빚게 되는 지점은 남중국해에 국한되지 않는다. 동중국해 대만 그리고 한반도도 있다."고 답하였다.

9월 25일자 인민망 한국어판은 첫 미국 국빈방문 길에 오른 시진핑(習近平) 주석이 워싱턴 현 정부와 미국 우호단체 공동으로 주최한 환영 만찬회 연설문을 분석해 게재했다. 중국 런민(人民)대학 충앙(重陽)금융연구진은 연설문을 10가지로 분석했다.

1. "중미, 비충돌과 비대립해야"
2. "아시아태평양 지역 경제의 단일화 적극 추진"
3. "중국 경제, 안정적이고 빠른 발전 유지"

4. "위안화, 장기 평가절하될 가능성 없어"
5. "주식시장의 상승과 하락, 자가운행 규칙에 따라"
6. "중국 개방의 대문은 영원히 닫히지 않아"
7. "미국과 법치 분야 교류 원해"
8. "중국 또한 해커 공격의 피해국"
9. "청정에너지와 환경보호 분야에서 실무협력 추진"
10. "양국 국민 간에 끝없이 이어진 우호 왕래"

위 첫 번째 "중미, 비충돌과 비대립해야"로 규정한 중미관계와 관련, 시 주석은 연설을 통해 "중미관계를 전 세계 가장 중요한 '양자관계'로 그 관계의 좋은 나쁨이 중미 발전뿐만 아니라 글로벌 안정과 발전에도 직접적으로 영향을 미칠 수 있다. 현재 일부 미국 학자들이 중국의 위협론을 과도하게 주장하며, 중미 관계가 '한계점', '전환점'에 도달해 중국을 저지해야 한다는 여론을 부추기고 있는데 결국 이들은 패권주의를 놓지 못하기 때문이다. 사실 양국은 기후변화, 군사교류, 사이버안보, 양자투자 등 분야에서 협력 공간이 크기 때문에 양국은 의혹을 불식시키고 협력을 강화해야 하며, 아울러 중미 관계 발전이 각국의 근본이익에 부합하다는 사실을 인식할 때 신형대국관계 구축이라는 목표와 협력 원원을 실현할 수 있다."고 강조했다.

2016 - 한국에 사드배치, 미중관계 한반도로

2016년 7월 8일 한국정부는 사드 1개 포대의 한반도 배치를 공식 발표했다. 2013년부터 북핵문제가 주요이슈로 떠올랐고 미국은 중국이 북한의 핵개발 저지에 적극적으로 나서 줄 것을 요구하고 중국이 북핵을 막지 않으면 미사일 벙어망으로 포위할 것이라고 밝혀왔다. 한국에 고고도 미사일 방어체제 사드(THAAD) 배치 문제가 미중관계 뿐만 아니라 한중관계에도 주요 쟁점으로 떠오른 가운데, 주한미군의 한반도 사드배치 요구는 한국 입장에서는 중국과의 관계를 고려할 때 곤욕스러운 일이었다. 하지만 박근혜 대통령은 북한의 잇따른 핵실험과 미사일 실험을 이유로 7월 13일 경북 성주 지역에 사드를 배치하는 것을 승인했다.

박근혜 정부 시기인 2013년부터 2016년 사드배치 결정 전까지만 해도 중국에서 한류가 유행하고 중국인 관광객이 한국에 몰려오고, 또 박근혜 대통령의 자서전이 중국 내에서 베스트셀러가 되는 등 한중관계가 최고조에 달하였던 시기였다. 하지만 사드배치 결정으로 한중관계는 급랭기를 맞게 되었다.

박홍서 한국외국어대 교수(중국연구소 연구위원)는 2월 1일 프레시안 기고문에서 한국의 사드배치는 "미-중 갈등의 불똥이 한국으로도 튀고 있다"고 분석, 미중 갈등을 조장해 반사이익을 얻고자 하는 북한의 강압외교 전략에 비롯된 것임을 상기시켜 주었다.

6월 5일자 연합뉴스는 "<美中 전략대화> 한반도 둘러싼 G2,

패권 경쟁 무대" 기사에서 "한반도 사드배치를 촉발한 북핵 문제
는 그동안 남중국해 갈등, 사이버 해킹 문제 등에 밀려 깊이 있게
논의되지 않고 있다가 미중간의 핵심쟁점 중 하나로 떠오르기 시
작한 것"이라고 보도했다.

사드는 중국을 겨냥한 것이 아니라 방어용이라는 설명으로 중
국을 설득하려 하였지만, 중국은 사드 배치를 미국의 '대중 포위'
포석으로 보았다. 그 결과 사드 배치를 승인한 한국에 대해서 중
국은 암묵적인 여행객 통제 등을 시작으로 한중교류사업이 위축
되고 중국진출 한국기업들이 어려움을 겪게 되었다.

도널드 트럼프, 11월 8일 미국 제45대 대통령으로 당선

11월 8일(미국시간) 치러진 미국 대선에서 공화당의 도널드 트
럼프가 민주당의 힐러리 클린턴을 꺾는 대이변을 연출하였다.

아시아경제는 11월 9일자 '트럼프 후폭풍, 中美 관계 어디로? 무
역+환율 전쟁 불가피'라는 제하의 기사를 통해 "트럼프는 어떤 행
정부보다 강력한 보호무역주의 통상 정책을 펴 미국 제조업 부흥
과 대규모 적자를 지속하고 있는 미국의 경상수지 개선을 이끈다
는 구상"이라면서 "중미 양국 간 통상 마찰은 불가피하다는 게 중
론이다. 보호무역주의가 현실화할 경우 대(對) 미국 수출이 18%로
가장 큰 비중을 차지하는 중국은 직격탄을 맞는다."고 트럼프 후폭
풍이 만만치 않을 것임을 예고했다.

12월 5일 중국 관영 환추스바오는 '트럼프는 중국이라는 살찐 양 몸에서 살코기를 발라낼 꿈도 꾸지 마라'는 제하의 사설에서 "트럼프 당선인이 아직 백악관도 입주하기 전에 미·중 외교 전쟁을 도발했다"며 "그가 어떤 의도를 가지고 이런 행동을 하든지에 상관없이 취임 초기 양국 충돌은 미국 역대 대통령 취임 초기 때보다 더 두드러질 것"이라고 주장했다.

12월 23일 동아일보는 "도널드 트럼프 미국 대통령 당선인이 백악관에 국가무역위원회(NTC)를 신설해 직접 무역 정책을 진두지휘하겠다는 뜻을 밝혔다. 21일(현지 시간) NTC 초대 위원장에 강력한 대중(對中) 통상정책과 한미 자유무역협정(FTA) 재협상을 주장해온 피터 나바로 어바인 캘리포니아대 교수(사진)를 임명했다. 트럼프 행정부가 출범하자마자 미국발 보호무역주의 회오리가 세계를 강타할 것으로 전망된다."고 보도했다.

중국의 움직임도 심상치 않았다. 지난해 크리스마스 주말, 중국 국방부는 성명서를 통해 24일 저녁, 항공모함 랴오닝함이 원양 훈련, 먼 바다에서의 훈련을 진행하기 위해 서태평양으로 향했다고 밝혔다. 중국의 항공모함이 태평양으로 진출한 첫 번째 사례로 주목을 끌었다. 도널드 트럼프 차기 미국 대통령과 중국 간의 신경전이 고조되는 가운데, 벌어진 훈련이라, 미국에 대한 경고를 담은 것 아니냐는 분석이 나온다고 SBS방송은 12월 26일 보도했다.

미중 간에 무역 전쟁 전운도 드리워졌다. 중국은 지난 12월 23일 미국의 자동차회사 GM의 중국 합작법인에 반독점 위반 혐의로 2억100만 위안(한화 350억원)에 가까운 벌금을 부과하였다.

트럼프는 대통령에 당선되자마자 대만 총통과 전화통화를 해 '하나의 중국' 노선을 취하고 중국을 타깃으로 노골적으로 보호무역주의를 표방할 것으로 예상한 중국측이 미국에 대해 경고 메세지를 던진 것이라는 분석이다.

2017년 트럼프 VS 시진핑 시대 개막

미국 트럼프 시대 개막

1월 20일 트럼프 대통령 정식 취임을 앞두고 미중관계는 주요 이슈로 떠올랐다.

YTN은 1월 2일 새배벽두부터 "미국과 중국의 패권 다툼...제2의 냉전 오나?" 며 "세계 패권을 둘러싼 G2의 대결은 이달 중순 트럼프가 대통령에 공식 취임한 뒤 본격화될 것"이라고 보도했다.

환구시보는 1월 3일 트럼프 정권인수위가 내정한 로버트 라이시저 무역대표부(USTR) 대표를 비롯해 윌버 로스 상무장관 내정자, 피터 나바로 백악관 국가무역위원회(NTC) 위원장 지명자 등의 반중 성향을 언급하며 "이들은 '미국이익 우선 원칙'을 신봉하기 때문에 현재 세계무역질서의 수호자가 아니라 파괴자가 되는데 더 관심이 있을 것"이라고 비꼬았다. 또한 며칠 전 폴 크루그먼 뉴욕시립대 교수가 뉴욕타임스에 "미국이 '트럼프스탄'으로 변해가고 있다"고 기고한 내용을 언급하기도 했다.(매일경제 2017.1.5.)

중국 국제전문가들 입에서는 트럼프 취임 후 "울퉁불퉁한 길

대비해야" 한다는 목소리도 나왔다. 2일 중국 관영 글로벌타임스에 따르면 자칭궈(賈慶國) 베이징(北京)대 국제관계학원 원장은 트럼프 취임 이후 중미 관계는 눈에 띄게 악화될 것으로 전망, "갈등은 피할 수 없을 것"이라면서 "다만 관용할 수 있는 범위 내에서 양국 간 중요한 공통이익에 영향을 주지 않게 관리하는 것이 중요하다"고 말했다.(연합뉴스 2017.1.22.)

미국의 무역전쟁 '으름장'에 중국 정부가 거듭 '승자 없는 전쟁'이 될 뿐이라며 새로운 경제협력의 틀을 만들 것을 제안하고 나섰다.

1월 19일 중신망에 따르면 쑨지원(孫繼文) 중국 상무부 대변인은 기자회견에서 "중국은 미국과 새로운 차원의 정부 간 협력으로 중미 경제무역 관계의 안정적이고 건강한 발전을 계속 추진하기를 희망한다"고 밝혔다.(연합뉴스 1.19)

* 트럼프 행정부에서 새로 신설된 국가무역위원회(NTC)와 위원장에 임명된 '피터 나바로' 교수, 국가무역위원회는 상무부와 무역대표부(USTR), 노동부 등을 산하에 둔 기구로 무역과 통상정책을 총괄하는 기구로, 피터 나바로 위원장은 캘리포니아 어바인대 교수로 트럼프 행정부에 몇 안되는 경제학자로, 미국이 중국에 의해 무너질 것이라는 내용의 책, '중국이 세상을 지배하는 그 날(Death by China)'의 저자이다.

1월 20일 트럼프 취임사 … 핵심 키워드는 "미국 우선주의"

美백악관은 트럼프 취임 첫날 웹사이트에 6대 국정과제를 게시했다. 그 가운데 무역 정책 부문(모든 미국인을 위한 무역협정)에서 환태평양경제동반자협정(TPP)의 철회와 북미자유무역협정(나프타,NAFTA) 재협상 개시를 공식확인했다.

아래는 1월 23일 조선일보 "트럼프의 미국, 거친 아메리카 시대" 기사내용 일부이다.

> 트럼프는 취임사에서 "무역, 세금, 이민, 외교 정책과 관련한 모든 결정은 미국 노동자와 가정이 혜택을 누리도록 이뤄질 것"이라며 "우리는 우리 물건을 만들고 우리 회사를 훔치며 우리의 일자리를 파괴한 외국의 유린(蹂躙)으로부터 우리의 국경을 보호해야 한다"고 밝혔다.
> 트럼프는 취임사에서 중국을 적시하지는 않았지만 대선 경선기간 중국이 미국의 일자리를 훔쳐갔다고 주장해왔다. 트럼프 대통령은 "수백만 명의 미국인 노동자를 실업자로 남겨뒀다는 생각도 하지 않은 채 공장은 문을 닫고 미국을 떠났다"며 오늘부터 오직 '미국 우선주의(America first)'라고 강조했다.
> 트럼프가 "보호는 위대한 번영과 강인함을 이끌 것"이라고 자신하는 대목은 트럼프발(發) 미국의 보호무역주의가 글로벌 무역질서를 흔들 수 있음을 예고한다.

중국의 1차 반응…"우호적인 관계가 세계경제에 좋다"

중국 인민일보 해외판은 1월 25일 사설에서 "중국과 미국 사이 무역전쟁이 심화하면 양국 모두 부정적인 영향을 받을 것"이라고 지적했다. 사설은 "결국 어느 편도 이기지 못할 것"이라며 다른 나라에 피해를 주고 이러한 피해는 미국이나 중국에도 혜택을 주지 않으면서 확산될 수 있다고 우려했다.

중국과 미국은 모두 세계 공급망과 가치망에서 중요한 역할을 하기 때문에 양국간 무역 전쟁이 일어나면 많은 국가들이 크게 영향을 받을 수 있다고 사설은 전망했다.

사설은 중국 상무부 산하의 장젠핀 지역경제협력연구센터 주임을 인용해 "현재 미국과 중국은 무역, 투자, 금융 등 분야에서 긴밀하게 연관되어 있다"고 강조했다. 이어 "세계 2대 경제국들로서 중국과 미국이 우호적인 무역관계를 유지하는 것이 양국과 더 나아가 세계 경제에 좋다"고 덧붙였다.

2월 8일 중국 관영 글로벌타임스와 차이나데일리 등에 따르면 중국의 국제문제 전문가들은 트럼프 대통령이 취임 이후 18개국 지도자들과 전화 또는 직접 대면 형식으로 소통했지만 시진핑(習近平) 중국 국가 주석과는 대화를 하지 않고 있다면서, 이는 트럼프 미 행정부가 아직 대중 정책 기조를 명확히 정하지 않은 때문으로 보인다고 지적했다.

이들은 우선 트럼프 대통령이 당선 이후 차이잉원(蔡英文) 대

만 총통과 전화통화를 하고 '하나의 중국' 원칙에 의문을 표시한
데 주목하고 있다.(연합뉴스 2017.2.8.)

미국의 무역촉진법과 슈퍼301조

2월 8일 매일경제TV는 '[이슈진단]트럼프, 대중국 환율전쟁 선
포' 보도 하에 트럼프 행정부가 미국의 무역촉진법을 통해 중국
을 환율조작국으로 지정해 압박을 가할 수 있다는 시나리오를 소
개했다.

미국은 1985년 '플라자합의' 이후 무역적자 해소 등을 목적으
로 1988년<무역촉진법>을 제정, 동 법에 환율조작국 지정, 지식
재산권 보호, 불공정 무역관행 조치 등의 내용이 포함됐다. 동
<무역촉진법>에 따르면 미국정부는 3가지 조건을 충족해야 상대
국가를 환율조작국을 지정할 수 있다.

① 대미 무역수지 흑자규모가 200억 달러를 초과하는 국가)
② GDP대비 경상수지흑자 GDP의 3% 이상
③ 일방적이고 반복적인 외환시장 개입

중국의 경우 위 ①항에 해당되고 있다는 분석이다. 트럼프 행
정부는 필요하면 <무역촉진법>상의 환율조작국 지정 요건을 바
꾸는 방법을 사용할 수도 있다고 한다. 즉, 미국 재무부의 기준을
변경해야 한다. 일반적으로 4월과 10월에 내는 환율보고서를 통

해 진행한다. 또한 1980년대의 슈퍼 301조의 부활도 가능할 가능성이 있다. 1990년 공식 종료되었지만, 과거 빌 클린턴 대통령이 행정명령을 통해 3차례나 부활시킨 전례가 있기 때문에 충분히 가능성은 있어 보인다. '슈퍼 301조'에 의해 미국은 교역대상국에 대해 차별적인 보복을 할 수 있다.

2월 10일 중국 인민망 해외판은 "中美관계, 안정적이고 풍성한 성과 거두길 바란다"는 제목의 바바라 프랭클린 미국 상무부 전 장관의 기고문을 게재했다.

프랭클린은 기고문에서 "미국과 중국의 관계는 세계에서 가장 큰 영향력을 가진 양자관계이다. 1979년부터 시작된 미중 양자관계는 민주당이나 공화당 어느 집권기를 불문하고 급속한 성장을 구가했으며, 현재 양국의 양자 교역액은 5천억 달러를 돌파했다."고 서두에 설명했다. 또한 1992년 조지 부시 미국 대통령의 지시로 베이징에서 열린 양국 정부 간 왕래 금지령 해제 협상에 참석한 경험을 이야기하고 "미중 무역전쟁은 양국 모두에 피해를 주고 많은 국가에 불확실성을 가져올 공산이 크다"면서 "세계의 많은 사람들은 미중 관계가 안정적으로 발전하길 희망하고 있다."는 메시지를 전했다.

3월 10일 중국 정부는 미국이 세계무역기구(WTO) 규정을 지키지 않으면 무역전쟁이 일어날 수 있다고 경고했다.(연합뉴스 2017.3.10.)

3월 15일 이투데이는 중국 양회 폐막식에서 리커창 중국 총리가 내·외신 기자회견에서 미국과의 무역전쟁, 한반도를 둘러싼 긴장 등을 완화시키는데 초점을 맞췄다고 블룸버그통신을 인용해 보도했다. 리커창 총리는 "도널드 트럼프 미국 대통령이 수십년 간 중미 관계를 뒷받침해온 '하나의 중국' 정책을 지지한다고 발표한 이후 양국의 협력에 대한 전망이 밝다"며 "양국은 일자리와 외환, 안보 등의 이슈에서 공동의 이익을 광범위하게 공유하고 있다. 양국이 신뢰를 쌓기 위해 계속 이야기하는 것이 중요하다"고 말했다. 대화로 양국관계를 풀어가고자 하는 중국의 노력이 엿보이는 대목이다.

트럼프-시진핑 첫 정상회담

4월 6일, 7일 일정으로 도널드 트럼프 대통령은 취임 후 첫 중국 시진핑 주석과 미국 플로리다주에서 정상회담을 가졌다. 언론은 스트롱맨의 대결, 세기의 정상회담이라는 수식어를 붙이며 관심을 끌었지만 김빠진 정상회담이었다는 평가가 지배적이다.

트럼프 대통령은 미국 우선주의·보호무역·반(反)이민정책 등으로 기존 질서를 뒤흔들어오고 있다. 시진핑 주석은 '1인 체제'라는 절대권력을 구축해가며 '중국몽'을 주창하고 있다. 두 정상의 만남으로 미·중 현안인 무역 불균형·환율갈등·북핵문제·남중국해 영유권 분쟁 등의 협의 결과가 어떻게 되느냐가 동북아는 물론 세계질서에 큰 변화를 줄 수 있기 때문에 각국이 촉각을 곤두세우고 회담결과를 지켜보았다.

4월 6일 트럼프 대통령은 플로리다주 팜비치 마라라고 리조트에서 열린 만찬에서 "우리는 이미 긴 대화를 나눴다. 지금까지는 얻은 게 아무것도 없다. 전혀 없다"고 농담도 던졌다. 그러면서도, "하지만, 우리는 우정을 쌓았다. 나는 그것을 알 수 있다"며 "장기적으로 우리는 매우, 매우 위대한 관계를 구축할 수 있을 것이며 그렇게 되기를 매우 고대한다"고 강조했다. 두 정상은 겉으로는 화기애애하게 보였지만 공동 기자회견이나 공동성명 등은 나오지 않았다.

미중정상회담을 앞두고 북한은 잇달아 탄도미사일 발사로 무력시위를 벌여 관심을 끌었고, 중국 항공모함 랴오닝호 전단이 서해 일대에서 실전훈련을 벌여 긴장감을 주었다. 미국은 정상회담 중에 시리아를 공습하는 등 정상회담 보다 외부 상황이 더욱 복잡하게 돌아갔다.

USA투데이는 "정상이 북핵 프로그램 억제를 위해 협력을 강화하자는 데 의견을 같이 했다고 했지만 실제적인 돌파구는 없었다"고 꼬집었고 뉴욕타임스(NYT)는 미·중 정상회담보다 시리아 공습에 따른 미·러시아 간 갈등 예고를 머리기사로 올렸다. 워싱턴 포스트(WP)도 베이징발 기사에서 "세기의 담판으로 기대를 모은 미·중 정상회담이 시리아 공습으로 꼬여 버렸다"면서 "두 정상의 만남은 전날 부드럽게 진행됐으나 시리아 공습으로 분위기가 어색해졌다"고 전했다.(파이낸셜뉴스2019.4.8.)

트럼프-시진핑 첫 정상회담은 '스토롱맨의 담판'이 될 것으로 잔뜩 기대되었지만, 두 정상은 무엇을 얻어내고자 하는 것보다는 서로 간을 보는 탐색전을 펼친 것이었다.

中, 美의 '단둥은행 제재·대만 무기판매'에 "용납못해" 총공세
(연합뉴스 2017-06-30)

미국은 중국을 최악 인신매매국으로 지정한 데 이어 대만에 무기판매를 결정하고 6월 29일(현지시간)엔 북한과 불법 거래했다는 이유로 단둥(丹東)은행을 제재한다고 발표했다.

중국은 시진핑(習近平) 국가 주석과 도널드 트럼프 대통령이 지난 4월 미국 플로리다주 마라라고 정상회담에서 했던 합의를 미국이 깼다며 격앙된 반응을 보이고 미국을 겨냥한 직접적인 비난을 자제해왔던 중국이 대미 공세에 적극적으로 나섰다.

트럼프 미 행정부는 단둥은행 제재가 북한의 돈세탁과 불법 금융활동의 통로 역할을 한 불법행위 때문이라고 밝히고, 북한과 '정상적 거래'를 하는 중국 기업과 금융기관까지 제재하는 '세컨더리 보이콧'(제삼자 제재)도 할 수 있다는 입장을 보였다.

中, 美트럼프 지재권 조사 방침에 강력반발...무역전쟁 서막?
(연합뉴스 2017. 8.13)

미국 CNN 방송은 도널드 트럼프 미국 대통령이 8월 11일(미국시간) 시진핑(習近平) 중국 국가주석과 전화통화를 하면서 중국의 무역관행을 조사하겠다고 예고했다고 고위 당국자를 인용해 보도했다. 트럼프 대통령은 이날 시 주석과의 전화통화에서 오는 14일 로버트 라이트하이저 미국무역대표부(USTR) 대표에게 중국의 미국 지적 재산권 침해 혐의에 대한 조사를 시작하라고 지시할 계획이라고 밝혔다.

중국 관영 신화통신도 13일 트럼프 대통령이 중국의 무역관행 조사 여부를 결정하도록 미무역대표부에 지시할 것이라고 확인했다. 통신은 미 행정부의 이런 방침이 중미간 무역 및 경제협력을 크게 훼손하게 될 것이라고 우려했다.

中 "美와 무역전쟁하면 모두가 패자될 것"

(KBS 2017.08.14.)

중국 외교부는 중미간 무역전쟁이 일어나면 승자는 없고 모두 패자가 될 것이라고 밝혔다.

화춘잉(華春瑩) 중국 외교부 대변인은 오늘(14일) 정례브리핑에서 트럼프 행정부가 중국의 지적재산권 침해에 대한 조사에 나설 것이라는 보도에 관련된 질문을 받자 이같이 답변했다.

화 대변인은 양국이 전면적인 경제대화를 통해 경제협력의 중요한 방향을 결정한 바 있다며 협력공영과, 대화를 통한 '불일치' 해소를 기본원칙과 방법으로 삼아 중대한 경제정책은 소통하기로 했다고 밝혔다.

中, 북한산 석탄 등 수입 전면 중단

(YTN 2017-08-14)

중국이 유엔 안보리 대북제재 결의에 따라 8월 15일부터 북한산 석탄과 철 등 제재 대상 제품의 수입을 전면 금지하기로 했다.

2018년 불 붙은 무역전쟁

2월

美, 中에 '파상공세'…철강·태양광패널 이어 고무 반덤핑 조사
(연합뉴스 2018-02-23)

2월 23일 중국관영매체들은 미국이 중국산 고무밴드 제품에 대해 반덤핑 및 반보조금 조사를 실시한다고 보도했다.

인민망은 미국 상무부가 이달 21일 중국·태국·스리랑카에서 수입하는 고무밴드를 대상으로 이 조치를 예고했으며, 이번 조사가 중국을 겨냥한 것으로 보인다고 밝혔다.

인민망은 이어 미국의 이번 조사는 올들어 4번째로 중국을 겨냥한 반덤핑조사라고 덧붙였다.

'시진핑 책사' 류허, 이번주 방미…中, 무역갈등 완화 모색(종합)
(연합뉴스 2018-02-26)

2월 27일부터 3월 3일까지 시진핑(習近平) 중국 국가주석의 경제책사인 류허(劉鶴) 중앙재경영도소조 판공실 주임이 미국을 방문해 양국간 무역갈등 조율에 나섰다.

류허의 이번 방미는 트럼프 행정부가 원하는 게 무엇인지를 정확히 파악하는데 초점이 맞춰져 있다고 전했다.

시 주석의 중학 시절 동창이기도 한 류 주임은 시 주석의 신뢰를 바탕으로 19차 당대회에서 공산당 정치국 위원으로 승진했으며 차후 금융 분야를 관장하는 국무원 부총리로 내정된 상태였다.

3월

中 국방예산 8.1% 인상…무역 이어 美와 군사경쟁도 '격화'광고
(헤럴드경제 2018-03-05)
중국이 올해 경제성장률 목표를 6.5%로 제시했다. 특히 지난해
에는 전인대에서 국방예산을 공개하지 않았던 것과 달리 올해
는 업무보고에서 작년 대비 8.1% 인상하겠다고 밝혀 주목된다.
이는 중국의 국방비 예산 증가 폭이 7% 정도로 예상했던 것보
다 훨씬 높은 수치다. 즉 항공모함 도입 등 각종 최신 군 장비
도입과 군 시설 개선을 통해 미국에 버금가는 군사 대국으로
도약하기 위한 강한 의지를 드러낸 것으로 분석되고 있다.
이와 함께 이번 양회(兩會·전국인민정치협상회의와 전국인민
대표대회)가 G2 무역갈등을 주요 의제로 다루면서 중미간 무
역분쟁의 새로운 변곡점이 될 것이라는 전망도 제기됐다.

아프리카 미중 세대결 가열…미 국무장관 5개국 견제순방
(연합뉴스 2018-03-07)
렉스 틸러슨 미국 국무장관은 3월 7일(현지시간) 에티오피아를
시작으로 아프리카 5개국 방문길에 올랐다. 막중한 임무를 띠
고 아프리카로 향했다.
3월6일 AFP 통신에 따르면 에티오피아, 케냐, 지부티, 차드, 나
이지리아 등 아프리카 5개국을 찾는 틸러슨 장관의 표면적 목
적은 극단주의 무장조직 '이슬람국가'(IS)와의 오랜 전쟁의 새
로운 전장들을 둘러보는 것이다. 하지만 그 이면에는 아프리카
대륙에서 IS의 위협보다 미국에 장기적으로 더 큰 도전이 될
중국을 견제하려는 의도가 깔렸다고 AFP는 지적했다.

석유 수송로 '홍해 주도권' 놓고 美·中 세력 다툼
(서울신문 2018-03-07)
아프리카 대륙에서의 중국과의 경쟁에 뒤처지고 있다는 미국의 위
기의식이 높아지면서 주요 석유 수송로인 홍해 인근 동아프리카
일대가 미·중 양국의 세력 각축장으로 변모하는 양상을 보였다.

미국 아프리카사령부(AFRICOM)의 토머스 발트하우저 사령관
(해병대 대장)은 3월 6일(현지시간) 미 의회 군사위원회 청문회
에서 "중국이 군사기지를 건설한 지부티 도달레 다목적 항구를
완전 장악한다면 지부티 주재 미군의 물자 보급과 해군 함정의
연료 재급유에도 영향을 끼칠 것"이라고 밝혔다.

지부티는 인구가 90만명에 불과한 동아프리카의 소국이지만 아
프리카 동북부 아덴만과 홍해 사이에 위치한 전략적 요충지다.
북쪽으로는 이집트 수에즈운하를 통해 지중해와 연결되고, 동쪽
으로는 아라비아해와 닿아 있다. 특히 아프리카 대륙과 아라비아
반도 사이 아덴만에 있는 너비 30㎞의 바브엘만데브해협은 세계
무역 물동량의 20%가 통과한다.

이에 미국은 2001년부터 '테러와의 전쟁'을 명목으로 지부티에
'르모니에' 기지를 구축해 해병대·해군 병력 4000여명을 주둔
시켰고 프랑스, 일본 등도 아덴만에 출현하는 소말리아 해적
격퇴를 명목으로 소수의 병력을 주둔시키고 있다.

하지만 중국이 국제사회의 해적 퇴치 활동에 동참하겠다며 지
부티 정부와 계약을 맺고 2015년부터 군사 기지를 짓기 시작
하자 미국은 경계의 눈초리를 거두지 않고 있다.

"무역전쟁은 남도 자기도 해치는 잘못된 처방전이다"

(국민일보 2018. 3. 8)

3월 8일 열린 중국 13기 전인대 1차회의 기자회견에서 왕이 부
장이 기자 질문에 대답하면서 이익이 서로 일치되는 두 대국으
로서 중국과 미국은 양국 국민에게 책임을 져야 할 뿐만 아니
라 세계 각국에도 책임을 져야 한다고 말했다. 그러면서 중국
은 쌍방이 마음을 가라앉히고 평등하고 건설적인 대화를 통해
호혜원의 해결 방법을 찾아내기를 희망한다고 말했다.

미국과 중국 간 무역전쟁의 전운이 짙게 드리워지고 있는 가운
데 왕이 중국 외교부장은 이같이 말하며, 만약 미국이 관세를
밀어붙일 경우 필요한 대응을 하겠다고도 밝혔다.

中, 트럼프 고율관세에 보복 시사

(연합뉴스 2018-03-09)

3월 8일(현지시간) 트럼프 대통령은 자국산업 보호를 위해 한국산을 포함한 수입철강과 알루미늄에 대한 고율의 관세부과를 강행했다. 수입철강에는 25%, 알루미늄에는 10%의 관세를 각각 부과토록 했으며, 캐나다와 멕시코산만 관세 조치 대상국에서 제외됐다.

이런 조치에 대해 중국 상무부의 왕허쥔(王賀軍) 무역구제조사 국장은 9일 성명에서 "미국이 국가안전을 명분으로 무역보호조치를 취했으나 실제 미국이 수입하는 철강, 알루미늄은 대부분 민간용으로 국가안전을 해치고 있다고 볼 수 없다"면서 "중국은 도널드 트럼프 미국 대통령의 중국산 포함 수입 철강·알루미늄 제품 고율 관세부과에 대한 보복 조처를 강하게 실시하겠다"고 입장을 피력했다.

미국, 中 지식재산권 공격 이미 시작...손실 87% 중국 탓광고

(헤럴드경제 2018-03-10)

3월 8일(현지시간) 미 지적재산권 침해 위원회(TCTAIP)는 도널드 트럼프 대통령에게 중국이 미국의 지식재산권을 도용하고 기술이전을 압박하고 있다며 조취를 취해달라고 건의했다.

이 위원회에 따르면 미국이 지식재산권 침해로 인해 입는 손실은 연간 6000억달러에 달한다. 이 가운데 87%가 중국에서 기인한다고 밝혔다.

중 상무부장 "중미 무역전쟁은 모두에 재난"..."경제대화 지속"

(연합뉴스 2018-03-11)

3월 11일 베이징에서 가진 양회(兩會) 기자회견에서 중산(鐘山) 중국 상무부장은 중미 양국간 무역전쟁이 세계의 관심사가 되고 있지만 무역전쟁에서 승자는 있을 수 없으며 모두에게 재난을 가져올 것이라고 말했다. 중국은 무역전쟁을 바라지 않으며 주동적으로 발발하지 않을 것이라면서 하지만 도전이 있다면 이에 대응해 국가와 인민의 권익을 결연히 보위할 것이라고도 말했다. 중 부장은 무역은 중미 양국관계의 추진기(엔진)이며 수교이래

40년간 양국 무역규모가 232배 증가했고, 투자규모가 누적기준 2천300억 달러에 달하고 있는 것은 양국간 경제의 보완성과 잠재력을 입증하고 있다고 밝혔다.

그는 양국간 무역불균형 문제는 구조적이며 산업경쟁력에서 기인하고 있다면서 중국이 무역에서 흑자를 보고 있다면 미국은 서비스에서 흑자를 보고 있다고 말했다.

트럼프 관세폭탄에 '일전'의지 다진 中언론 "무역전쟁 대비해야"
(연합뉴스 2018-03-15)

도널드 트럼프 미 행정부가 600억달러(약 63조9천억원) 상당의 중국산 제품에 대해 관세 부과 방안을 검토하자 중국에서도 '일전불사'를 외치며 무역전쟁에 대비해야 한다는 여론을 조성했다. 3월 15일 중국 관영 환구시보(環球時報)는 사평(社評)에서 미국의 통상 압박과 강경파인 마이크 폼페이오 국무장관 내정인사 등을 거론하며 "미국이 중국을 겨냥해 서슬퍼런 정책을 내놓을 가능성이 커졌다. 중미관계는 긴장과 공포의 경험을 피하기 어렵게 됐다"고 강조했다.

이 신문은 "중국도 무역보복에 나설 준비를 할 필요가 있다"면서 "구체적 전략과 심리적 준비가 있어야 한다"고 주장했다.

美 "무역흑자 1천억달러 줄여라" 요구에 中 "권익 수호할 것"
(연합뉴스 2018-03-15)

미국은 미국을 방문한 류허(劉鶴) 공산당 중앙재경영도소조 판공실 주임에게 대미 무역 흑자 1천억 달러를 줄이라고 요구한 바 있다. 1천억 달러는 지난해 미국의 대중국 무역적자(3천750억 달러)의 3분의 1을 넘는다.

이런 요구에 대해, 루캉(陸慷) 중국 외교부 대변인은 3월 15일 정례 브리핑에서 "중국은 대외 경제무역 교류에서 약속을 중시하고 세계무역기구를 비롯한 다자무역 규칙을 준수하고 있다"고 설명하고 미국의 요구에 대해서 "중국은 원치 않은 상황이 발생하면 권익 수호로 맞서겠다"는 입장을 피력했다.

시진핑 집권2기 첫 전인대 폐막…"한치의 영토도 내줄 수없다"
(연합뉴스 2018-03-20)

시진핑 집권2기의 첫 전국인민대표대회(전인대)가 16일간 대장
정을 마치고 3월 20일 베이징(北京) 인민대회당에서 폐막했다.
2018년 전인대는 장기집권 헌법 개정과 친위대 세력의 전진배치
인사를 골자로 시진핑 절대 권력의 기반을 마련했다는 평가이다.
시진핑(習近平) 국가주석은 폐막 연설에서 중국의 단결을 강조
하며 어떠한 분열 행위도 막겠다고 강조했다.

트럼프, 내일 중국에 초강력 '관세 패키지'…中 강력 반발
(연합뉴스 2018-03-22)

3월 22일(현지시간) 오후 12시30분(한국시간 23일 오전 1시30
분), 트럼프 美대통령은 중국산 수입품에 대해 관세를 부과하
는 내용의 행정명령에 서명했다. 예고한대로 중국을 겨냥해 천
문학적 규모의 관세를 부과하고 대미(對美) 투자를 제한하는
내용의 초강력 경제 조치를 취한 것이다.

트럼프 대통령은 기자회견을 통해 무역법 301조에 근거한 대
중국 관세부과 대상은 약 600억달러 규모가 될 것이라고 밝혔
다. 그는 "이것은 시작이며, 앞으로도 많은 조치가 남아있다"고
말했다.

중국 기업들의 미국 투자 제한은 중국의 국영기업들이 미국의
기업을 단지 상업적 목적이 아니라 군사적 용도를 염두에 두고
사들이고 있다는 우려에 따른 조치이다.

중국 정부는 강력히 반발하면서 대미 보복 가능성을 언급하고
나왔다. 미 주재 중국 대사관은 이날 성명을 통해 "미국이 무
역전쟁을 일으킨다면 중국은 모든 필요한 조치를 동원해 정당
한 이익을 방어하는데 끝까지 싸울 것"이라고 밝혔다.

中언론, 美 '관세폭탄' 행정명령 맹비난…"중국 보복조치 나서야"
(연합뉴스 2018-03-23)

미국이 500억 달러(약 54조 원) 규모의 중국 수입품에 25%의
고율 관세를 부과한 데 대해 공산당 기관지인 인민일보 등 관
영 매체들은 "미국의 관세 부과는 중국과 세계경제에 악영향을

끼칠 것"이라고 맹비난했다.

중국 중앙(CC)TV도 "트럼프 대통령이 중국산 수입품에 대규모 관세를 부과했다"면서 "이번 조치는 미국 스스로 조사하고, 조처한 일방적인 보호무역 조치"라고 비판했다.

관영 환구시보(環球時報) 인터넷판인 환구망(環球網)도 미국의 관세 부과 소식을 긴급뉴스로 전하면서 이례적으로 이날 오전 3시께 이번 조치를 비판하는 사평(社評)을 게재했다.

환구망은 "중국 정부가 이번 조치에 대해 조속히 대응해 중국의 정당한 무역권익을 수호할 것으로 믿는다"면서 "중국은 먼저 미국산 대두에 조처를 하고, 다른 농산품과 완제품 등도 보복에 타깃으로 삼아야 한다"고 주장했다.

중국 전문가들도 미국의 이번 조치가 WTO 규정 위반이며 미중 경제뿐 아니라 세계 경제 질서를 혼란에 빠뜨릴 것이라고 비판했다.

중국은 무역전쟁 두렵지 않다

[인민망 한국어판 3월 26일]

"중국은 무역전쟁을 하길 원하지 않는다. 무역전쟁에는 승자가 없다. 하지만 중국은 무역전쟁을 두려워하지는 않는다." 지난 25일 중산(鐘山) 중국 상무부 부장은 미국 재무장관을 지낸 헨리 폴슨 폴슨연구소 회장을 만난 자리에서 이같이 밝혔다.

"미중 관계는 이번 세기의 가장 중요한 양자 관계다. 미중이 협력해야만 글로벌 경제성장을 추진할 수 있다." 헨리 폴슨 회장은 만약 양국의 경제무역 분야에 문제가 생기면 다른 분야는 더욱 골치 아파질 것이라고 지적했다.

많은 업계인사들은 경제무역 관계는 중미 관계의 안정장치와 추진장치이며, 양국이 경제무역 분야에서 협력 추세를 유지한다면 양국과 세계 각국 국민들에게 행복을 가져다줄 것이라는 데 궤를 같이 했다.

"중미 무역관계는 호혜상생 관계다. 중미가 수교한 후 오늘까지 양국의 무역은 230배가 넘게 성장했다. 이는 미국의 취업 증가, 미국 인플레이션 하락 및 미국의 해외 시장 모색에 아주 중요한 역할을 했다." 왕서우원(王受文) 상무부 부부장은 25일 2018년 중국발전고위급포럼 연례회의에서 이같이 밝혔다.

4월

G2 무역전쟁 본격화...中, 트럼프 표밭 농산물 128품목 보복관세
(에너지경제 2018.04.02.)
중국은 미국의 11월 중간선거를 앞두고 도널드 트럼프 대통령
의 표밭이라고 할 미국산 농산물을 집중 타격하겠다는 의지를
분명히 드러냈다. 중국 국무원 산하 관세세칙위원회는 4월 2일
부터 돼지고기와 과일 등 미국산 수입품 128개 품목에 대해 고
율관세를 부과한다고 밝혔다.

미, 중 첨단제품 겨냥 1333개 품목 '관세폭탄'...무역전쟁 격화
(한겨레신문 2018-04-04)
4월 3일(현지시간) 미국정부는 중국산 수입품 가운데 25%의
고율 관세를 부과할 약 500억 달러(약 54조원) 상당의 1333개
대상 품목을 발표했다.
미 무역대표부(USTR)가 이날 발표한 품목은 중국산 첨단기술
제품, 의약, 항공, 반도체부터 기계류, 화학제품까지 망라하고
있으나, 특히 중국의 10대 핵심산업 육성 프로젝트인 '중국제
조 2025'에 들어있는 분야를 주로 겨냥한 것으로 해석된다. 고
성능 의료기기, 바이오 신약 기술, 제약 원료 물질, 산업 로봇,
통신 장비, 첨단 화학제품, 항공우주, 해양 엔지니어링, 전기차,
발광 다이오드, 반도체 등이 제재 리스트에 포함됐다. <블룸버
그> 통신은 "미국의 관세 목록은 중국이 우위를 차지하려는 기
술을 겨냥했다"고 보도했다.
미국의 1300개 관세 대상 품목 발표는 중국 정부가 농축산물
을 중심으로 미국산 수입품 128개 품목에 대한 보복 관세 조치
를 발표한 지 하루 만에 나왔다.
중국 상무부는 즉각 보복조처에 나서겠다는 뜻을 밝혔다. 미-
중 간에 타협이 이뤄지지 않으면 무역전쟁의 불길이 크게 확산
될 우려가 커진 것이다.

"모든 미국 가정은 '메이드 인 차이나'를 떠날 수 없다"

(인민망 한국어판 2018. 4. 4)

4월 4일 인민일보는 미국의 관세보복에 우려하는 미국내 여론을 모아 게재했다. "트럼프 정부가 만약 중국 상품에 600억 달러의 관세를 부가한다면 미국인에게는 머리부터 발끝까지 영향이 미칠 것이다." 미국 뉴욕 '데일리 뉴스'가 최근 보도한 내용부터 미국 소매업지도자협회(RILA)도 최근 트럼프 대통령에게 보내는 공개 서신을 통해 41%가 넘는 의류, 72% 신발류 및 84% 관광용품이 중국산인데 "이들 상품에 대한 관세 부가는 모든 미국인에게 관세를 징수하는 셈이다"라고 언급한 내용까지, 대학생, 공급업체 여성 사장 등 다양한 계층의 미국인들이 트럼프 정부에 대한 불만을 토로하는 내용을 모아 보도한 것이다.

"비즈니스 협력은 공통점을 모색해야지 자기 방식만을 주장해서는 안 된다." 고 한 그린카드펀드 시장마케팅의 책임자의 말도 비중있게 실었다.

中 "6·25 참전 같은 의지로 美 무역공격 쳐부술 것"…군사 대치 이어지나?

(동아일보 2018-04-08)

4월 8일자 동아일보는 중국 공산당 기관지 인민일보 자매지 환추시보에 게재된 사설에서 6.25전쟁 이야기를 꺼내 든 것을 보고 "무역 전쟁이 군사 대치로 이어질 수 있다"는 우려도 표명했다. 환추(環球)시보는 8일 사설에서 "(6·25전쟁 때) 미국에 대항하고 북한을 도운 것은 중국에 손실을 줬지만 미국이 38선에서 최종적으로 협정을 맺게 해 워싱턴(미국)의 전략적 오만에 크게 상처를 입혔고 미국 사회가 중국을 전략적으로 존중하게 만들었다"고 말했다. 이어 "오늘날의 중미 무역전쟁에서 우리(중국)는 그때와 마찬가지로 희생을 두려워하지 않고 대가를 아끼지 않는 전략적 기개로 미국이 중국에 계속 휘두르는 몽둥이가 타 없어져 버리도록 해야 한다"고 덧붙였다.

중국서 미국산 불매운동 조짐…"미국차 조심하라"
(연합뉴스 2018-04-09)
미국과의 무역전쟁으로 중국에 반미 애국주의 정서가 팽배해졌다. 홍콩 명보(明報)는 최근 푸젠(福建)성 푸저우(福州) 시내의 한 인도 바닥에 '국산 제품을 사고, 미국산을 사지 말자. 중미 무역전쟁에서 싸워 이기자'는 격문이 적힌 서명판이 등장했다고 9일 보도했다. 미국산 불매를 촉구하는 이 서명판에 적지 않은 중국인들이 서명에 참여한 것으로 나타났다.

"시진핑은 영원한 친구" 트럼프 유화 제스처에 中언론들 경계
(한국일보 2018.04.09.)
4월 8일 트럼프 대통령은 트위터 글에서 시진핑 주석을 '영원한 친구'로 칭하며 "관세는 호혜적이 될 것이고 지식재산권에 대한 협상이 이뤄질 것"이라며 유화제스처를 취했다. 이에 중국 관영 환구시보는 9일 사설을 통해 "무역전쟁에 대한 트럼프 대통령의 태도는 굉장히 모호하다"면서 "중국은 매우 신중하게 대응해야 한다"고 주장했다.

中, '개방확대' 여론몰이로 美압박…"이제 美 답할 때가 왔다"
(연합뉴스 2018-04-12)
4월 11일 이강(易綱) 중국 인민은행장은 자국의 금융 개방 로드맵을 공개하면서 "이제 미국이 답을 해야 할 때가 왔다"고 강조했다.

주미 중국대사 "무역전쟁은 절대 잘못된 선택…협력만이 살길"
(연합뉴스 2018-04-16)
4월 15일(현지시간) 추이톈카이(崔天凱) 주미 중국대사는 미국 필라델피아에서 열린 미국 대학가의 최대 중국 관련 모임인 '2018 펜 워튼 차이나 서밋' 초청연설에서 미국과 중국의 이익과 책임이 위치한 곳에 미중 양국의 협력 강화가 있다며 재차 미중 통상갈등 해소를 주장했다.

시진핑 '핵심기술' 독자개발 또 강조...리커창 "협상만이 해법"

(연합뉴스 2018-04-27)

미국이 중국 통신장비업체 ZTE(중싱<中興>통신)에 7년간 기술수출 금지 제재를 가하고 또다른 중국 통신장비업체 화웨이(華爲)를 상대로 조사를 벌였다.

시 주석은 "과거 중국은 허리띠를 조이고 이를 악물며 자력갱생으로 '양탄일성(兩彈一星 : 원자탄·수소탄과 인공위성 개발)을 창조했다. 이는 중국이 또다른 경쟁력, 즉 역량을 집중시키는 제도적 장점을 발휘했기 때문에 가능했다"고 말했다.

그러면서 "사회주의 체제는 모든 곳의 지지를 받기 어렵다. 다음 단계의 과학기술 공략은 환상을 버리고 자기 손에 의지해야 한다"고 강조했다.

5월

미중무역대표단 첫 대화...中언론 "미중무역대화 중요성과 거둬...대화 통한 문제해결 합의"

(연합뉴스 2018-05-05)

미중 무역대표단의 첫 대화가 일부 영역에서 합의를 이뤘으나 여전히 큰 이견을 확인하며 무역갈등을 완전 해소하는 데는 실패했다. 중국 주요 관영 매체들이 양국이 이번 대화를 통해 대화와 협상을 통한 문제 해결에 합의한 것은 중요한 성과라고 주장했다.

5월 5일 중국공산당 기관지 인민일보 자매지인 환구시보(環球時報)와 글로벌 타임스는 사평(社評)에서 "지난 두 달간 중미가 무역문제와 관련해 펼쳤던 힘겨루기를 생각해 보면, 양국 모두 이전에 없었던 혼돈을 경험했다"고 덧붙였다.

글로벌 타임스는 "협상 결과를 자세히 들여다보면 '부르는 게 값'이었던 미국의 태도가 크게 변했다는 것을 어렵지 않게 알 수 있다"며 "이는 중국의 대미 압박이 효과를 발휘했기 때문"이라고 주장했다.

中류허, 2차 무역담판차 미국 방문 ...'무역전쟁 잠정 휴전' 공동성명 도출

(연합뉴스 2018-05-17, 20)

5월 16일 류허(劉鶴) 중국 부총리가 2차 무역 담판을 위해 미국 워싱턴을 방문했다. 미국의 상하원 주요 인사들과 연쇄 접촉하며 미중 무역 갈등을 막아야 한다고 밝혔다. 그 결과 공동성명을 도출해내 중국 관영 매체들은 '미중 무역전쟁 중지는 공동 승리'라면서 일제히 환영을 표하고 나섰다.

하지만 두 차례 미중 고위급 무역 담판으로 중국이 한발 물러서면서 대미 수입을 크게 늘리기로 해 무역전쟁이라는 최악의 위기는 가까스로 봉합하는 데 성공했지만 공동성명을 낸 합의문에는 구체적인 내용이 빠진 채 선언적인 내용으로 가득 채워져 있어 여전히 미중 무역 갈등의 불씨를 안은 채 수면 아래로 가라앉은 것이라는 분석도 적지 않았다.

이번 공동성명을 보면, 중국은 수입 확대를 통해 대미 무역 흑자를 크게 줄이기로 양보해 '2천억 달러'라는 목표치를 거부함으로써 실리를 챙겼고 미국이 난색을 표해왔던 미국의 에너지와 첨단 기술 제품을 수입할 수 있게 되어 일정 부분 이익도 챙겼다. 미국 또한 대중국 무역 적자 축소라는 실질적인 이익과 함께 세계 최강국의 자존심도 지켰다. 특히, 오는 11월 중간 선거와 내달 북미 정상회담을 앞둔 도널드 트럼프 미국 대통령은 역대 미국 최고 지도자들이 이룩하지 못한 '대중국 적자 대거 축소'라는 성과를 이뤄냄으로써 향후 '미국 우선주의'를 앞세워 정국을 주도하는데 탄력을 받게 되었다는 평가를 받게 되었다.

트럼프 행정부는 대중국 무역 협상에서 크게 두 가지를 겨냥했다. 연간 3천750억 달러에 달하는 중국의 대미 무역 흑자를 사실상 반토막 내고, 중국의 지식재산권 침해를 차단하겠다는 것이다. 전자가 무역 불균형을 재조정하는 개념이라면, 후자는 글로벌 기술 패권을 노리는 중국의 '기술 굴기'를 겨냥하는 포석으로 해석된다.

합의문에는 이들 사항이 어떤 형식으로든 모두 담겼다. 양국 대표단은 공동성명에서 "중국의 대미 상품수지 흑자를 상당폭 줄이기 위해 효과적인 조치를 하자는 공감대를 이뤘다"면서

"중국은 미국의 상품·서비스 구매를 상당폭 확대할 예정"이라고 밝혔다. 이를 위한 미국의 수출확대 품목으로는 '농산물'과 '에너지'를 명시했다.

앞서 중국 대표단은 미국 측에 항공기·반도체·천연가스·농산물 등 '쇼핑리스트'를 제시한 것으로 전해졌다. 중국이 제시한 쇼핑목록 가운데 최첨단 품목들은 공동성명에서는 빠졌다.

통신장비업체 ZTE

(연합뉴스 2018-05-22)

5월22일 미 일간 월스트리트저널(WSJ)은 미국과 중국이 최근 두 차례에 걸친 고위급 협상 끝에 무역 갈등을 서둘러 봉합한 가운데 중국 통신장비업체인 ZTE(중싱·中興 통신) 제재를 해제하는 쪽으로도 상당 부분 의견이 일치했다고 보도했다.

연간 3천750억 달러에 달하는 대중 무역 적자를 대폭 축소하는 것을 목표로 중국을 거세게 압박하던 도널드 트럼프 대통령이 중국의 주요 첨단 산업 기업인 ZTE를 협상 카드화했다는 분석이다.

미 상무부는 4월 16일 대북·대이란 제재를 위반했다는 이유로 ZTE가 7년간 미국 기업과 거래하지 못하게 하는 경제 제재를 가했다.

퀄컴, 인텔 등 미국 기업으로부터 스마트폰 제조에 필요한 부품 25~30%를 공급받던 ZTE는 이로써 사실상 경영이 중단돼 존폐 위기에 내몰렸다.

ZTE 제재 해제문제를 둘러싼 미중의 의견접근은 '무역 전쟁'으로 치닫던 양국 간 갈등이 최근 급속히 완화된 가운데 트럼프 대통령이 5월 14일 트위터에서 "중국의 대형 휴대전화 업체인 ZTE가 신속하게 다시 사업할 수 있도록 시진핑 중국 국가주석과 협력하고 있다"고 운을 뗐지만 이후 미국 측의 가시적인 제재 완화 움직임이 나타나지 않아 중국 정부의 애를 태웠다.

中상무부 "미국산 수입 확대하겠다"

(연합뉴스 2018-05-24)

5월 23일(현지시간) 도널드 트럼프 미국 대통령은 성명을 통해

232조에 따라 상무부 장관에게 수입 자동차 및 자동차 부품이 미국의 국가 안보에 끼치는 영향을 판단하기 위한 조사를 하라고 지시했다. 앞서 232조에 따라 중국산 철강과 알루미늄도 관세 폭탄을 맞은 바 있다.

5월 24일 가오펑(高峰) 중국 상무부 대변인은 정례 브리핑에서 "미국산 제품 수입을 확대하는 것은 양자무역의 균형을 촉진할 수 있는 조치"라고 밝혔다. 중국 상무부가 미중 무역 합의의 후속조치로 미국산 제품 수입을 확대하겠다는 입장을 표명한 것이다. 동시에 그는 "중국은 미국이 자국법을 남용하는 것을 반대하며 미국의 무역확장법 232조 조사 상황을 예의 주시할 것이며 이것이 미칠 영향에 대해 평가하고 있다"고 덧붙였다.

변덕스런 트럼프, 美 관세부과 강행, 美·中 무역전쟁 재점화
(연합뉴스 2018-05-30,)
5월 29일(현지시각) 미 백악관은 '도널드 트럼프 대통령, 중국의 불공정한 무역정책에 맞서다'라는 결연한 제목성명을 통해, '중국 제조 2025' 프로그램 등과 관련된 첨단 기술 제품에 대해 25% 관세를 부과하기로 했다고 밝혔다. 관세가 부과되는 품목 리스트는 다음달 6월 15일 발표한다.

중국의 미국산 수입 확대 조치에도 불구하고 미국의 이같은 조치에 중국 정부는 "합의에 위배된다"며 강력히 반발, "백악관 성명대로 6월 15일 500억 달러 규모의 중국산 수입품에 대한 추가관세 조치를 취하면 이전 합의는 모두 효력을 잃고 중국은 대등하게 반격을 가하며 전면적인 무역전쟁에 들어가게 될 것"이라는 입장을 내놓았다.

중국 상무부는 30일 대변인 논평을 통해 "미국 백악관이 발표한 '책략성 성명'에 대해 뜻밖의 느낌을 받는다"면서 "그 속에서도 얼마전 중미 양측이 워싱턴에서 이룬 합의를 위배한 점이 두드러진다", "미국이 어떤 조치를 취하든 중국은 중국 인민의 이익과 국가 핵심이익을 지킬 자신감과 능력, 경험이 있다"고 강조하고 "미국이 공동성명 정신에 따라 함께 마주 걷기를 촉구한다"고 했다.

CNN은 백악관이 갑자기 어조를 바꾸었다고 보도했고, 백악관이 이처럼 미·중 무역협상 결과를 사실상 부정하는 조처를 직접 발표한 것은 트럼프 행정부가 중국에 손해 보는 협상을 했다는 비판이 나오고 있는 것을 의식한 것이라고 언론들은 지적했다.

6월

트럼프 '변심'에 가장 큰 타격받을 사람은 류허 中부총리
(연합뉴스 2018-06-01)
도널드 트럼프 미국 대통령의 '변심'으로 중국 무역협상팀을 이끄는 류허(劉鶴) 국무원 부총리가 타격을 가장 많이 받을 것으로 보인다는 분석도 나왔다.
6월 1일 중화권 매체 둬웨이(多維)는 트럼프 대통령이 최근 미중 합의를 깨고 중국산 수입품에 대한 고율관세 부과를 강행할 뜻을 밝혔다면서 이는 지난달 중순 미국을 방문해 무역협상을 이끌었던 류 부총리에게는 큰 타격이 될 것으로 보인다고 분석했다.
중국 정치평론가인 덩위원(鄧聿文)은 사회관계망에 "미국이 류 부총리를 갖고 놀았든지 아니면 류 부총리가 판단착오를 했든지 간에 류 부총리가 시진핑 국가주석에게 두차례나 잘못된 보고를 한 것은 분명하다"고 지적했다.

3차 협상으로 들어간 미중 무역전쟁

2018년 3월 22일 미국 트럼프 대통령의 행정명령 서명으로 급물살을 타게 된 미중 무역전쟁은 지난 두 달간 미국과 중국 무역대표단이 상호 방문하며 무역협상을 긴급하게 진행되었다.

5월 3, 4일 스티븐 므누신 재무장관이 이끄는 미 정부 대표단이 중국 베이징을 방문해 1차 무역협상을 벌였고, 류허(劉鶴) 부총리가 이끄는 중국 대표단이 5월 15~19일 미국 워싱턴을 방문해 2차 무역협상을 진행했다. 2차 무역협상에서는 양국이 공동성명을 도출해 내 무역전쟁이 휴전국면에 들어가기도 하였지만, '변덕스런 트럼프' 때문에 무산되는 형국이 되었다.

이런 상황에서 미국은 중국에 합작기업의 경영권을 위한 과반 지분 허용하라며 3차 무역협상의 운을 띄었다.

래리 커들로 미 백악관 국가경제위원회(NEC) 위원장은 5월 31일 한 라디오 방송과의 인터뷰에서 "미국 기업들은 중국 시장에 진출하기 위해 어쩔 수 없이 합작기업을 설립해야 하는데, 이것이 기술이전의 수단으로 악용되고 있다"고 주장하고 나왔기 때문이다.

3차 무역협상 – 쟁점은 중국과 합작기업 경영권
(연합뉴스 2018-06-01, 04, 서울경제 6.6)
6월 1일 홍콩 사우스차이나모닝포스트(SCMP)는 3차 무역협상에 나선 미국이 중국에 합작기업의 경영권을 위한 과반 지분 허용을 요청할 것이라고 보도했다.
6월 2일부터 4일까지 월버 로스 미 상무장관이 이끄는 대표단이 중국을 방문 3차 무역협상을 벌일 예정인 가운데 래리 커들로 미 백악관 국가경제위원회(NEC) 위원장은 5월 31일 한 라디오 방송과의 인터뷰에서 "미국 기업들은 49% 이상의 지분을 보유하는 것이 허용되지 않으며, 과반 지분을 가진 중국 측은 이를 이용해 신설 기업에 기술을 이전할 것을 강요할 수 있다"고 지적하고 "기술이전을 막는 유일한 방법은 미국 기업들이 지분율을 51%, 55%, 100%까지 올리는 것이며, 이것이 이뤄질 때 우리는 기술이전을 강요받지 않아도 될 것"이라고 말했다. 중국은 주요 산업 분야에서 중국 시장에 진출하려는 외국 기업에 합작기업을 세울 것을 요구하고 있으며, 그 합작기업의 지분 보유율도 50%로 제한하고 있다.

미국 기업들은 중국 내 투자기업의 경영권을 갖지 못한 결과 기술이전을 강요받고 있다고 불평해 왔다. 특히 반도체, 자동차, 신재생에너지 등에서 이러한 관행이 심각하다고 주장해 왔다. 이에 따라 도널드 트럼프 미 행정부도 이를 무역협상의 주요 의제로 제기하겠다는 입장을 래리 커들러 위원장이 라디오 인터뷰를 통해 밝힌 것이다.

커들러 위원장은 라디오 인터뷰에서 "1차, 2차 무역협상 때 이 문제가 제기됐지만, 중국 측은 이러한 요구를 아직 수용하지 않고 있다"면서 "(3차 협상 때) 중국이 이러한 요구를 수용한다면 매우 고무적인 뉴스가 될 것"이라고 밝혔다.

중국도 이를 받아들여 외국 기업의 보유지분 제한을 점진적으로 철폐할 방침임을 밝혔다. 자동차 분야에서는 5년 이내에 지분 제한을 철폐하기로 했으며 증권, 자산관리, 은행, 보험 등 금융 분야에서도 지분 제한 완화를 검토하고 있다. 다만 그 구체적인 시간표는 아직 제시하지 않고 있던 상황이었다.

그러나 3차 무역협상은 윌버 로스 상무장관이 이끄는 미국 대표단은 2일 베이징에 도착해 류허(劉鶴) 중국 부총리와 2차 무역협상 공동성명의 이행방안 등을 이틀간 집중 협의했으나 합의에 이르지 못하고 어떤 합의안 발표나 공동성명 채택도 하지 않았고, 협상의 세부 내용도 공개하지 않았다. 중국 만이 미국이 제재 조치를 실행하면 양국 간 무역합의 효력이 사라질 것이라는 일방적 경고 메시지를 내놓았다.

3차무역협상 후 6월 5일(현지시간) 미 일간 월스트리트저널 (WSJ)은 "중국 측이 미국산 대두, 옥수수, 천연가스, 원유, 석탄 등을 구매하는 '패키지' 제안을 했으며 미중 양국 관리들은 이 같은 패키지의 규모가 첫해 700억 달러에 이를 것으로 추산했다. 그러나 미중은 이에 대한 구체적인 합의에까지 이르지는 못한 것으로 전해졌다."고 보도했다.

미중 무역전쟁 재발 .. 美, 500억달러 고율관세 부과

(연합뉴스 2018-06-16, 20, 22)

6월 15일(현지시간) 도널드 트럼프 미국 대통령은 성명을 내고

500억 달러(54조1천250억원) 상당의 중국 수입품에 25%의 고율 관세를 부과한다고 밝혔다.

이렇게 되면 중국산 수출품 가격이 급등하면서 사실상 수출길이 막히게 된다. 지난해 미국의 대중 상품수지 적자 3천750억 달러 가운데 약 15%에 해당하는 규모다.

관세 부과 대상은 총 1천102개 품목이다. 항공우주, 정보통신, 로봇 공학, 신소재·자동차 등 첨단기술 제품들이 대거 포함됐다. 중국 당국이 이른바 '중국제조 2025' 계획을 통해 집중적으로 육성하는 분야들이다. 글로벌 기술패권을 노리는 중국의 '기술 굴기(堀起)'를 견제하겠다는 포석이 깔린 대목이다.

제2차 미중 무역협상에서의 합의로 양국의 무역갈등이 가까스로 봉합되는 듯했으나, 합의 이행을 놓고 양측간 견해차가 커지면서 결국 정면 대결로 치닫게 된 것이다.

트럼프 대통령은 "더는 불공정한 경제 관행 때문에 우리의 기술과 지식재산을 잃는 것을 참을 수 없다"면서 "중국이 경제성장을 주도하기 위해 첨단 기술산업을 장악하려고 하면서 미국과 다른 많은 국가의 성장을 훼손하고 있다"고 비판했다.

그러면서 "이번 관세는 본질에서 미국 기술과 지식재산의 불공정한 이전을 막기 위한 것"이라고 강조했다.

이에 대해 중국도 즉각 보복 관세를 발표하며 반격에 나섰다.

6월 16일 오전 2시(현지시간) 중국 국무원 관세세칙위원회는 미국의 관련 발표가 나온 직후 미국과 동등한 규모 및 강도의 보복 조치에 나섰다고 밝혔다.

중국 국무원 비준을 거쳐 관세세칙위원회는 500억 달러 규모의 미국산 제품 659개 품목에 25%의 관세를 부과하고 이 가운데 농산품, 자동차, 수산물을 포함한 340억 달러 규모의 545개 품목에 대해 7월 6일부터 관세를 매기기로 했다. 나머지 미국산 제품의 관세 부과 품목은 화학 공업품, 의료 설비, 에너지 제품 등 114개로 시행일은 나중에 발표할 것임을 밝혔다.

중국 상무부도 이날 공고를 통해 "미국이 중국의 결연한 반대와 엄정한 교섭을 무시하고 WTO 규칙을 어기는 행동을 고집하고 있다"고 비난했다.

6월 19일(현지시간) 피터 나바로 백악관 무역제조업정책국장은 미중 무역 갈등과 관련해 "중국이 잃을 게 더 많다"고 발언하자 다음날 20일 겅솽 중국 외교부 대변인은 정례브리핑에서 "중국은 무역전쟁을 일으키지 않지만 두려워하지도 않는다"면서 "경제 무역 문제를 해결하는 데 대화가 대항보다 낫다고 생각하지만 무역전쟁을 고집스럽게 일으킨다면 우리는 정당하고 합법적인 권익을 결연히 수호하고 끝까지 맞설 것"이라고 밝혔다.

중국 주요 관영 매체들도 미국의 보호주의를 반드시 막아내겠다며 결사항전의 의지를 내비쳤다. 인민일보(人民日報) 해외판은 22일 1면 논평을 통해 "2017년 이후 세계 경제가 호전되고 있지만, 여전히 예전보다는 기력이 쇠한 상태"라며 "무역보호주의, 고립주의, 포퓰리즘 등 사조에 세계 평화와 발전이 중대한 도전에 직면해 있다"고 지적했고, 환구시보는 "중미 경쟁이 치열해지고 우호적이지 않은 분위기가 확산하고 있다"면서 "현대화 모델에 들어선 중국은 무궁무진한 잠재력이 갖고 있기 때문에 개혁 개방의 성공적인 정책과 경험을 잘 살리고, 자신이 할 수 있는 일에 해나가면 될 뿐"이라고 덧붙였다.

7월

中, 오늘부터 수입 자동차 관세 15%로 인하 발효

(뉴시스 2018-07-01)

7월 1일부터 중국은 25%였던 수입자동차 관세를 15%로 인하했다. 이는 지난 5월 22일 수입 자동차 관세 인하를 발표한 것에 따른 조처이다. 이외 1449개 소비재에 대한 수입 관세를 기존 15.7%에서 6.9%로 대폭 인하했다. 그러나 중국은 미국산 자동차에 대해선 7월 6일부터 40% 관세를 부과하겠다고 예고했다. 중미 무역협상을 염두해 둔 포석이었다.

美, 中이통사 차이나모바일 진입 불허

(서울경제 2018-07-04)

7월 2일(현지시간) 미국 상무부 산하 통신정보관리청(NTIA)은 차이나모바일이 국가안보를 위협한다는 이유를 들어 연방통신위원회(FCC)에 이 회사의 미국 통신시장 진출을 허용하지 말라고 권고했다. 지난 2011년 차이나모바일이 미국 정부에 통신시장 진출 신청서를 낸 지 7년 만에 거부 판정이 사실상 확정된 것이다.

미국 정부의 차이나모바일 진출 불허는 7월 6일 중국산 첨단기술 품목에 고율 관세를 부과하기로 한 조치를 앞두고 나왔다. 중국 첨단 기업에 대한 견제를 통신서비스 업체까지 확대한 것이다. 중국 2위 통신장비업체 ZTE는 미국 정부의 제재로 부도위기에 몰렸다가 최근 제제 해제 조치를 받았지만, 미 의회는 이를 무산시키는 법안을 추진 중이다. 미 의회는 중국 1위 통신장비업체 화웨이까지 함께 제재하는 입법을 진행 중에 있었다. 중국 당국은 미국의 이번 조치에 대해 터무니없는 억측과 고의적인 억압이라며 강력히 비판했다.

루캉 중국 외교부 대변인은 정례 브리핑에서 차이나모바일의 미국 시장 진출이 거부된 데 대해 "중국 정부는 우리 기업에 시장원칙과 국제 규칙에 따를 것을 독려하고 있다"면서 "미국이 냉전적 사고와 제로섬 게임의 구시대적 이념을 포기해야 한다"고 역설했다.

7월 6일 미국은 예고한 대로 중국산 수입품 340억달러에 대해 25% 관세 부과를 시행했다. 중국도 같은 규모의 고율 관세를 부과를 시작했다. 또한 중국은 미국이 WTO 규정을 위반했다며 미국을 제소했다.

교체된 ZTE 부회장 "미국의 '백색테러'...깊은 굴욕 느낀다"

(연합뉴스 2018-07-08)

7월 7일 장전후이(張振輝·45) ZTE 부회장은 ZTE 전 직원들에게 이메일로 보낸 장문의 이임사를 통해 "이렇게 회사를 떠나는 것은 결코 바라는 바가 아니었다. 깊은 굴욕을 느낀다"고 밝혔다. 장 부회장은 자신의 18년 업무를 회고하면서 자신은 ZTE의 법규 위반 사건과 아무런 책임관계가 없다며 억울함을 호소했다.

中 "버티면 승산 있다" …무역전쟁 중국 전문가 관전평

(뉴스핌 2018.7.9.)

주요 중국 언론들은 "중국보다 미국의 피해가 더 클 것"이라며 무역전쟁에서 물러설 생각이 없다고 밝혔고, 중국 전문가들도 중국이 결코 불리하지만은 않다는 분석을 내놓아 관심을 끌었다.

딩이판(丁一凡) 칭화대학교 국제전략연구소 연구원은 중국 매경망(每經網)과의 인터뷰에서 미국 기업들이 중국 시장에서 얻는 이익이 크기 때문에 미국의 관세 보복이 오래 가지 못할 것이라고 주장했다.

바이밍(白明) 상무부 국제시장연구소 부소장 역시 인터뷰를 통해 "미국이 중국산 수입품에 대한 고율 관세 부과 범위를 확대할수록, 결국 미국의 물가만 높아지게 될 것이다"라고 밝혔다. 이어 "시간이 지날수록 보호무역주의를 고집하는 미국은 고립되는 반면, 다자주의를 옹호하는 중국의 힘은 강해질 것"이라고 밝혔다.

옌이룽(鄢一龍) 칭화대학교 국정(國情)연구원 부원장은 무역전쟁으로 위안화, 중국 A주, 부동산 가격의 불안정성이 확대되는데 대해 중국이 '금융 사회주의'라는 새로운 개념을 도입해 장기 발전을 꾀해야 한다고 주장했다.

7월 10일, 美 2000억달러 추가 고관세 부과 예고

(연합뉴스 2018-07-12, 16, 17 뉴스핌 7. 16)

7월 10일 로버트 라이트하이저 미국 무역대표부(USTR) 대표는 도널드 트럼프 미국 행정부가 연간 2000억달러 규모의 중국산 수입품에 10%의 추가 관세를 부과할 예정이라고 밝혔다. 이에 중국 상무부는 다음날 11일 미국의 일방주의적 행위를 즉각 WTO에 제소할 것이라고 맞대응했다. 인민일보(人民日報) 해외판은 12일 1면 논평을 통해 "국제여론은 트럼프 정부의 독불장군식 행보에 대해 확실히 '미쳤다'고 생각한다"며 강력한 어조로 비판하기까지 했다.

또한 중국 관영매체들이 미중 무역전쟁과 관련해 중국의 당위성을 연일 강조하면서 단기간에 끝날 싸움이 아니므로 장기전에 대비해야 한다는 입장을 내놓았다.

7월 16일(현지시간) 중국 상무부는 미국의 2000억달러 규모의 중국 수입품에 대해 추가 고율 관세를 준비 중인 것과 관련 세계무역기구(WTO)에 제소했다고 밝혔다. 이날 화춘잉(華春瑩) 중국 외교부 대변인은 정례 언론 브리핑에서 USTR이 '무역법 301조' 조사에서 중국의 불공적 무역으로 미국이 피해를 입고 있다고 주장한 것에 대해 "WTO는 미국이 만들었고 세계무역의 주요 결제통화는 달러다. 중국은 국제무역의 후발주자로, WTO 규칙을 수용하는 입장"이라고 밝혔다. 이어 "규칙을 만든 사람이 그 규칙이 남에게만 유리하고 자신에게는 불리하다고 말하는 것인가"라고 반박했다.

7월 17일 관영 중앙(CC)TV는 "중국의 상반기 경제성장률이 목표치에 부합하는 6.8%를 기록했다"면서 "미국과의 무역전쟁에도 중국 경제의 고품질 성장이 양호한 상태를 유지하고 있다"고 전했다.

7월 18일(현지시간) 미국 백악관 국가경제위원회(NEC) 커들로 위원장은 뉴욕에서 열린 콘퍼런스에 참석해 "도널드 트럼프 대통령은 중국과의 무역협상에 대해 매우 불만족스럽다는 입장"이라면서 "시진핑 주석에겐 미중 양국의 어떤 논의도 이행하려는 의사가 없는 것 같다"고 비판했다. 이에 중국 외교부가 발끈하며 "미국이 깨달아야 하는 것은 현재는 경제 세계화가 발전하는 21세기고 상대가 중국이라는 점"이라면서 "미국 일부 인사들이 17세기의 돈키호테식 사고에 빠져서는 안 된다"고 경고했다.

8월

미중 무역전쟁 2라운드
(연합뉴스 2018-08-09, 27 시사저널 8.31)
8월 7일(현지시간) 미국 무역대표부(USTR)는 홈페이지를 통해 "미국 기술과 지식재산권을 침해한 중국의 불공정 무역관행에 대한 대응조치"라면서 "오는 23일부터 160억 달러(약 18조 원) 규모의 중국산 수입품에 25%의 관세를 부과한다"고 밝혔다.

8월 9일 중국 인민일보(人民日報) 해외판은 1면 평론에서 1930~40년대 마오쩌둥(毛澤東)의 항일전쟁에서 최종 승리자는 중국이었으며 1980~90년대 덩샤오핑(鄧小平)도 미국을 비롯한 서방 압박에 굴복하지 않아 중국이 더 발전했다는 논리까지 펼치며 "중국은 어떤 외부 압력에도 강한 인내력을 갖고 있으며 '중국 굴기'의 길에 마주친 이런 시련에 의연하게 대처할 것"이라고 말했다. 중국 관영 매체들은 중국의 반격은 당연하며 미국은 중국을 굴복시킬 수 없다고 목소리를 높였다. 무역전쟁이 2라운드에 접어든 것이다.

8월 26일 도널드 트럼프 미국 대통령은 마이크 폼페이오 미국 국무장관의 북한 방문을 연기하면서 중국의 책임론을 거론했다. 미국은 오는 11월 도널드 트럼프 미 대통령의 중간선거를 앞두고 대만 카드를 통해 중국을 압박하고 나섰고, 중국은 미국과 갈등을 빚는 가운데 러시아와의 관계를 밀착하고 있다. 이런 분위기 속에서 경제 패권 싸움 넘어 정치·외교·군사 영역으로 확산되는 것 아니냐는 관측이 나오게 되었다.

9월

무역전쟁 전면전 ... 중국은 '美책임론' 부각

(연합뉴스 2018-09-21, 27 한국경제 9. 23, 매일경제 9. 24, 인민만 한국어판 9.25, SBS 9. 25)

9월 21일 관영 중앙(CC)TV는 아침 뉴스에서 미중 무역전쟁과 관련한 뉴스를 집중 보도하면서 무역전쟁의 책임이 미국에 있다는 점을 강조했다. CCTV는 "미국은 자국의 이익을 위해 일방주의와 보호무역주의 조치를 지속하고 있다"면서 "이는 중국뿐 아니라 세계 경제에 손해를 끼치고, 심지어 미국의 기업과 소비자에게도 심각한 타격을 줬다"고 비판했다.

이날 인민일보 자매지 환구시보(環球時報)는 무역전쟁 과정에서 미국이 최근 과학기술 유출을 우려해 중국의 해외 인재 유치 프로그램인 '천인계획'(千人計劃)을 조사하는 것에 대해서도 비난의 목소리를 높였다.

미국과 중국이 600억 달러 규모의 상대국 제품에 각각 관세를

부과하고 미국이 2000억 달러를 추가 부과하겠다며 무역전쟁
을 격화시키고 있는 상황에 대해서 중국의 주요 매체들은 미국
으로 인해 촉발된 무역전쟁으로 세계 경제가 심각한 타격을 받
았다고 비난하면서 '미국 책임론'을 부각시켰다.

또한 미국 정부는 앞서 9월 20일 중국이 지난해와 올해 각각
러시아에서 수호이(Su)-35 전투기 10대와 방공미사일시스템
'S-400'을 구매한 것이 대러시아 제재를 위반했다며, 중국 인
민해방군의 무기구매 및 개발을 담당하는 중앙군사위원회 장비
발전부(EDD)와 그 책임자인 리상푸(李尙福) 부장을 제재 대상
에 올렸다.

이에 화난 중국은 다음날 21일 테리 브랜스태드 주중 미국 대
사를 베이징(北京) 외교부 청사로 불러 미국의 중국 군부에 대
한 제재에 대해 단호하게 항의했다.

미중 무역 관세 전쟁이 격화하는 가운데 외교 군사 분야까지
미주 양 강국이 충돌한 것이다.

9월 24일(현지시간) 미국 도널드 트럼프 행정부가 2000억 달러
(약 224조 원) 규모의 중국산 수입품에 대한 10% 추가 관세
부과를 단행했다.

이날 관세 발효로 미국의 관세부과 대상은 미국의 지난해 중국
산 수입규모 5055억 달러의 절반인 2500억 달러로 확대됐다.
미국은 지난 7, 8월 두 차례에 걸쳐 500억달러 규모의 중국산
제품에 25% 관세부과를 시작했다.

9월 24일 중국 국무원은 '중·미 경제무역 마찰 실상과 중국의
입장에 관한 백서'(이하 백서)를 발간해 발표했다. 방대한 사실
과 상세한 데이터를 바탕으로 중·미 경제무역 관계 전반을 체
계적으로 정리한 백서는 중·미 경제무역 관계의 본질은 상호
이익임을 강조하며, (최근) 미국의 행보는 보호무역주의와 무역
패권주의 행위라고 지적했다. 미중 무역전쟁에 관한 백서를 통
해 미국의 관세부과를 비난하면서도 양국간 협력 필요성을 강
조하고 나온 것이다.

스티븐 므누신 미 재무장관과 류허 중국 부총리가 9월 27～28
일 워싱턴DC에서 협상을 재개할 예정이었지만, 미국 정부가 2
천억 달러 규모의 중국 제품에 대한 관세 부과를 강행하면서

일정이 취소되었다.

9월 25일 미중 무역분쟁과 관련해 중국 국무원 신문판공실에서 진행된 정부 부처 합동 기자회견에서 왕서우원 중국 상무부 부부장은 이같은 사실을 확인해 주며 "지금 미국이 이렇게 큰 규모의 무역 제한 조처를 한 것은 칼을 들고 다른 이의 목에 댄 격"이라며 "어떻게 이런 상황에서 담판이 진행될 수 있겠는가"라고 반문하기도 했다.

또한 푸쯔잉 상무부 국제무역협상대표 겸 부부장은 중국이 아직 미국에 정면으로 맞설 수준에 닿지 못한 '가난한 국가'라는 점을 부각하면서 몸을 낮추는 모습을 보여 눈길을 끌었다.

푸 부부장은 "중국에 아직 수천만 명의 빈곤 인구가 있다"면서 "가난한 사람은 계속 가난하고, 부유한 사람은 계속 부유하란 말이냐"며 무역전쟁을 벌이는 미국에 대해 "인류 평화적인 발전 방향에 부합하지 않는다"며 '호소'하기도 했다.

9월 27일 가오펑(高峰) 중국 상무부 대변인은 "극단적으로 압력을 가해서는 중국을 놀라 넘어뜨릴 수도, 중국 경제를 무너뜨릴 수도 없다"고 밝혔다. 즉, 중국 정부는 미국과의 무역분쟁이 장기화해도 견뎌낼 수 있다는 입장을 피력했다.

10월

"中, 트럼프 대통령을 더이상 협상대상으로 안 봐"

(연합뉴스 2018-10-04, 5, 10, SBS 10.10, 조선일보 10. 12)

9월 26일 트럼프 대통령은 유엔 안보리에서 "중국은 나의 행정부가 올해 11월 중간선거에서 패배하도록 선거 개입을 시도하고 있다"면서 "중국은 나와 우리 행정부가 이기길 바라지 않는다. 왜냐하면 내가 중국과 무역전쟁을 벌이는 최초의 대통령이기 때문"이라고 주장했다. 이어 "우리는 모든 무역 분야에서 중국을 이기고 있다"며 "우리는 중국이 다음 선거에 개입과 간섭을 하지 않기를 바란다"고 덧붙였다.

이에 대해 안보리에 참석한 왕이(王毅)중국 국무위원 겸 외교부장은 "중국은 내정간섭을 하지 않는다는 원칙을 항상 지켜왔다"며 "중국은 어떤 나라에도 내정간섭을 하지 않았고 앞으로 도 하지 않을 것이다. 중국을 향한 근거 없는 비난은 받아들일 수 없다"고 반박했다.

10월 3일(현지시간) 추이톈카이(崔天凱) 주미 중국 대사가 중 국은 미국과 합의할 준비가 돼 있다며 협상 재개 의사를 밝혔 다. 미국 공영라디오방송 NPR과 인터뷰에서 추이 대사는 "중 국은 미국과 합의를 통해 무역전쟁을 끝내고 싶어한다"면서 "다만 관건은 워싱턴에서 신뢰할 수 있는 협상 파트너를 찾을 수 있는가에 달려있다"고 말했다.

10월 4일 영국 BBC방송 중문판은 미중 무역전쟁이 격화하고 있는 가운데 중국이 도널드 트럼프 미 대통령을 더이상 협상 대상으로 보지 않고 있으며 미국 정계의 변화를 바라고 있다고 보도했다. 중국이 최근 발표한 '중미무역마찰 사실과 중국 입 장'이라는 백서에서 전례 없는 강도로 트럼프 정부를 비판했다 면서 이는 트럼프 대통령을 더이상 협상대상으로 보지 않고 우 회하려는 전략으로 보인다고 지적하고 나온 것이다.

10월 5일 새벽 화춘잉(華春瑩) 중국 외교부 대변인은 홈페이지 에 '미국 지도자의 중국에 대한 이유없는 비난에 대한 입장표 명'이라는 성명을 올리고 "근거도 없고, 시비를 혼동케 하는, 터무니없는 날조"라며 "중국은 결연히 반대한다"고 밝혔다.

10월 9일(현지시간) 트럼프 대통령은 백악관 집무실에서 열린 기자회견에서 마이크 폼페이오 국무장관의 중국 방문과 관련한 질의·응답을 하던 중 "중국이 (기존 관세에) 보복한다면 추가 관세 부과 가능성은 100%"라고 밝혔다. 이 회견에서 트럼프 대통령은 중국이 작년에 미국에 수출한 물품의 규모 5천억달러 를 빼앗겼다고 말하며 "중국이 합의하길 원하지만 나는 그들이 아직 준비되지 않았다고 본다"며 "중국이 합의 준비가 안 됐다 고 내가 잘라 말하기 때문에 우리는 몇몇 회동을 취소했다"고 말했다.

중국 외교부는 트럼프 대통령의 이런 발언에 대해 반발하고 나 섰다.

10월 10월 정례 브리핑에서 루캉(陸慷) 외교부 대변인은 "중국 정부는 이 문제에 대해 이미 여러 차례 표명했으며 기존 입장에 변함이 없다"면서 "중미 경제무역 협력의 본질은 호혜 공영이고 우리는 무역 마찰을 확대하거나 무역 전쟁을 하는 것은 중미 어느 쪽에도 유리하지 않다고 본다"고 지적했다.

10월 10일 AP와 AFP 통신은 미국의 항공우주기업들에서 기밀 정보를 훔치려 한 혐의로 중국 국가안전부 소속 첩보원인 쉬옌쥔이 전날 기소됐다고 보도했다. 쉬옌쥔은 지난 4월 벨기에에서 체포됐으며, 범죄인 인도 절차에 따라 전날 미국에 도착, 10일 미 재판장에서 모습을 드러냈다. 미 일간 워싱턴포스트(WP)와 AP는 중국 정부의 스파이가 미국으로 인도돼 법정에 서는 것은 이번이 최초라고 전했다.

10월 11일(현지시간) 트럼프 대통령은 미 폭스뉴스 인터뷰에서 "중국산 수입품에 대한 미국의 고율 관세 정책이 중국에 큰 영향을 미쳤다"면서 "중국 경제는 아주 상당히 침체했고, 내가 하고자 한다면 할 게 많다"고 주장했다.

하지만 중국경제는 흔들림 없다는 것을 내보였다.

10월 12일 중국 해관총서(관세청)은 9월 수출입 동향을 발표, 9월 전체 미국에 대해 341억달러 흑자를 냈다고 발표했다. 이는 전달 311억달러의 대미 흑자를 기록해 6월의 신기록(289억달러)을 경신한 바 있는데, 또 사상최대 흑자를 낸 것이다. 중국이 미국 한 나라를 상대로 한 무역에서 전세계를 상대로 한 무역보다 더 많은 흑자를 낸 수치이다.

무역전쟁에 돌입한 지 두 달째인 8월에 이어 9월에도 중국의 대미(對美) 무역흑자가 사상최대를 기록해 미국의 무역 불균형 해소를 위한 추가 압박이 더욱 거세질 것이라는 분석이 나왔다.

中 '개혁개방 1번지' 선전시 "신냉전 대비 전시책략 마련해야"

(연합뉴스 2018-10-17)

중국 남부의 개혁개방 1번지 선전시 당국이 '신냉전'에 대비한 전시책략을 마련해야 한다고 밝혀 주목되었다.

10월 17일 프랑스 국제라디오방송(RFI)과 미국 자유아시아방송(RFA) 등 보도에 따르면 선전시 정책연구실은 최근 보고서에서 미국의 대(對)중 정책이 기존의 관여전략에서 전방위 포위전략으로 이미 완전히 바뀌었으며 영유권 분쟁지역인 남중국해, 대만문제, 티베트 독립 등에서 향후 문제를 촉발할 가능성이 높다고 지적했다.

보고서는 현재 미국의 행정, 입법, 국방 정책이 중국 억제측면에서 고도로 일치하고 있다면서 경제계도 중국에서 불공정하게 대우받았다는 인식때문에 과거에는 양국관계가 어려운 시기에 놓였을 경우 중재자로 역할을 했으나 이번 무역전쟁에서는 미국 정부를 지지하고 있다고 지적했다.

보고서는 이번 미국의 대중정책이 중간선거 이후 6년간 지속될 수 있으며 트럼프 대통령이 물러나더라도 이런 전략에 큰 변화는 없을 것으로 보인다고 밝혔다.

10월 30일 워싱턴포스트(WSJ) 등 주요 외신은 미국 상무부가 중국 푸젠진화반도체에 대한 미국 기업의 수출을 제한하기로 했으며, 여기에는 지식재산권 보호라는 대의명분이 깔렸다고 보도했다. 글로벌 반도체 시장에서 승승장구하고 있는 중국을 견제하고 나섰다는 분석이다.

11월

G20(주요 20개국) 정상회담

(TV조선 2018.11.02., 연합뉴스 11.5, 11.30)

11월 1일(현지시간) 신화통신 등에 따르면 시진핑 주석은 이날 트럼프 대통령과 통화에서 "나와 트럼프 대통령이 합의한 공동 인식에 따라 중미 관계의 건강한 발전을 촉진하길 바란다"고 밝혔다. 11월 말 G20 정상회의를 앞두고 시진핑 중국 주석은 "G20 회의에서 다시 정상회담을 통해 중미 관계와 다른 중대한 문제에 대해 깊이 있는 의견 교환을 하길 바란다"고 트럼프 대통령에게 말했다. 북한 비핵화 문제에도 협조 의사도 밝혔다. 11월 5일 시 주석은 이날 상하이 국가회의전람센터(NECC)에서 열린 제1회 중국국제수입박람회 개막식 기조연설에서 "세계 경제가 심각한 변화에 직면한 가운데 더욱 아름다운 세계를 건설하기 위해 각국이 더 큰 용기를 갖고 협력해 공동 발전을 실현해야 한다"며 "각국은 반드시 개방 정책 기조를 견지하면서 선명한 기치로 보호무역과 일방주의에 반대해야 한다"고 촉구했다. 미국을 겨냥한 발언이다.

11월 29일(현지시간) 로이터 통신은 미 정부 관료와 의회 소식통들을 인용해 트럼프 행정부가 미국 대학에 입학하는 중국인 유학생들에 대해 추가로 사전 신원조사를 하는 방안을 검토 중이라고 보도했다. 중국의 '기술 굴기(堀起)'를 겨냥한 트럼프 행정부의 견제 폭이 넓어졌다는 분석이다.

미 국무부는 지난 6월에도 항공, 로봇공학, 첨단제조 분야를 전공하는 중국인 대학원생들의 비자 유효기간을 5년에서 1년으로 단축하며 중국 출신 유학생들을 대상으로 한 규제를 강화한 바 있다. 국가안보에 필수적인 분야에서 지식재산 유출을 막겠다는 의도였다.

12월

미·중, '관세 휴전'…90일간 추가관세 중단하고 합의도출 모색
(연합뉴스 2018-12-02)

12월 1일(현지시간) 트럼프 미국 대통령과 시진핑(習近平) 중국 국가주석이 G20정상회담에서 만나 무역 담판을 통해 내년 1월부터 추가 관세 부과를 중단하고 '휴전'하기로 했다.

미국 백악관은 이날 성명을 내고 트럼프 대통령과 시진핑 주석이 아르헨티나 부에노스아이레스에서 열린 업무 만찬에서 향후 90일 동안 중국산 수입품에 추가로 관세를 부과하지 않기로 합의했다고 밝혔다.

미·중은 앞으로 90일 동안 강제적인 기술 이전, 지식재산권, 비관세장벽 등 문제에 대해 협상하기로 했으며, 만약 합의가 이뤄지지 않을 경우에는 10%인 관세를 25%로 인상하기로 했다.

12월 6일 외신들은 중국의 거대 통신장비업체 화웨이의 글로벌 최고재무관리자(CFO) 겸 부회장 멍완저우(孟晚舟) 체포 소식을 일제히 보도했다.

BBC는 이어 "이번 체포는 트럼프 대통령과 시진핑 국가주석이 주요20개국(G20) 회의에서 만나 합의한 90일간의 관세 휴전에 도움이 안 될 것"이라고 덧붙였다.

화웨이가 세계 제 1의 통신장비 업체이고, 중국의 산업고도화 전략인 '중국제조 2025'의 핵심 분야인 5G를 이끌고 있다는 점에서 '미국의 견제'가 작용했다는 해석이 나왔다.

미국은 이미 지난 2012년, 의회보고서에서 중국의 통신장비를 통한 감청 가능성을 경계하기 시작했고, 지난 8월엔 아예 화웨이와 또다른 IT기업 중심의 장비 사용을 금지시켰다.

12월 18일 중국은 개혁개방 40주년을 맞아 관영 매체를 통해 패권 추구를 하지 않겠다며 대미 화해 메시지를 보냈다. 환구시보는 시진핑(習近平) 중국 국가 주석이 개혁개방 40주년 경축식에 참석해 협력 공영을 외친 점 등을 거론하면서 "중국은 협상을 통한 해결을 주장해온 대국이므로 중국은 반드시 부강해지더라도 패권을 추구하지 않을 것"이라고 밝혔다.

12월 28일 인민일보 자매지인 환구시보(環球時報)는 중국인들이 2018년 가장 인상 깊었던 외교 사건으로 미중 무역전쟁을 선정했다고 보도했다. 베이징(北京), 상하이(上海), 광저우(廣州) 3개 도시 시민 1천명을 대상으로 진행한 '중국인이 본 세계' 설문조사 결과, 조사에 참여한 중국인들은 '가장 인상 깊은 국제 사건'(중복선택 가능)으로 미중 무역전쟁(58.7%)을 선정했다.

2019년 끝나지 않는 위험과 도전

1월

"다같이 싸우자"

(연합뉴스 2019. 1.1, 16, 17 조선일보, 동아일보, 아시아경제, 뉴시스 2019. 1. 1,)

2019년은 중화인민공화국 건국 70주년이 되는 해이며, 미중수교 40주년이 되는 해이다. 동시에 중국의 개혁개방 40주년이 되었다. 시진핑(習近平) 중국 주석은 2019년 신년사에서 "다같이 전력을 다해 싸우고 다같이 분투하자"며 내부단결과 자력갱생을 강조하는 메시지를 전달했다. 지난해에 이어 2019년에도 미중 무역전쟁 등 풀어야 할 과제들이 산적해 있는 만큼 신년사에서 내부단결과 자력갱생을 강조하며 함께 이겨 나가자는 메시지를 전한 것이다. 이날 신년사에서 마오쩌둥(毛澤東)시대의 구호인 자력갱생은 두 차례나 언급됐다.

트럼프 미국 대통령과 시진핑 중국 국가주석은 2018년 12월 1일 주요 20개국(G20) 정상회의가 열린 아르헨티나에서 정상회담을 하고 무역전쟁 '90일 휴전'에 합의했다. 양국은 2019년 2월 말까지 추가 관세를 보류하고 협상을 재개, 2019년 1월 7~9일은 중국 베이징에서 차관급 실무 협상을 하고 이어 30~31일에는 미국에서 고위급 협상을 이어갔다.

당초 1월 7, 8일 열릴 예정이던 무역협상은 9일까지 하루 연장되면서 양측이 합의점을 찾기 위한 노력을 보여주었다. 협상 후 10일 양국이 동시에 공동메세지를 낼 것이고 발표했지만 9

일 미국이 먼저 성명을 내놓았다. 하지만 구체적인 합의내용은 나오지 않았다.

또한 주목된 것이 베이징에서 미중 무역협상이 열리는 기간 중에 1월 7일~10일 일정으로 북한 김정은 위원장이 중국을 방문 시 진핑 주석과 정상회담을 가졌다는 점이다. 중국은 지난해에도 미 중 무역전쟁 분위기가 고조될 때마다 한반도 비핵화 이슈를 끌어 들인 바 있다. 언론들은 중국이 북한카드를 절묘하게 활용하고 있다고 평가했는데, 이번 김정은 위원장의 중국 방문은 시 주석 의 요청에 의한 것임을 1월 8일 신화통신이 밝혔다. 북한과 미국 의 2차 북미정상회담을 앞두고 이루어진 일이어서 더욱 관심을 고조시켰는데 베이징 외교소식통은 "중국은 어떻게든 90일 무역 휴전 기간 안에 미국과 무역협상 결론을 내려고 하는 의지가 강 하다"며 이번 시진핑 주석과 김정은 위원장의 만남을 해석했다.

1월 20일은 도널드 트럼프 미국 대통령 취임 2주년을 맞는 날 이다. '아메리카 퍼스트'를 기조로 한 미국 우선주의를 앞세워 국익 추구에 집중하는 정책을 펼쳐온 트럼프가 2019년 새해에 는 어떤 기조로 갈지가 주목되는 가운데, 1월 3일(현지시간) 트 럼프 대통령은 백악관 브리핑룸을 예고 없이 방문해 기자들에 게 '멕시코 국경장벽 건설예산 관철'의 필요성을 강조했다.

트럼프 대통령은 반(反)이민 행정명령 발표하고 멕시코-미국 국경장벽 설치를 주장해 왔다. 그리고 '지구온난화'는 허구이며 미 제조업을 약화하려는 속임수라고 주장하며 파리기후변화협 정에서도 탈퇴하기도 했다.

집권 2년을 맞는 트럼프는 美우선주의 내건 '마이웨이' 행보를 계속 이어가며 국제질서 판 흔들기를 계속 진행할 것이라는 분 석이 지배적이었다.

2월

중국의 전략

(월간중앙 201902호 (2019.01.17.) CBS노컷뉴스 2019.2.9., 연 합뉴스 2.11, 한국일보 2.25)

월간중앙 2월호는 "외교 포커스 '휴전모드' 미·중 무역전쟁 2

라운드"라는 특집기사를 냈다. 주요내용은 "미국과 트럼프를 너무 몰랐다"는 중국의 반성하는 분위기를 전해주어 관심을 끌었다. 중국의 미국과의 무역전쟁 공략은 손자병법 '지피지기 백전불태(知彼知己 百戰不殆)' 전략이었다. 월간중앙은 "중국이 전략 실패를 자인하고 자력갱생, 후회, 달래기, 우군 확보 전술 등 새 전략 짜기 부심하고 있다"며 "대략 주요 다섯 가지 전술"을 소개했다.

첫째, 자력갱생 전술이다. 둘째는 중국 전통의 우회 전술이다. 셋째는 미국을 달래는 화해전술이다. 넷째는 우군 확보 전술이다. 다섯째, 미국과 일전을 불사해야 한다는 '돌격'전술이다.

지난 달 1월 28일 미국 사법 당국은 중국의 화웨이(華爲)와 멍완저우(孟晚舟) 화웨이 부회장을 기소키로 결정하였다. 세계 언론들은 화웨이와 멍 부회장에 대한 기소 방침이 워싱턴에서 예정된 양국 고위급 무역협상일을 불과 이틀 남겨놓고 전격 단행됐다는 점을 주목했다. 이날은 류허 중국 부총리가 협상단을 이끌고 워싱턴에 도착한 날이기도 했다.

도널드 트럼프 미국 대통령은 2월 25~28일 스페인 바르셀로나에서 열리는 모바일월드콩그레스(MWC)를 앞두고 미국 무선통신망에 중국 통신장비를 사용하지 못하게 하는 행정명령을 검토하는 등 '화웨이 죽이기'를 못박으려 하는 분위기를 보였다. 2월 11일 오전(현지시간) 제프리 게리시 미국 무역대표부(USTR) 부대표가 이끄는 차관급 협상단이 선발대 형식으로 베이징에 도착해 중국 측과 통상 현안에 대한 실무 논의에 나서고 이어 14일부터 15일까지 로버트 라이트하이저 USTR 대표와 스티븐 므누신 재무장관이 방중해 류허(劉鶴) 부총리 등과 고위급 협상을 가졌다. 이번 베이징 협상에서는 중국의 첨단기술 육성 정책인 '중국 제조 2025'와 더불어 화웨이(華爲) 등 중국 기업 문제와 관세 및 비관세 장벽 분야 등을 놓고 치열한 밀고 당기기가 이뤄질 것으로 전망되었다.

2월 19일, 20일에도 미중 차관급·고위급 무역협상이 이어졌고, 양국은 결과를 긍정평가하면서 협상시한 연장을 공식화했다. 또 미중 정상회담을 통해 협상을 최종 마무리짓겠다는 시간표도 내놓았다.

2월 24일(현지시간) 트럼프도 대통령도 트위터를 통해 "생산적인 대화가 있었고 실질적으로 상당한 진전이 있었다"면서 "그에 따라 내달 1일로 예정된 미국의 관세 인상을 연기할 것"이라고 밝혔다. 그는 이어 "양측이 추가적인 진전을 이룬다면 우리는 시 주석과 마라라고(트럼프 대통령 소유의 플로리다 주 리조트)에서의 정상회담을 계획할 것"이라고 말했다.

같은 날 중국 상무부도 웨이보(微博·중국판 트위터) 공식계정을 통해 "중미 고위급 협상단이 협의 문건을 중심으로 기술이전과 지식재산권 보호, 비관세장벽, 서비스업, 농업, 환율 등 방면의 구체적인 문제에서 실질적인 진전을 이뤘다"면서 "양측은 이러한 기초 위에서 양국 정상의 지시에 따라 다음 작업을 잘 해낼 것"이라고 밝혔다.

3월

위협과 도전

(서울신문 2019-03-05, KBS 3. 7 연합뉴스 3. 8, 조선일보 3. 10, 16, 뉴스핌 3. 28)

3월 5일 리커창(李克强) 중국 총리는 베이징 인민대회당에서 개막한 제13기 전국인민대표대회(전인대)에서 업무보고를 통해 "중미 무역마찰은 일부 기업의 생산과 경영, 시장 기대에 불리한 영향을 미치고 있다"면서 미국과의 무역마찰을 "위협과 도전"이라 표현하고 "격전을 치를 각오를 단단히 다져야 한다"고 말해 주목을 받았다. 또한 30년 만에 가장 낮은 6.0~6.5%의 성장률 목표치를 제시했다.

3월 7일 KBS 특파원 리포터는 "납작 몸 낮춘 중국"이라는 제목으로 중국 전국인민대표대회 분위기를 아래와 같이 전했다. "중국 국무원 리커창 총리가 35쪽, 2만 자 분량의 보고서를 전인대 개막일인 5일 인민대회당에서 낭독했다. 1시간 40분이 걸렸다. 자리를 채운 2,900여 명의 전인대 위원들은 지난해 경제 성과가 소개될 때마다 박수를 보냈다. 그런데 이런 풍경도 잠시, 이내 인민대회당은 종잇장 넘기는 소리만 들릴 뿐 쥐죽은 듯 조용해졌다. 주석단에 자리한 시진핑 주석도 내내 특유의 무표정이었다. 폐쇄적인 정치 문화 때문이려니 했다. 그런데 한

숨 소리가 들려온다. 때로는 탄식까지..."
리커창 총리는 무역마찰로 중국 기업이 어려움을 겪고 있다는
솔직한 고백. 그리고는 전국에서 올라온 전인대 위원들에게 위
기에 걸맞은 자세와 태도를 가질 것을 주문했다.
KBS 특파원 리포터는 "미국을 누를 수 있는 유일한 길, 이른
바 '기술 굴기(崛起, 우뚝 일어섬)'를 상징하는 '중국제조 2025'
도 보고서에서 사라졌다"고 전했다.
3월 8일 왕이(王毅) 중국 외교 담당 국무위원 겸 외교부장은 베
이징(北京)에서 열린 전국인민대표대회(전인대) 기자 회견에서
자국 통신장비업체 화웨이를 겨냥한 미국의 조치에 대해 "단순
히 사법적 조치가 아니라 정치적인 억압"이라며 불만을 표했다.
3월 27일로 예정된 시진핑 주석과 만남으로 무역협상을 최종 담
판을 짓겠다고 공언해온 트럼프 대통령에게도 변수가 생겼다. 지
난 달 2월 28일 미북 회담 결렬 뒤 가진 하노이 기자회견에서
"중국과의 협상에서도 언제든지 (아무런 합의없이) 걸어나갈 준
비가 돼 있다"고 밝힌 바 있지만 3월 8일 백악관에서 트럼프는
기자들에게 "만약 우리나라(미국)를 위해 매우 좋은 거래가 아니
라면 합의하지 않을 것"이라고 말했다고 로이터통신이 전했다.
같은 날 3월 8일(현지 시각) 월스트리트저널(WSJ)과 CNBC 등
미국 매체들도 트럼프 대통령이 시 주석과의 회담에서 김정은
북한 국무위원장과의 2차 정상회담에서처럼 아무런 합의를 하
지 않고 걸어 나갈 수 있다는 우려를 하면서 미중 무역협상이
큰 장애물을 만났다고 보도했다.
3월 10일 미 폭스뉴스는 미국 플로리다주(州)에 있는 트럼프
대통령의 별장인 마러라고에서 열릴 것으로 알려졌던 3월 27
일 미중 정상회담이 연기됐다고 보도했고 래리 커들로 미국 국
가경제회의(NEC) 위원장도 CNBC TV에 출연해 미중 정상회
담에 대해 "3월 말이나 4월 초가 될지 도 모른다"라고 말했다.
3월 10일 조선일보는 "지난해 전인대에서 개헌으로 주석직의
임기제를 폐지해 1인 권력체제를 강화한 시 주석은 굴욕의 역
사를 딛고 '강한 중국'의 꿈을 실현할 '강한 지도자'로서의 이
미지를 부각시켜왔다."면서 미국과의 무역전쟁에서 "시진핑이
딜레마에 놓여있다"고 분석했다.
3월 16일 홍콩 사우스차이나모닝포스트(SCMP)는 "미·중 정상

의 무역 협상 회담이 오는 6월로 연기될 수 있다"고 보도했다.
3월 28~29일 베이징(北京)에서 중미 고위급 무역협상이 열렸
다. 이 기간에 보아오(博鰲) 포럼에서 참석한 전(前) 주중 미국
대사인 맥스 보커스(Max Baucus)는 "양국 협상이 '노딜'로 종
료되지 않을 것"이라 발언해 관심을 끌었다. 또한 미중 무역전
쟁의 휴전 마감 시한 연장과 관련해 "양국의 무역협상 타결이
오는 6월을 넘어선다면 문제가 커질 것"이라고 말했다.

4월

시진핑의 친서
(연합뉴스 2019-04-05 머니투데이 2019.04.05. 아시아경제 2019.04.05
3월 중 갖기로 한 미중 정상회담이 연기된 가운데 류허 중국
부총리는 4월 3일 워싱턴을 방문, 시진핑 주석의 친서를 전달
하는 등 무역 협상을 이어 갔다.
시진핑 주석은 친서에서 "양측 대표단이 한 달여간 각종 형식
을 통해 집중적인 협상을 벌였다"면서 "양국은 경제무역 협의
문의 중요한 문제에 관해 실질적인 진전을 이뤘다"고 평가하고
은 "양국 대표단이 계속해서 상호 존중과 평등 호혜의 정신을
가지고 양국이 우려하는 문제를 잘 해결하기를 바란다"면서
"조속히 중미 경제무역 협의문에 대한 본 담판이 타결되기를
바란다"고 전했다.
중국은 협정 체결 시 모든 추가 관세의 철회를 원하고 있으나
미국은 일부를 합의 후 90일 또는 180일 동안 유지해야 한다는
방침을 갖고 있었다.
4월 4일(현지시간) 도널드 트럼프 대통령은 백악관에서 중국
측 무역협상 대표인 류허 중국 부총리를 만나기 직전 기자들과
만나 "중국과의 무역협상 타결에 가까워졌다"며 "합의를 한다
면 약 4주 뒤에 알게 될 것"이라고 말했다. "협상이 타결되면
그때 정상회담을 하게 될 것"이라는 입장도 밝혔다.
한편 류 부총리와 라이트하이저 대표 등 양국 대표단은 4월 3
일부터 4일까지 이틀간 워싱턴DC에서 협상을 벌일 예정이었
지만 5일까지 이를 이어갔다.

5월

트럼프의 독촉

(뉴스1 2019-05-08, 13, 20, 연합뉴스 5. 10, 12, 15, 20, 24, 30 인민망 한국어판 5. 13)

5월 5일 도널드 트럼프 미국 대통령은 트위터를 통해 중국과의 무역 협상이 너무 더디다며 오는 10일부터 2000억달러 규모의 중국산 수입품에 부과하던 10%의 관세율을 25%로 인상하겠다고 밝혔다.

5월 8일 중국 관영매체는 이같은 트럼프 발표에 반응을 보였다. 인민일보는 사설에서 "과거에도 비슷한 위협이 있었다"며 크게 우려하는 모습을 보이지 않았다. 오히려 자신감을 내비쳤고, 신화통신도 별도의 사설을 통해 "미국의 접근방식(관세 인상 위협)을 유감스럽게 생각한다"며 "(양국 간) 무역 문제를 해결하기 위한 올바른 방법은 협의"라고 밝혔다.

미국은 예고한 대로 10일 오전 0시 1분(미 동부시간)부터 2천억 달러(약 235조6천억원) 규모의 중국산 수입품에 대한 관세율을 10%에서 25%로 인상했다.

중국은 즉각 '깊은 유감'을 표시하고 미국에 대한 보복조치를 예고했다.

5월 10일 가오펑(高峰) 중국 상무부 대변인은 관세 부과 돌입 시점이 지나자마자 곧바로 발표한 짧은 담화문에서 "중국은 깊은 유감을 표한다"며 "어쩔 수 없이 보복 조치에 나설 것"이라고 밝혔다. 그는 이어 "현재 제11차 중미 무역 고위급 협상이 진행 중"이라며 "미국이 중국과 함께 노력해 협력과 협상의 방법을 통해 현존하는 문제를 해결하기를 희망한다"고 말했다.

5월 9일, 10일은 워싱턴에서 제11차 미중 무역 고위급 협상이 진행 중이었다. 로버트 라이트하이저 미 무역대표부(USTR) 대표와 스티븐 므누신 재무장관이 이끄는 미국 대표단과 류허 부총리가 이끄는 중국 대표단은 9일 오후 워싱턴 USTR 청사에서 90분간 협상을 벌이고 10일 오전에 협상을 재개할 계획이었지만, 첫날 협상 종료 이후 미국은 예고대로 관세 인상을 단행한 것이다. 고위급 협상에 진전이 '거의 또는 아예' 없었다고 블룸버그 통신은 10일 보도했다.

류 부총리는 워싱턴 무역협상 직후 중국 취재진에 양국의 견해 차가 중대한 원칙 문제로 "절대로 양보할 수는 없다"며 "중국은 평등과 존엄성이 있는 협력적 합의를 요구한다"고 말했다. 이번 미중 무역협상이 결렬된 핵심적인 원인은 미국이 중국의 다수 통상·산업 정책을 불공정 관행으로 지적하면서 법률 개정을 요구하기 때문으로 알려졌다. 류 부총리는 이런 미 측의 요구를 수용할 수 없다는 점을 분명히 한 셈이다.

5월 11일 트럼프 대통령은 트위터를 통해 "중국은 최근 협상에서 너무 심하게 당하고 있어서 2020년 차기 대선 무렵까지 기다리는 게 낫겠다고 생각하는 것 같다"며 "내 두 번째 임기에 협상이 진행된다면 (미중 간의) 합의는 중국에 훨씬 더 나쁠 것"이라고 경고했다. 심지어 그는 자신의 재선 성공을 자신하면서 "중국은 지금 행동하는 것이 현명할 것"이라고 말했다.

5월 12일 중국 인민일보 자매지인 환구시보(環球時報)는 사평(社評)에서 "미국이 '관세 몽둥이'를 휘두르면서 또다시 중국을 위협하고, 양국 경제무역 마찰 위험을 악화하고 있다"며 "무역전쟁에 승자는 없다"고 주장했다.

홍콩 사우스차이나모닝포스트(SCMP)는 미국의 '관세 폭탄'이 현실화하면서 이에 맞설 중국의 보복 카드로 미국 국채 매각, 위안화 평가절하 등이 거론된다고 같은 날 보도했다. 또한 SCMP는 13일 미중 무역전쟁이 다시 격화될 조짐을 보이자 중국의 온건파들이 미국과 타협을 촉구하고 나섰다고 보도했다. 온건파들은 공산당의 대표적 개혁파였던 후야오방의 아들 등 대부분 1세대 혁명가의 자제로 구성돼 있다. SCMP는 전직 관료인 장무성이 "미중간의 격차가 아직 큼에도 베이징이 지난 몇 년간 너무 강하게 일대일로 등을 밀어붙였다"며 "중미관계를 재검토해야 한다"고 말하고 리뤄구 전 인민은행 부행장은 "중국은 미국식 사고방식을 이해하고 이에 맞게 정책을 재조정해야 한다"고 말했다 전하고 중국 공산당의 대표적 개혁파인 후야오방의 아들 후더핑도 리뤄구의 의견에 공감했다고 전했다.

5월 13일 인민일보는 1면 사설에서 서두에 "협력은 서로에 이익이 되고 싸우면 모두가 손해다"라고 밝히고 말미에 "중국은 (국내외) 정세가 복잡하고 강한 도전에 직면할수록 당 중앙의 통일된 리더쉽이 빛을 발해왔다. 시 주석을 핵심으로 하는 당 중앙 지도하에 전략적 의지를 견지하고 승리에 대한 믿음을 강화하는 한편, 힘을 모아 국내 문제를 잘 처리한다면 다양한 위험과 도전에 침착하게 대처하면서 어떤 어려움도 극복해낼 것이다."고 강조했다.

5월 15일 미·중 무역전쟁이 다시 격화되자 중국 관영 매체들이 연일 미국을 겨냥해 비난을 쏟아내는 동시에 모든 중국인이 대미 강경대응에 동참하고 있다는 점을 강조하고 나섰다. 관영 글로벌타임스는 중국중앙(CC)TV가 메인뉴스 격인 신원롄보(新聞聯播)에서 중국이 미국산 제품에 추가 관세 부과로 맞대응하기로 한 데 대한 단호한 입장을 밝히자 중국인들의 호응이 대단하다고 보도했다. 중국중앙TV도 16~19일 매일 6·25전쟁 관련물 방영하였으며, 글로벌타임스는 19일자 사설에서 "현재 미국과의 무역 전쟁은 한국전쟁 당시 중국과 미국의 군사 분쟁을 연상케 한다"면서 미중 무역전쟁을 한국전쟁에 비유하며 "자국의 승리를 자신한다"는 메시지로 중국인들의 애국심을 부추기고 나왔다.

5월 20일 연합뉴스는 "이처럼 중국이 관영 매체들을 동원해 한국전쟁을 부각함에 따라 당시 중국군과 대척점에 서 있던 한국 또한 미국과 함께 타깃이 될 수 있다는 우려도 제기되고 있다."고 보도했다. 이어 다른 통신들의 지적이라 명시하고 "반한 감정이 사드 사태 이후 가라앉고 있는데 미·중 무역 전쟁에 따른 한국전쟁 부각으로 또다시 생겨날 수 있다는 우려가 있다"면서 "고래 싸움에 새우 등이 터지는 격이 될 수 있어 주의할 필요가 있다"고 덧붙였다.

5월 23일 SCMP는 스티브 배넌 전 백악관 수석전략가 인터뷰에서 "대중 관계가 2020년 대선의 핵심 이슈가 될 것"이라며 "대선에서 트럼프 대통령이 당선될 것으로 보이지만, 그렇지 않고 민주당이든 누구든 다른 사람이 되더라도 트럼프 대통령 못지 않은 매파가 될 것"이라고 전망했다. 배넌은 "2020년 대선의 핵심 이슈는 중국과의 경제 관계가 되겠지만, 민주당은 이 문제에 있어 공화당 못지않게 강경하다"고 주장했다.

5월 24일 중국 주요 매체들은 시진핑(習近平) 중국 국가주석이 최근 홍군의 대장정(大長征) 출발지를 방문해 언급한 '신(新)대장정'을 일제히 부각하며 내부 결속과 역경 극복 의지를 강조했다. 인민일보(人民日報)는 1면 논평을 통해 "우리는 오늘 새로운 대장정 위에 서 있다"면서 "중국 특색 사회주의의 새로운 승리는 전 당과 전 국민이 혁명 의지를 견지함으로써 이룰 수 있다. 올해는 신중국 건국 70주년으로 초심을 잃지 않고 사명을 기억하는(不忘初心,牢記使命) 정신을 교훈으로 삼기 가장 좋은 시기"라고 썼다.

다음달 6월 5일~7일 일정으로 시진핑 중국 주석은 러시아를 국빈방문할 계획이다.

5월 30일 장한후이(張漢暉) 중국 외교부 부부장은 베이징(北京) 외교부에서 열린 시진핑 주석국빈 방문 관련 브리핑에서 "복잡한 정세에도 중국과 러시아 관계는 갈수록 안정되고 있다"고 밝히고 "시 주석 방문 시 나올 공동 성명은 중러 관계에 대한 것으로 양국 관계를 새로운 수준으로 끌어올릴 것"이라면서 "아울러 이 성명에서 국제 및 전략적 안정 문제에 대해 양국이 다자주의를 함께 지키고 안보 분야의 도전에 함께 대응하겠다는 결심을 보여줄 것"이라고 강조했다.

6월

오사카 G20 정상회의
(연합뉴스 2019. 6. 6. 2, 3, 6, 11, 19,)

6월 2일 국무원 신문판공실은 이날 오전 10시 '중미무역협상에 관한 중국의 입장'이라는 백서를 발표하고 기자회견을 열었다. 백서는 "무역전쟁의 원인이 미국에 있다"면서 "현 미국 정부는 2017년 출범 이후 관세 인상을 무기로 위협을 가해왔다"며 "걸핏하면 무역 파트너들에 무역 갈등을 유발했다"고 비판했다. 미중 무역협상이 무산된 것은 전적으로 미국 정부에 책임이 있다는 것도 밝혔다.

중국 매체들도 무역협상백서를 대서특필했다. 인민일보는 "중미 무역협상 무산, 전적으로 미국 탓"이라며 "미국은 환상에서 깨야"한다고 주장했다.

미국이 중국 유학생에 대한 경계령을 내리자 중국 교육부도 미국 유학 경계령을 발효했다.

6월 3일 중국 교육 당국은 미국 유학 비자 발급 등에 주의하라는 내용의 '2019년 제1호 유학 경계령'을 발효했다. 교육부는 "최근 미국 유학 비자 발급과 관련 일부 유학생들이 제한을 받고 있다"며 "유학생들은 비자 심사 기간이 연장되고, 비자 유효 기간이 축소되거나 비자 발급을 거절당하는 사례가 늘고 있다"고 밝혔다.

미중 무역전쟁이 본격화하면서 중국인 유학생들의 미국 비자 발급은 갈수록 까다로워 졌다. 버락 오바마 전 행정부 시기 미국 유학 비자를 발급받는 데 3~6주가 걸렸던 데 비해 트럼프 정부에서는 현재 8~10주로 늘었다.

최근 미국 정부가 미국 비자를 신청하는 중국인에게 지난 5년간 사용한 사회관계망서비스(SNS) 활동 기록을 조사하는 등 유학 장벽을 높인 것에 대해 중국도 대응 조치를 취한 것으로 풀이된다. 무역전쟁이 교육전쟁으로 확전되었다는 분석이다.

6월 5일 러시아를 국빈방문한 시진핑 중국 국가주석은 블라디미르 푸틴 러시아 대통령과 전날 정상회담에서 에너지, 과학기술, 우주항공 등 분야에서 기술협력을 강화하기로 합의했다. 두 정상은 약 3시간에 걸친 정상회담 이후 양국관계를 '신시대 전면적 전략 동반자 관계'로 격상하는 내용의 공동성명 2건을 발표하는 등 양국 간 밀월관계를 대외적으로 과시했다. 또 중국이 역점을 두어 추진 중인 대외 경제 정책인 일대일로(一帶一路:육상·해상 실크로드) 건설에도 힘을 모으기로 했다고 관영 신화통신은 6일 보도했다.

6월 10일(현지시간) 트럼프 미국 대통령은 CNBC와의 전화인터뷰를 통해 오는 28~29일 일본 오사카에서 열리는 주요 20개국(G20) 정상회의에서 시진핑 주석과 합의가 이루어지지 않으면 6000억 달러(의 중국산 제품)에 대한 25% 관세를 부과할 것이라고 예고했다. 중국 측은 G20 미중 정상회담 개최 여부에 대해 확답을 피했다.

6월 18일(현지시간) 트럼프 미국 대통령과 시진핑 중국 주석이 전화 통화를 했다. 올해 들어 미·중 정상 간 처음 갖는 대화로, 신화통신은 시 주석이 트럼프 대통령의 요청에 응해 전화 통화를 했다고 보도했다. 이달 말 일본 오사카에서 열리는 G20(주요 20개국) 정상회의를 계기로 미·중 정상회담을 하겠다는 의사를 피력했다.

6월 20일 시진핑 중국 국가주석은 1박2일 일정으로 북한을 방문, 21일 오후 귀국했다. G20정상회담을 앞두고 방북을 한 것을 두고 언론은 "민감한 시기 전략적 방북"이라면서 '중국 외교 협상력 확대를 위한 노림수"라고 분석했다.

6월 24일 중국 외교부와 재정부, 상무부, 인민은행 고위 인사들은 외교부 브리핑룸에서 시진핑 주석의 G20 정상회의 참석을 공식 발표하고 기자회견을 통해 "보호주의에 반대한다"는 공통된 입장을 밝혔다. 장쥔(張軍) 외교부 부장조리는 "세계 경제가 위험과 불확실성에 직면해 있다"면서 시 주석이 이번 G20 정상회의 기간 브릭스(BRICS·브라질, 러시아, 인도, 중국, 남아프리카공화국 등 신흥 경제 5개국) 정상과 비공식 회동, 중·러·인도 정상 비공식 회동, 중·아프리카 회의 참석을 통해 다자주의를 천명할 것이라고 설명했다.

6월말 오사카 G20정상회의를 앞두고 미중간의 신경전이 불꽃을 틔웠다. 중국 관영매체는 트럼프의'G20담판 무산시 관세부과'엄포에 "위협 안된다"는 입장을 내놓고 G20 정상회의가 열리는 바로 전날 27일에도 "무역전쟁을 놓고 중국 정부는 시종일관 '싸움을 원하지 않고 싸움을 두려워 하지 않지만, 필요하다면 싸울 수 밖에 없다' 는 입장을 일관했다"며 인민일보는 6월 27일 중국인의 애국심을 부추기며 미국의 일방적인 보호주의에 맞써 싸운다는 평론을 게재했다.

6월 29일 G20 정상회의에 참석한 트럼프, 시진핑 두 정상은 추가 관세를 중단하고 협상을 재개하는데 합의했다고 발표했다. 무역전쟁의 '휴전'을 선포한 것이다.

양국 정상은 이날 미·중 관계 발전의 근본적인 문제, 무역 갈등, 국제 및 지역 관심에 대해 깊이 의견을 교환한 뒤 다음 단계의 관계 발전을 위한 방향을 제시했고 조율과 협력, 안정을 기조로 하는 중미 관계를 추진하기로 했다고 29일 신화통신이 보도했다.

7월

투키디데스 함정

(연합뉴스 2019. 7. 9, 14, 17, 26)

오사카 G20 정상회의에 도널드 트럼프 미국 대통령과 시진핑 중국 국가주석이 참석해 무역담판을 통해 협상 재개 의지를 확인했지만, 7월달 중반이 지나도 재협상 분위기가 좀처럼 형성되지 않았다. 중국은 미중 양국이 '투키디데스 함정'을 피할 수 있는 지혜가 있다며 협력만이 올바른 길이라고 주장했고 미국은 대만카드를 만지작거렸다.

7월 15일 트럼프 미국 대통령은 트위터를 통해 "중국의 2분기 성장률이 27년 이래 최저를 기록했다. 많은 기업이 중국을 떠나고 있기 때문에 중국은 미국과 무역협정을 달성하길 아주 희망할 것"이라며 이에 대한 중국의 입장을 묻는 질문을 던졌다. 7월 16일 중국 외교부는 "올해 상반기 중국의 GDP는 6.3%의 성장률을 기록했다. 괜찮은 성적이라고 생각한다. 특히 세계 다른 주요국과 비교해 선두다."라고 답하며 중국경제가 건실함을 강조했다.

미국과 중국은 7월 30~31일 상하이에서 고위급 무역협상을 재개한다고 밝혔다. 2개월만에 열리는 고위급 무역협상이다.

7월 16일 중국 주요 매체들은 "이번 협상은 힘든 담판이 될 것"이라며 "상호 평등의 원칙이 협상 타결의 관건"이라고 주장했다. 글로벌 타임스는 이날 논평을 통해 "양측의 입장은 아주 큰 차이가 있다" 면서 "중국은 평등한 대화와 양자 간 무역에 존재하는 문제를 실사구시의 태도로 해결하기를 원한다"고 강조했다.

8월

"환율조작국"

(연합뉴스 2019. 8. 4, 6, 14, 29, 30)

도널드 트럼프 미국 대통령은 다음 달 9월 1일부터 3천억 달러 규모의 중국산 제품에 10%의 관세를 부과하겠다고 예고했다.

중국 관영매체들은 미국이 추가 관세 부과를 하지 않겠다는 약속을 어기고 국제교류의 기본 원칙에 도전하고 있다고 비판했다. 8월 4일 인민일보는 "미국은 오사카 주요 20개국(G20) 정상회의에서 새로운 관세 부과를 하지 않겠다고 약속했다"면서 "그러나 백악관은 27시간에 걸친 12차 미중 고위급 무역 협상이 끝나자마자 중국을 향해 관세의 몽둥이를 휘둘렀다"고 지적했다.

8월 5일 미국 재무부는 중국을 환율조작국으로 전격 지정했다. 8월 6일 환구시보는 사평(사설)에서 "2년 전이었다면 환율조작국 지정은 미국이 중국 상품의 관세를 높일 수 있다는 것을 뜻해 중국인들이 걱정했겠지만, 지금은 이미 미국이 대규모로 추가 관세를 매기고 있다"면서 "환율조작국"이라는 딱지는 가치가 현저히 낮아졌으며 미국의 허장성세일 뿐"이라고 지적했다.

8월 12일 인민일보는 논평(論評)에서 "미국의 일방주의적이고 보호주의적 조치들로 미국 내부에서 불만의 목소리가 높아지고 있다"면서 "많은 전문가는 미중 무역갈등으로 미국의 손해가 더 심각할 것이라고 예상한다"고 주장했다.

8월 13일 미국은 다음 달 9월 1일부터 부과하기로 했던 중국산 제품에 대한 관세를 일부 연기하기로 했다. 이에 대해 중국 관영매체들은 미국의 최대 압박이 중국에 통하지 않는다고 주장했다. 8월 14일 중국관영 글로벌 타임스는 논평(論評)에서 "미국이 다음 달 1일 부과하기로 했던 관세를 연기한 것은 미국의 최대 압박이 통하지 않는다는 것을 의미한다"면서 "이번 조치는 9월에 있을 무역 협상을 위한 것"이라고 분석했다.

8월 29일 가오펑(高峰) 중국 상무부 대변인은 베이징 청사에서 열린 주례 브리핑에서 "중국의 반격 수단은 충분하다"며 "그러나 현재 상황에서 5천500억 달러 규모의 중국 제품에 추가 관세를 매기는 것을 취소함으로써 무역전쟁이 격화하는 것을 막는 문제가 먼저 논의되어야 한다고 생각한다"고 밝혔다.

8월 29일(현지시간) 미국 무역대표부(USTR)는 관보 공지를 통해 9월 1일부터 3천억달러어치의 중국산 수입품 가운데 일부 품목에 대해 15% 관세를 부과한다고 밝혔다. 기존에 예고했던 10%에서 5%포인트 상향 조정한 수치다. 나머지 품목들에 대해선 12월 15일부터 15% 관세가 부과된다. 여기에는 휴대전화와 노트북(랩톱)을 비롯한 핵심 정보·기술(IT) 제품들이 해당

한다. 휴대전화와 랩톱의 교역 규모만 약 800억달러에 달하는
것으로 알려졌다.

미국은 이미 2천500억 달러 규모의 중국 제품에 25%의 고율
관세를 부과 중이다. 9월과 12월 두 차례에 걸쳐 3천억 달러
규모의 중국 제품에 추가로 관세가 부과되면 사실상 미국이 중
국에서 수입하는 전체 상품에 고율 관세가 부과되는 셈이다.

8월 30일 중국 국무원 관세세칙위원회도 지난 23일 발표한 미
국산 상품 관세 추징에 관한 공시를 예정대로 시행한다고 발표
했다. 이에 따라 미국산 5천78개 품목, 750억 달러어치의 상품
에 대해 각각 10%와 5% 관세를 추징하며 9월 1일 12시와 12
월 15일 12시부터 적용된다.

아울러 오는 2019년 12월 15일부터 미국산 자동차와 부속품에
대해 각각 25%와 5%의 관세 추징을 다시 한다고 고지했다. 중
국도 맞불 관세정책을 내놓은 것이다.

9월

"상호 존중 속에 윈윈 해법을 찾아야"

(연합뉴스 2019. 9. 2, 11, 인민망 한국어판 2019. 9. 6, 이데일
리 2019. 9. 22)

9월 2일 중국 관영 글로벌 타임스는 논평(論評)에서 "미국이
지난 주말 새롭게 부과한 대(對) 중국 관세로 미국 시장은 타격
을 받을 것"이라며 "미국의 정치적 도박은 미국 경제와 납세자
에 손상을 초래할 것"이라고 주장했다.

9월 5일 중국 상무부는 중·미 양측이 다음 협상을 위한 좋은
여건을 만들기 위해 함께 노력하자는 데 의견을 모았다고 밝혔
다. 중국 상무부는 "중·미 경제무역 고위급 협상 양측 대표는
통화로 10월 초 워싱턴에서 제13차 중·미 경제무역 고위급
협상을 열기로 하고 이를 위해 긴밀히 소통할 것을 동의했다."
면서 "실무진은 9월 중순 협상을 통해 고위급 논의가 실질적인
진전을 이룰 수 있도록 만전을 기할 계획이다."고 발표했다.

9월 10일 중국 리커창 총리는 베이징(北京) 중난하이(中南海)
에서 미국 재계 및 전직 고위 관리들과 만난 자리에서 대외 개

방을 확대하겠다면서 미국과 중국이 상호 존중 속에 원원 해법을 찾아야 한다고 강조했다.

9월 19일~20일 미국 워싱턴D.C에서 제 12차 미중 차관급 무역협상을 가졌다. 무역협상 기간에 중국 협상단이 미국 농가를 방문하기로 하였다가 돌연 최소되는 일이 발생했다. 이에 언론들은 이번 무역협상에 대해서도 난기류가 생겼다는 식으로 해석해 보도했다.

9월 20일 미국 무역대표부(USTR)는 성명을 내고 "논의는 생산적이었으며 미국은 10월 중국에서 열리는 대표단을 환영할 수 있기를 기대한다"고 밝혔다.

9월 21일 중국 관영 신화통신은 제13차 무역협상에 대해서 "상호 관심사인 경제통상 문제에 대해 건설적인 논의를 진행했다"고 평가하면서 "양측은 10월 워싱턴에서 열릴 예정인 13차 중미 고위급 협상에 대해 구체적인 협의를 신중하게 논의했다"고 전했다.

▶ 키워드로 보는 중국 역대 지도자의 미국과 외교정책

모택동 (1949년~1978년)	등소평 (1978년~1989년)	장쩌민 (1989년~2002년)	후진타오 (2003년~2012년)	시진핑 (2013년~현재)
닉슨·카터 1969.3 중소 국경분쟁 1969.5 닉슨독트린 냉전체제 청산…보다 전환하고 부드러운 국가, 신(新) 을 위한 함께관계 세계 질서 1979.1.1 중미수교	카터·레이건-부시(父) 1981 레이건 스타워즈 소련-악의 축 규탄강화 1989 부시: 냉전종식…보다 전환하고 부드러운 국가, 신(新) 을 위한 함께관계 세계 질서	부시(父)-클린턴-부시(子) 1992.12 소련해체-deS독립국 1992 냉전종식·중국위협론 2001.9.11테러	부시(子)-오바마 2003 중미무역전쟁 개시 2004 미국 대선 2008 오바마 당선 2009 미 국방부 보고서	재선 오바마·트럼프 트럼프 하나의 중국 자극…현상 지렛대로 이용 2018.11 美중간선거 2020.11 美대통령선거
1972.6 상해공동성명	1980년 도광양회 (韜光養晦)	1990년대 다극화외교	2003년 화평굴기(和平崛起) 차이메리카	대中외교 美와 G-2 양자관계, 신형대국관계로 제안
20여년간 적대관계 끝내고 관계 정상화	미국과 대등관계 실력을 갖출 때까지 몸을 낮추고 힘을 기른다	주변국과 우호관계 미국, 유럽 친선도모	평화롭게 우뚝 선다 / 중국위협론이 확산됨에 따른 대응책으로 출현	"경쟁속 협력" / 兩敗俱傷 / 중국제조2025
키신저·주은래 1950~1953한국전쟁 1955~1975베트남전쟁	1970년대 석유파동 1989 천안문사태 조치 부시 -對中외교정상화 노력	1991 이라크 공습 1992 한중수교 1999 중리 의정서 미국 방문	2006.4 미국방문 2008 베이징올림픽 "사마의 복룡자전" 2010 구글과 사이버전쟁 2010 중미전쟁 책들간 위안화절상을충동… 신냉전	2018.3.22 미 트럼프 슈퍼301 조 행정명령에 서명 미중무역협상 2018.9 中 중미통상백서 발간

PART II

전문가 논단 - 문명의 충돌과 美中 무역전쟁

미중 무역전쟁과 문명의 충돌

정인갑 (전 중국 청화대 중문과 교수)

2008년 미국의 경제위기 때 필자는 미국 장기 거주 북경대학 동문들을 만나 "임시 위기이냐, 아니면 심각한 내용이 있느냐?"라고 질문한 적이 있다. 80%의 동문들께서 "미국이 200여 년의 호황을 누린 후 내리막 길을 걷기 시작한 것 같다."라는 답이 나왔다. 그때로부터 10여년이 지난 지금 미국이 쇠퇴의 길에 들어섰음을 점점 뚜렷이 감지하게 된다.

중국인민대학의 국제관계학원 부원장 및 대외전략연구중심 주임 김찬영(金燦榮) 교수의 말에 따르면 2028년 말 중국의 GDP가 미국의 130%, 실질적GDP(구매력평가에 따른 GDP)는 미국의 200%, 제조업 GDP는 미국의 300%가 된다고 한다. 그때면 중국이 경제상에서 이미 미국을 훨씬 초과하고 G1이 된다는 말이다. 이것이 아마 김영삼 전대통령께서 <2000년 신한국>에서 말하는 '태평양시대의 도래'일 것이다.

이는 자연스러운 일이다. 15세기부터 포루투갈, 스페인, 네덜란드 및 영국 등이 패권국으로부터 하나하나 주마등처럼 교체됐다. 모든 사물은 산생, 발전 및 쇠퇴의 길을 걷기 마련인데 미국이라서 이 규율을 어길 수 있으랴. 다만 상기의 밀린 나라들처럼 미국이 지금 이런 변화를 받아들이지 안으려고 안간힘을 쓸 뿐이다.

미중 무역전쟁의 본질적 원인은 세계 패권국인 미국이 자국에 도전하는 중국에 브레이크를 걸어 견제하려는 데 있다. 단순한 관세-무역적자요·무역흑자요 하는 전쟁이 아니라 중국이 성장하지 못하게끔 모든 수단과 방법을 총동원하는 전쟁이다. 무역-금융-환율-기술-정보 전쟁으로 계속 이어지며 나중에 군사전쟁도 마다하지 않을 지 모른다. 이 무역전쟁은 장기적이며 치열할 것이다.

그러나 자신감이 부족한 브레이크다. 무역전쟁을 시작 때 중국 화위華为 사장 임정비 任正非의 딸 맹만주孟晚舟를 불모로 체포한 사실이 이를 증명해준다. 호랑이가 토끼와 싸우기 전 토기의 새끼를 불모로 붙잡아둘 이유는 없다. 적어도 중국을 자기보다 좀 약한 호랑이로 보았기 때문에 붙잡았을 것이다.

미중무역전쟁에서 중국이 100정도의 손해를 보면 미국은 40정도의 손해를 보게 된다. 선거를 통해 집권하는 서방 국가의 정치 시스템은 독제체재인 중공 시스템과는 비교할 수 없을 만큼 취약하다. 중국은 100정도의 손해를 보고도 버텨낼 수 있지만 미국은 40정도의 손해만 보아도 난리가 일어날 것이다. 트럼프가 차기 대권을 놓치는 것은 당연한 일이고 심지어 탄핵을 받을 위험도 크다. 그러므로 무역전쟁을 시작한지 2년이 되었지만 미국이 중국에게 치명상을 주지 못하고 있다.

2차대전 후 90만 중공군이 일본군에서 빼앗은 낡은 무기로 미국의 최신무기와 장비로 무장한 400만 국민당군을 이긴 예, 내전의 만신창으로 6·25 때 17개국의 동맹군을 이긴 예 등은 중공은 1%의 승산에 도전하여 승리할 수 있는 집단임을 간과하지 말아야 한다.

미국의 대표적인 우익 정치가 스티브 반논(Steve Bannon)은 중국이 미국을 앞서는 것은 필연적이라 하고 5년 후에는 브레이크를 걸어 견재해도 효과를 보지 못할 것이라고 하였다. 미중무역전쟁을 속결전速決戰하면 중국에게 치명상을 입히겠지만 미국 체재의 약점 때문에 지금 지구전持久戰으로 진행되고 있다. 시간을 끌수록 중국에게 이로우며 결국은 중국의 승리로 끝나게 될 것이다.

미국정치가들은 이렇게 말한다고 한다. '저질 황색인종이 어찌 고귀한 우리 백색인종을 이길 수 있으랴'. '하나님이 알아주지 않는 중화민족(유학儒學은 하느님을 믿지 않는다는 뜻일 것임)이 어찌 "하느님의 선택"을 받은 우리 기독교민족을 이길 수 있으랴? 이 무역전쟁을 문명의 충돌로 본다고 자인自認의 말이겠다. 어찌보면 솔직한 말이다.

중국-유럽포럼의 창시자 프랑스인 David Gosset는 말하였다: 중국은 2천여년간 해상패권을 노리지는 않았지만 세계의 앞장에 서왔으며 최근 150여년간 낙오됐다가 재궐기(부흥)하는 것이다. 백색인종이 아니며 '하느님의 선택'을 받지 않아도 세계의 앞장에 설 수 있다는 말이다.

미중무역전쟁의 심층원인은 바로 문명의 충돌이다. 필자는 미중무역전쟁을 극력 단순한 두 이익집단간의 이해충돌로 보려고 애썼지만 미국정치인들은 문명의 충돌에 돌리고 있다. 엄격히 따지면 문명의 충돌-구미 백색민족의 기독교 문명과 동북아 황색민족의 유학 문명간의 충돌, 즉 서구와 중화문명간의 장기적인 갈등관계로 고착화하고 있다.

이 충돌에서 만약 미국이 진다면 세계에는 심각한 변화가 일어날 것이다. 경제상 중국 주도권이 형성되는 것은 물론이고, 정치, 사상, 사회, 철학...모든 면에서 변화가 일어난다. 결국 구미 기독교 문명 본위의 가치관이 동북아 유학 본위의 가치관으로 변한다. 구미 각 선진국은 수활히 문명의 충돌에서 물러서지 않고 중국과 대결할 것이므로 이 전쟁은 치열하고 장기적인 전쟁일 것이다.

지금 한국은 미중무역전쟁으로 손해를 보고 있다. 그러나 무역전쟁이 끝난 앞날 더 큰 손해를 볼 수도 있다는 생각을 해 보았는가? 지금 한국의 처지는 1610년대의 처지와 흡사하며 1619년에 치러진 살이호薩爾滸 전쟁을 연상케 한다.

1619年(조선 광해군11년, 명明 만력萬曆47년, 후금後金천명天

命4년)명나라와 후금이 후금 수도 부근 살이호에서 중요한 전쟁을 치렀다. 이 전쟁에서 후금이 대승하였으며 이는 곧 명이 망하고 후금이 굴기하는 일대 전환점이 되었다.

이번 전쟁에 명의 요구에 응하여 조선은 도원수都元帥 강홍립姜弘立 장군을 총 지휘로 하는 지원군 15,000명을 파견하였다. 절반은 대패했고 절반은 투항하였다. 그 보복으로 후금은 1627년과 1636년 두 번에 거쳐 조선을 침략하였는 바, 바로 정유丁酉호란과 병자丙子호란이다.

이 두 번의 호란에 60만명의 조선인이 납치되어 중국 무순撫順·심양沈陽의 노예 시장에서 팔려졌다. 그때 한반도의 인구는 300만 가량이며 납치된 사람이 조선 인구의 1/5이다. 이런 참변은 인류 역사상 거의 없는 사례이다.

살이호 전쟁에 지원군을 보내지 않았으면 이런 참변을 당하지 않았을 것이다. 그때 후금의 인구는 25만명, 명나라 인구는 3억이었다. 지금 한국 제주도의 절반과 미국이 대결한 셈이겠다. 명나라가 이길 것은 뻔하다고 생각되었겠지만 면밀히 검토하면 후금이 이길 수 있다는 결론이 나올 수도 있었다. 이런 검토 없이 표상만 보고 지원군을 보내 후금의 보복을 당하고 말았다.

지금의 미중 무역전쟁은 미국이 훨씬 우세이며 얼핏 보면 미국이 100% 이긴다는 결론이 배출될 것이다. 그러나 면밀히 검토해 보면 반대의 결과가 나올지도 모르며, 심지어 중국이 반드시 이길 것이라는 결론이 나올 수도 있다.

사드로 인해 한국이 당하는 보복은 현재진행형이다. 미중무역 전쟁에서 미국에 너무 밀착돼 있는 한국의 장래에 근심이 간다. 한국은 강대국 어느 편에도 경도되지 않는 독립적·자주적 전략을 구축해야 한다. 미중에 대응하는 독립적이며 일관성 있는 원칙과 전략을 가져야 한다. '미국은 동맹국이니 무조건 따른고, 중국은 경제협력국이니 그의 편을 들어주고'라는 식의 논리로는 우리의 설 땅이 없어지고 만다. 미국과 중국에 등거리 외교를 하는 것이 가장 바람직하지 않겠는가!

독자들이 본 논문집을 읽으며 상기의 뜻을 염두에 두어보았으면 한다.

정인갑(鄭仁甲, 전 중국 청화대 중문과 교수)

학력 & 경력

본관 평북 철산군, 1918년에 이주한 조선족 3세. 1947년 중국 요녕성 무순시(遼寧省撫順市) 출생, 북경대학 중문학과 고전문헌(古典文獻) 전공 졸.
중화서국(中華書局) 편심(編審), 사전(辭典)부장(1982~은퇴).
청화대학(清華大學) 중문학과 객좌 교수(1992~은퇴).
중국음운학회(中國音韻學會) 이사(理事), 중국사서학회(中國辭書學會) 회원.

저서

중국 고서정리 등 저서 10여책. 중국어 발달사에 관한 논문 등 10여 편. 조선족에 관한 논문 등 10여 편. 기타 논문 50여 편.
전 <베이징저널(재중국 한인신문)> 부주필(1997~2003),칼럼' 305편.
전 <베이징뉴스(흑룡강신문 북경판)>주필(2004~2005),칼럼' 50편.
전 <조선일보>CHOSUN.COM프레미엄-한중내시경(2012.6~2015.6),
칼럼 71편.

중미 무역분쟁의 본질과 중국의 대응,
그리고 중한관계

박동훈 (연변대 조선한국연구센터 부소장)

　무역분쟁 가열화와 함께 중미갈등이 심화되면서 양자관계는 현
재 역사의 교차로에 들어선 듯하다. 미국 트럼프정부 출범 이후
중국에 공세적인 압박을 서슴지 않으면서 향후 중미관계의 불확실
성이 증대되었고, 편 가르기가 시작되지 않았느냐는 논란 속에 중
미관계 변화에 대한 국제사회의 관심도 갈수록 높아지고 있다. 이
글은 중미 무역분쟁과 갈등의 본질을 파악하고 이에 중국은 어떻
게 대응해 가고 있으며, 추후 중미관계가 어떠한 방향으로 변화해
나갈 것인지를 분석하고자 한다. 진일보로 중한관계에도 어떠한
시사점을 주는지에 대한 나름대로의 견해를 제시하고자 한다.

1. 갈수록 격화되고 있는 중미갈등

1) 무역분쟁의 심화

2017년 8월 미국대통령은 통상법 301조에 근거하여 미 무역대표부(USTR)에 중국에 대한 관련 조사를 명령했다. 2018년 3월, USTR가 조사결과를 발표한 데 이어 4월4일 500억 달러에 이르는 중국산 수입품에 대해 25%의 관세 부과 방침을 발표했다. 다음날 중국 역시 미국의 콩, 자동차, 화학공업제품 등 100여개 상품들에 대해 25%의 관세를 부과할 것이며 구체 실시 일자는 미국정부의 관련 행동에 의해 결정될 것이라 발표했다. 2018년 4월 5일, 미국 트럼프대통령은 USTR에 추가로 1000억 달러에 달하는 중국제품들에 관세를 부과할 것을 지시했다.

중미 무역전쟁이 가열화 되면서 5월3-4일과 5월15-19일 북경과 워싱턴에서 각각 제2, 3차 무역협상이 개최된다. 양국은 이를 통해 지재권 보호, 대중무역적자 감소, 미 농산품 및 에너지 수입 확대 등에서 공감대를 형성하고 공동성명도 발표했지만, 2018년 5월 29일 미국은 또 다시 "중요 산업기술"들이 포함된 500억 달러 규모 중국 수출항목들에 대해 25%의 관세를 부과할 것을 결정했다. 이 중에는 "중국제조 2025"프로젝트[1]와 관련된 제품들

---

[1] 중국은 2015년 5월 10대 핵심산업 분야를 미래 전략산업으로 육성하는 산업고도화 전략 '중국제조 2025'를 발표하여 고부가가치형 혁신산업 위주의 산업육성 정책을 도모해왔다. 10대 핵심산업은 ① 차세대 IT기술 ② 고정밀 수치제어 및 로봇기술 ③ 항공우주장비 ④ 해양장비 및 첨단기술선박 ⑤ 선진 교통설비 ⑥ 에너지 절약 및 신에너지 자동차 ⑦ 전력설비 ⑧ 농업기계장비 ⑨ 신소재 ⑩ 바이오 의약품 및 고성능 의료기기 등이 포함된다.

도 대거 포함되었다.

6월15일, 미국은 관세부과 항목 리스트를 공개하고, 7월 6일부터 우선적으로 340억 달러 제품들에 대한 관세 부과조치를 실시할 것이라 공표했다. 중국이 이에 강력히 대응할 태세를 보이자 6월18일 미국은 중국이 만약 500억 달러 미국산제품에 25% 관세를 부과할 경우 2,000억 달러 규모의 중국산 제품들에 10%의 관세를 추가 부과할 것이라 경고했다.

7월6일 미국이 340억 달러 규모 중국제품들에 대한 관세 부과조치가 실행되자 중국도 같은 날 곧바로 동등한 보복조치에 들어갔다. 7월 10일, 미국정부는 해산물, 농산품, 과일, 일용품 등 항목들을 포함한 관세 부과항목 리스트를 공표하고 8월 중 청문회를 열어 추가적인 관세 부과조치들을 결정할 것이라 발표했다.

8월 3일 중국 국무원은 600억 규모 미국산 제품들에 대해 각각 25%, 20%, 10%, 5%의 관세를 부과하기 시작했고, 미국이 추가적 조치가 실행될 경우 중국도 강경하게 대응할 것이라는 입장을 발표했다. 8월 23일 미국이 160억 달러 규모 중국 상품에 대한 관세부가조치가 실시되자 중국도 같은 날 동등한 규모의 미국산 수입품에 대해 25%의 관세를 부과했다.

9월17일, 미국은 다시 기술이전과 지재권 보호문제를 이유로 2,000억 달러 규모의 중국산 제품에 대해 10%의 관세를 부가할 것이라 공표하고 24일 실행에 들어갔다. 중국은 미국의 관세부과에 강력히 대응해 나갈 것임을 시사했지만 기존의 맞대응 전략에서 선회하여 보다 유연한 방식으로 중미관계 관리에 주력하기 시작했다.

2018년 12월 G20을 계기로 부에노스아이레스에서 중미 간 정상회담이 개최되면서 양국은 2019년 3월 1일까지 90일 간의 추가협상을 진행하기로 합의했다. 그러나 2019년 4월 30일부터 5월 1일까지 개최된 제10차 중미무역협상이 합의점을 찾지 못하자 트럼프는 중미간 경제무역협상 진척에 불만을 표하면서 중국에 2,000억 달러 상당 제품에 대한 관세를 10%에서 25%로 상향 조정, 이른 시일 내에 추가로 나머지 3250억 달러 제품들에도 관세를 부과하겠다고 선포했다. 그리고 2,000억 달러 규모에 대한 관세 조정은 5월 10일 실행에 옮겨졌다.

갈수록 심화되던 중미간의 무역갈등은 2019년 6월 일본에서 개최된 G20에서 중미 두 정상간 회담을 계기로 잠시간의 휴전상태를 맞았지만 협상은 순탄치 않았다. 대통령 선거를 앞둔 상황에서 중미간의 무역갈등은 전면전으로 확대될 가능성이 더욱 커졌다.

2) 무역분쟁에서 기술전쟁으로

방대한 무역 적자를 줄이는 것이 미국의 중국에 대한 관세 압박의 주요목표라고 하지만, 실지 그 이면에는 기술산업을 둘러싼 치열한 경합이 동반되고 있다. 2018년 3월 USTR이 발표한 이른바 "301보고서"는 "1974년 무역법 301조항에 근거한 중국 기술이전,

지재권과 혁신에 관련된 법률, 정책과 실천에 대한 조사결과"를 골자로 하고 있음에서 이를 알 수 있다. 미국은 "301보고서"를 통해 중국의 불공정한 기술이전제도, 기술혁신 성과 및 배상책임 귀속에 있어서 외자기업에 대한 차별정책, 인수합병(M&A)을 통한 미국기업 선진기술 절취 등을 문제 삼았다. 즉 중미 무역분쟁이 단지 무역으로 끝나는 것이 아니라 양국 간 기술영역에서의 치열한 전쟁이 함께 진행되고 있음을 의미하는 것이다.

중국 제2의 통신장비업체인 ZTE(中兴通信)에 대한 미국의 제재가 대표적이다. 2018년 4월 16일, 미국 상무부는 이란과의 불법 거래를 이유로 ZTE에 향후 7년간 미국 기업과 거래를 할 수 없도록 하는 제재를 가했다. ZTE는 핵심부품의 약 30%를 미국에서 수입하는데 대부분 퀄컴의 칩세트 등과 같은 미국기업이 사실상 독점 생산하는 첨단 부품이어서 사실상 대체성이 없다. 미국의 제재에 준비가 없었던 ZTE는 주가가 폭락하는 등 존폐위기에 몰렸다. 2018년 5월 중미 정상회담을 계기로 미국의 ZTE에 대한 제재는 완화 조짐을 보였고, 결국 ZTE가 10억 달러의 벌금과 4억 달러 예치금, 경영진 교체, 10년간 규제 준수 감시팀 설치 등 조건을 수용하면서 "한시적, 부분적"으로 금지령이 해제되었다.

ZTE사건 이후 미국의 강한 견제를 받고 있는 기업이 바로 중국 통신업체 대표주자라고 할 수 있는 화웨이(华为)이다. 중미 정상회담 진행시점인 2018년 12월 1일, 캐나다 정부가 화웨이 그룹 부회장이자 수석재무관인 멍완저우(孟晩舟)를 공식 체포하면서 화웨이에 대한 미국의 제재 또한 본격화되기 시작했다. 화웨이는 창립 30여년 만에 세계 66개국 154개 통신업체와 5G 통신 기술을 현장시험 중에 있다. 화웨이의 5G기술은 미국보다 2년 앞섰다고 한다. 미국은 정부차원에서 동맹국들이 화웨이 회사 제품을 쓰지 말 것을 경고하면서 뉴질랜드, 호주 등 국가들이 화웨이 제품 사용을 금지하고 있다. 2019년 5월 16일 트럼프 대통령은 '국가비상사태'를 선언하고 새 행정명령을 통해 중국 등 외부 위협으로부터 미 정보통신 기술과 서비스를 보호하도록 했다. 이 명령에 따라 미국 상무부는 화웨이와 68개 계열사를 블랙리스트인 "믿지 못할 실체 명단"에 올렸다.

과학기술 분야에서 미국의 대 중국제재는 이뿐 아니다. 2018년 6월부터 미국 국무부는 로봇 공학, 항공, 하이테크 제조 분야를 공부하는 중국인 유학생 미국 비자 기간을 1년으로 제한했다. 또한 중국의 고급인력 유치프로젝트인 "천인계획"(千人计划) 등 중국계 과학자들의 미국 첨단기술 관련 기업과 싱크탱크에 대한 활동을 제한했다. 그 외, 2018년 11월 1일 "외국인투자 위험조사 현대화법(FIRRMA)"을 적용하여 대미외국투자위원회(CFIUS)의 심사권한 강화함으로써 항공분야, 생물의약, 반도체 등 핵심기술 관련 업종에 대한 외국인투자에 대한 심사를 강화시켰다.

2018년 11월 20일, 미국 상무부 산하 산업보안국 (Bureau of Industry and Security)은 핵심기술분야 및 관련 제품에 대한 수출규제안을 제안하고 바이오 기술, 인공지능(AI) 등 최첨단 핵심기술 수출에 대한 규제를 강화했다. 2019년 2월 7일, 백악관은 인공지능, 선진제조기술, 양자정보(量子信息), 5G기술 등 네 가지 관건적 영역의 기술을 발전시켜 미국의 번영과 국가안전을 보호한다는 내용을 골자로 한 미래공업발전계획을 발표했다. 요컨대, 미국에 의해 발동된 중미 간 무역분쟁은 이미 전면전에 들어섰다. 특히 미국은 "중국제조 2025" 등 과학기술 분야를 중심으로 한 중국의 산업정책을 제재대상으로 하고 있기 때문에 중국은 민감하게 반응하지 않을 수 없었다.

중국에 대한 미국의 일방주의적 경제압박은 5G를 대표로 하는 4차 산업혁명과 무관치 않다. 디지털 혁명은 4차산업 영역에 이르러 빅데이터(Big data), 사물 인터넷(IoT), 인공지능(Artificial Intelligence), 로봇기술(Robotics), 유전자 편집(Gene editing) 등을 중심으로 지속적으로 진화해 가고 있다. 경제영역 뿐만 아니라 전반 사회 내지는 국방분야에까지 심각한 변화를 가져올 것으로 예상되며 궁극적으로 글로벌 세력균형에도 변화를 가져올 것으로 평가되고 있다. 이러한 관점에서 보면 중미 간의 무역전쟁은 4차 산업혁명 경쟁이라고도 볼 수 있는 것이다. 미국이 중국에 관세를 부과한 실제 목적은 무역적자 감축 뿐 아닌 지적 재산권에 관한 중국의 "불공정 무역관행"을 압박하여 국가주도의 산업정책인 "중국제조 2025"를 억제하려는 데 있는 것이다.

2. 중미 무역·기술 갈등에 대한 중국의 시각

트럼프정부에 들어서면서 미국은 단지 무역뿐만 아니라 과학기술관련 분야에서도 중국에 대해 강력한 제재를 가하고 있다. 물론 그 원인은 다양한 측면에서 찾아볼 수 있다. 중국은 현재 캐나다, 멕시코에 이어 미국의 3대 수출국으로 총수출에서 차지하는 비중은 2017년 현재 8.4%(4,318억 달러)를 차지하고 있다. 미국은 중국의 최대 교역대상국으로 대미 수출은 중국 전체 수출 규모의 18.9%를 차지한다. 중국의 대미 수입은 1,497억 달러로 중국 전체 수입에서 차지하는 비중은 8.4%, 미국은 중국의 4대 수입대상국이다. 중미 간의 무역규모가 급격히 증가함과 동시에 양국간 무역불균형이 확대되면서 무역 분쟁의 직접적인 계기로 작용했다. 1980년대 중반 이후 미국의 중국 무역수지가 지속적으로 적자를 기록하였고, 2000년부터 중국은 미국의 최대 무역적자 대상국이 되었다. 특히 글로벌 금융위기를 계기로 미국의 대중 무역적자 비중 그 이전의 20-30%대에서 2009년 현재 45%로 크게 늘어난 데 이어 2015년에는 그 비중이 절반에 가까워졌다.[2]

---

2) 한국무역협회 통계에 따르면 2017년 중국의 대미 수출은 5,056달러, 수입은 1,304억 달러로 미국은 3,752억 달러의 무역적자를 기록했음. 2018년 중국의 대미 수출은 5,395억 달러, 수입은 1,203억 달러로 미국의 무역수지는 오히려 4,192억 달러로 늘어났음.

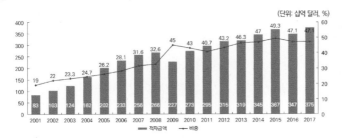

(단위: 십억 달러, %)

자료: **U.S. Census, "U.S. International Trade Date"**

〈그림 1〉 미국의 대중 무역 적자와 비중

　이를 이유로 미국은 중국에 무역흑자 감축, 국영기업에 대한
보조금 지급 중단, 미국 기업 지재권 및 상업기밀 절취 중단, 중
국의 외자기업 권리 보장 등을 요구하며 중국에 대한 압박을 가
해왔다. 그러나 중미간 무역 불균형은 결코 중국요인에 의해서만
초래되는 것이 아니라는 것이 중국의 기본 입장이다.[3] 미국경제
의 구조적 특징과 중미간 산업 비교우위의 결과로 이를 단지 중
국의 자국기업에 대한 덤핑, 보조금 지급 등 보호정책의 결과로만
볼 수 없다는 것이다. 그 논리를 구체화하면 다음의 몇 가지로 정
리된다.

　첫째, 미국 경제 특성상 무역적자 구조를 유지할 수밖에 없다.
달러의 기축통화 기능을 유지하기 위해서는 '유동성'과 '신뢰성'
이 확보되어야 하는데 미국은 우선 유동성을 확보하기 위해 외국
으로부터 대량의 상품을 사들이고 그 대신 달러를 '수출' 해야만

---

3) 国务院新闻办公室, 『关于中美经贸摩擦的事实与中方立场白皮书』, 2018年9月24日.

한다. 달러의 '신뢰성' 보장의 일환으로 달러를 '수입'한 국가들은 미국 국채를 사들이는 구조를 형성했다. 2017년 현재 미국은 102개 국가들을 상대로 무역적자를 기록하고 있다. 즉 미국의 무역적자는 내생적, 구조적 특징을 갖고 있으며 단지 중미 무역적자에만 책임을 물을 수 없는 것이다. 또한 미국은 달러를 발행하는 중앙은행 역할을 하기 때문에 일종 '시뇨리지 효과'(seigniorage effect)라는 특권을 누릴 수 있다. 예컨대, 1,000억 달러를 찍어 이를 외국상품 수입에 쓸 경우 1,000억 달러보다 훨씬 적은 화폐 발행 비용만으로도 상응한 가치의 실물상품을 얻을 수 있는 등 세계를 대상으로 천문학적인 시뇨리지 효과를 얻을 수 있다는 것이다. 미국 무역적자의 이면에는 국제화폐제도에 근거한 막대한 이익이 전제하고 있다.

둘째, 무역적자는 산업 비교우위에 기반한 상호보완적 관계를 반영한 결과다. 중국의 대미 무역흑자는 주로 노동밀집형 상품 및 완제품에서 오며, 비행기, 직접회로(integrated circuit), 자동차 등 자본 및 기술밀집형 상품과 농산품에서는 주로 적자를 기록하고 있다. 2017년 중국의 대미 농산품 적자는 164억 달러로 전체 농산품 적자액 중 33%를, 비행기는 127.5억 달러(60%), 자동차는 117억 달러에 달했다. 즉 무역불균형은 시장 자율적 선택의 결과로 볼 수 있는 것이다. 또한 글로벌 가치사슬과 국제 분공의 시각에서 보았을 때 다국적 기업들은 중국의 양호한 기반시설과 저렴한 생산원가 등을 고려하여 조립가공영역에 대한 중국 투자를 많이 진행해 왔다. 주로 핵심부품들을 수입하여 조립가공을 통해 완제품을 전세계에 내다 파는 것이다. 중국 세관 통계에 따르면 2017년 중국의 대미 상품무역 흑자 중 59%가 외자기업을 통해 발생했다. 어찌 보면 1950-80년대 일본, 한국, 중국대만 등 동아시아 국가나 지역들의 산업이전을 통해 무역흑자를 중국이 넘겨받은 셈이다. 미국 상무부 통계에 따르면 한국, 일본 등 동아시아 나라들의 무역흑자는 1990년 53.3%에서 2017년의 11%로 하락한 데 반해, 중국의 대미 무역흑자는 동기대비 9.4%에서 46.3%로 증가했음이 이를 방증한다(<그림 2>참조).

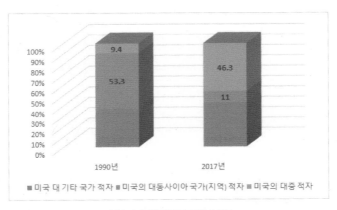

자료 출처: 联合国贸易统计数据库和美国商务部经济分析局

〈그림 2〉1990년, 2017년 미국 대외무역 적자 대상지역 구성의 변화

셋째, 국제규범의 시각에서 보았을 때 미국이 희망하는 이른바

‘공정무역’은 다자주의 무역원칙에 위배된다. 트럼프 대통령은 당선 이전부터 자국의 미국 우선주의(America First)를 표방하며 공격적인 일방주의적 무역정책들을 추진함으로써 중국에 대해 지속적으로 통상압박을 가해왔다. 어찌 보면 그 동안 추구해왔던 자유무역(free trade)의 원칙보다는 공정무역(fair trade)을 더 강조하고 있는 것이다. 즉 상호 공정한 무역을 강조하면서 국제협상에서는 미국의 시장을 무역장벽으로 보호하는 대신 무역대상국들의 시장개방을 적극적으로 요구하여 상호적인 시장개방을 목표로 적극 공세를 취하고 있는 것이다.4)

2018년 2월, 미국은 특정국가 특정 제품의 수입에 대해 상대국이 동종의 미국상품에 대해 부과하는 관세와 일치하게 관세를 부과하겠다고 함으로써 절대적 대등성을 강조하기 시작했다. 미국의 시각에서 볼 때 미국과 기타 국가들 간의 통상기준의 불일치로 인해 미국은 항상 ‘불공정한 위치’에 놓여 있다는 것이다. 따라서 ‘공정무역’의 핵심은 ‘대등한 개방’, 즉 미국과 각 국가들의 특정 상품 관세수준 및 특정산업 시장진입 기준 등에 있어서 모두 일치해야 한다고 주장한다.

WTO라는 다자주의적 시각에서 볼 경우 이는 상호호혜주의 원칙에 부합되지 않는 주장이다. WTO는 발전단계가 낮은 국가들의 협약 시행상의 어려움을 고려하여 개도국, 저개발국에 대해 상응하는 협약시행과 유예기간을 부여함으로써 모든 후진국들의 참

---

4) 이효영, “미국의『일방주의』통상정책: 수입규제 동향과 시사점,”『주요국제문제분석』, 2017-37.

여를 유도하고자 한다. 2001년 중국은 개도국 신분으로 WTO에 가입하였으며 상응한 상호 호혜정책의 대상국이다. 비록 2010년 일본을 초월하여 세계 제2의 경제대국이 되었다고는 하지만 1인당 GDP는 8,643달러, 미국의 14%로 세계 71위에 머무르고 있으며 아직 3,000만 명에 달하는 빈곤인구가 존재하고 있다. 즉 비록 경제적 규모는 크나 아직 개도국 수준에 머무르고 있는 중국에 대해 절대적인 대등조건을 요구하는 것은 WTO의 최혜국대우 및 무차별 원칙에 어긋나는 것이다.

지재권 보호문제도 위와 비슷한 논리로 분석될 수 있다. 지재권 보호에서 아직 문제점이 존재하는 것은 사실이나 그렇다고 해서 중국이 그 동안 추진해온 관련 정책 및 노력들을 간과해서는 안 된다. 발달국가들에 비해 아직 격차가 존재하지만 중국도 그 동안 지재권 보호를 위해 적극적인 조치들을 취해왔으며, 또한 기타 국가들과도 함께 양자, 다자적 노력을 해왔다. 미국이 지재권 보호 등을 빌미로 '중국제조 2025', 시장진입 등 문제들을 연관시키는 것은 실지 또 다른 전략적 의도를 실현하는 데 목적을 두고 있다. 즉 미국의 지재권 보호에 대한 요구는 미국 내 산업자본과 밀접한 연관이 있으며 높은 장벽설치를 통해 산업자본 이익을 극대화 하는데 실질적 목표가 있다. 또한 미국은 그 동안 높은 수준의 지재권 보호 규범을 만들기 위해 노력해 왔지만 결코 국제사회의 환영을 받지 못했다. 예를 들어 트럼프 정부가 환태평양경제동반자협정(TPP) 퇴출 이후 2018년 3월8일 칠레에서 체결된 "포괄적·점진적 환태평양경제동반자협정"(CPTTP)은 기존 TPP내용에서 22개 조항을 잠정유예조치를 취했다. 이중 11개 조항은 지재권에 관련된 조항으로 높은 수준의 지재권 보호 요구가 결코 국제사회에 쉽사리 수용되기 어려움을 의미한다.[5]

　　과학기술분야에 있어서도 주도권을 지켜나가기 위해 미국은 기술이전 및 지재권 문제에 있어서 일본 및 EU의 동참을 종용하고 있다. 2019년 5월 16일 미국 상무부는 화웨이가 통신장비에 '백도어'를 설치하여 중국정부 지시에 따라 기밀을 탈취할 수 있다는 이유로 화웨이 및 관련 업체를 거래제한 기업으로 지정하고 미국기업뿐만 아니라 동맹국 기업에도 反화웨이 전선에 참여할 것을 종용하고 있다.[6] 이러한 점들을 미루어 볼 때, 현재의 중미 갈등 이면에는 보다 심중한 전략적 이해관계가 깔려있는 것이 분명하다. 또한 단지 무역갈등 자체에서 끝나는 것이 아니라 기술, 화폐금융 등 보다 넓은 영역으로 확전될 가능성이 높다.

---

5) 张宇燕·寒冰, "如何看待中美贸易摩擦中的知识产权指责?," ≪联合早报≫, 2018年7月11日.

6) 한편 중국은 지식재산권 보호와 강제 기술이전 금지에 관한 내용을 포함해 외국인투자자 보호를 강화한「외국인투자법」을 발표함.「외국인투자법」은 기존의 외자 3법(「외자기업법」, 「중외합자경영기업법」, 「중외합작경영기업법」)을 통합한 법으로, 2020년 1월 1일부터 시행에 들어갈 예정임. 자세한 내용은 박민숙 외, "중국의 새로운 외국인투자법 주요 내용과 평가,"「KIEP 세계경제 포커스」, 2019, 19-12.

3. 갈등의 본질: 중미 무역분쟁의 국제정치경제

1) 줄어드는 경제 격차와 패권국의 초조함

개혁개방 이후 중국이 급속한 경제성장을 이루어 낸 것은 주지의 사실이다. 세계은행 통계에 따르면 중국이 WTO에 가입한 이후 대외개방이 확대되면서 급속한 경제성장기에 들어섰다. 2000년 기준 중국 GDP 1.2조 달러에서 2016년 현재까지 11.2조 달러로 근 10배 성장했다. 이에 반해 미국 GDP는 동기대비 10.2조 달러에서 18.6조 달러로 1.8배 성장했다. 미국 대비 중국 GDP가 차지하는 비중은 2000년 11%에서 2016년 60%로 상승하였다.

국방비 지출규모로 볼 때, 미국은 2000년 2,415억 달러에서 2016년 6,062억 달러로 증가 했지만, 동기대비 중국의 국방비는 145억 달러(432억 달러)에서 1,436억 달러(2,257억 달러)로 증가했다. 즉 미국 국방비의 3%수준에서 23%로 증가한 것이다. R&D와 국제특허 등 과학기술 분야에서 성장은 더 빠른 속도로 미국을 따라잡고 있다. 미국의 미중 경제안보평가위원회는 2017년 연두보고서를 통해 만약 미국이 세계시장에서 관건적 기술영역들에서의 주도적 지위를 상실할 경우 미국의 경제 내지는 미국 기업의 경쟁 우세를 상실할 뿐만 아니라 국방공업의 발전에까지 부정적 영향을 미칠 것이라 예측했다.[7]

---

7) 2017 Report to Congress of the U.S.-China Economic and Security Review Commission, Washington: U.S. Government Publishing Office, November 2017, p.24.

〈표 1〉 중미 경제, 군사, 기술발전 변화 추이(2000, 2016)

	연도	GDP(조$)	군비지출(억$)	R&D(억$)	국제특허(건)
미국	2000	10.2	4,152	2,669	38,171
중국	2000	1.2	145(432)	107.5	579
미국	2016	18.6	6,062	5,063	56,595
중국	2016	11.2	1436(2,257)	2,286	43,094

자료출처 : 韦宗友, "中美战略竞争、美国"地位焦虑"与特朗普政府对华战略调整," 『美国研究』 2018年 第4期에서 재인용. ( )안의 수치는 스웨덴 스톡홀름 국제평화연구소가 통계한 수치.

2) 대중전략의 수정

이러한 추세 속에서 미국의 패권상실에 대한 위기의식이 작동되기 시작했고 대중전략 조정의 필요성이 미국의 조야에서 초당적인 공감대를 형성하게 된다. 예컨대, 2018년 1월 백악관 수석전략가 스티브 배넌의 경우 미국 고위당국자로서는 처음으로 "미국은 세계 패권을 놓고 중국과 경제전쟁 중"이라고 단언했다. 2018년 전 아태 차관보 커트 캠벨과 외교관계이사회 엘리 래트너는 Foreign Affairs에 실린 기고문을 통해 최근 들어 미국은 가장 생명력 있고 무서운 경쟁대상과 마주하게 됐다고 주장하면서 케네디 정부 이래 미국 내 정파를 막론하고 모두 중국에 대해 환상을 가졌었지만, 그 어떤 수단도 중국으로 하여금 미국의 의지대로 움직이게 할 수 없었다고 평가했다. 따라서 미국은 대중정책을 재성찰해야 하며 중국에 대한 환상보다는 보다 명석한 인식을 가질 필요가 있다는 것이다. 같은 맥락에서 2018년 10월 마크 펜스 부통령은 허드슨연구소 연설에서 "우리는 소련 붕괴 이후 '자유중국'(free China)이 필히 다가올 것이라 생각했다. 바로 그런 낙관론에 기초하여 미국은 중국의 미국 시장접근을 허용했고, WTO 가입에도 동의했다. 중국의 자유가 모든 분야에서 신장될 것이라는 희망에 기초한 결정이었지만, 그런 바람은 실현되지 않은 채 사라지고 있다"고 밝혔다.

중국에 대한 미국의 시각 변화는 트럼프 정부의 대중전략의 변화를 가져오게 된다. 이러한 것들은 트럼프 정부 출범 이후 발표된 『국가안보전략보고서』, 『국방전략보고서』, 『핵 태세 보고서』 등 3대 안보문건에서 잘 반영되고 있다. 이 보고서들은 대국경쟁이 도래하였음을 공공연히 선포하면서 중국과 러시아를 국제질서의 '수정주의국가'로, 국가안보전략의 우선 가는 도전국가로 지정했다. 『국가안보전략보고서』는 "중국의 국제질서 편입을 통해 그가 자유화를 실현할 것이라는 신념을 갖고 있었지만 그것이 아니었다. 중국은 기타 국가의 주권을 침해하는 방식의 자신의 영향력을 넓히고 있으며..., 권위주의 체제를 확산시키고 있다"는 논지를 펼치면서 "중국은 인도-태평양 지역에서 미국의 영향력을 약화시키고 있으며," "그 동안 유지해왔던 시장편입을 통해 중국으로 하여금 신뢰할 수 있는 동반자로 되게 하려는 기본 가설은 잘못된 것"이라 주장했다. 보고서는 또한 중국을 현상을 변화시키려는 '수정주의' 대국으로 미국의 전략적 경쟁대상으로 묘사했다. 중국은 미국의 권력, 영향력, 이익 등 면에서 전면적으로 도전해 나섬으로써 미국의 안보와 번영에 부정적 영향을 미친다는 것이다. 『국가안보전략보고서』는 처음으로 미국의 인도-태평양 전략구상을 제시하고 정치, 경제, 안보 등 수단을 통해 인도-태평양지역에서의 중국 영향력의 확대를 억제하는 것은 "미국의 지역 균형에 유리"하다고 주장했다.

국방부가 발표한 『국방전략보고서』에서도 "중국은 미국의 전략적 경쟁대상이며, 군사현대화와 약탈적인 경제적 수단을 통해 주변국들을 강제하고 있으며 자신의 이익에 따라 인도-태평양 지역의 질서를 수정하고자 한다. 단기적으로 인도-태평양의 패권을 노리고, 미래의 목표는 미국의 전략적 패권적 지위를 탈환하는 것"이라 평가했다.

이러한 점들을 고려해 볼 때, 무역·기술 영역을 둘러싼 중미간의 갈등은 궁극적으로 양 대국간 전략적 경쟁의 일환으로 볼 수 있다. 중미간 산업 분공이 상호보완적 관계로부터 경쟁적 관계로 변화면서 중국에 대한 미국의 부정적 인식이 가치관, 이데올로기, 사회제도에까지 확산되기 시작했다. 미국의 시각에서 중국은 정치적 권위주의, 경제적 국가자본주의, 무역중상주의 성격을 띠며, 국제사회에서는 신확장주의 정책을 추진함으로써 미국의 패권적 지위에 정면으로 도전해 나서고 있다는 것이다. 중국의 경제적 굴기는 미국의 경제패권을, 중국 국방과학기술의 발전은 미국의 군사적 패권을, 중국의 중상주의는 미국 주도의 무역질서를, 중국의 '일대일로'는 미국의 지정학적 이익을, 중국의 발전모델은 미국의 가치관과 서구문명에 도전장을 내밀었다고 보는 것이다.

3) 트럼프 정부의 통상질서 재편

중미 간의 무역분쟁도 무엇보다 통상질서의 재편이라는 큰 틀에서 진행되고 있다. 트럼프는 중국 뿐 아니라 북미국가, EU, 한국, 일본 등 국가들과의 무역협정 전반을 수정하려고 하고 있으며 이는 오바마 시기까지 유지되었던 국제주의 질서를 새롭게 개편하려는 의도로 보인다.

오바마 정부시기의 통상정책은 국제주의와 제도주의에 기반했다. 2차 세계대전 이후 미국 주도로 수립한 국제경제무역제도에 대한 지속적인 개선을 거쳐 패권국 중심의 국제주의체제를 통해 신흥국가들의 참여를 유도함(예컨대 중국 등 신흥국 IMF 지분 확대)과 동시에 그들의 행동을 다자주의 틀 내에서 보다 규범화하려 했다. 그러나 트럼프는 이에 부정적이다. 첫째, 중장기적 무역수지 불균형 및 금융위기 충격 하에 중국을 대표로 하는 신흥국들의 부상이 시작되었고, 다자주의에 기반한 비국가행위체 영향력이 제고되면서 이는 궁극적으로 미국의 패권적 지위를 흔들고 있다는 것이다. 둘째, 다자주의적 협상행태는 효율성이 떨어지고 문제해결을 보다 복잡하게 만든다고 보기 때문에 트럼프는 다자주의에 강한 불신을 갖고 있다. 셋째, 기존 국제질서는 일부 국가들에 의해 남용되고 있고, 미국만이 자유무역시장을 위해 공공재를 제공하는 불공정한 무역관계가 초래되었다.

오바마 시기 통장질서   트럼프시기 통상질서 재편

따라서 트럼프는 '미국 우선주의' 원칙하에 패권적 지위를 이용하여 '최대의 압박'을 가하여 상대방의 양보를 얻어내는 방식으로 점차 기존의 무역질서를 변형시키고자 한다. 즉 다자주의에 강한 불신감을 갖고 있는 트럼프로서는 미국 중심으로 다른 나라들과의 양자간(또는 소다자) 통상체제를 기본 틀로 새로운 국제질서를 수립하고자 한다. 기존 미국 주도하에 수립되었던 다자주의적 국제통상질서에 가장 큰 불만을 가진 국가는 다른 국가가 아닌 미국 자신인 셈이다.

물론 상품분야 무역수지 적자가 가장 높은 비중을 차지하는 중국과의 무역협상이 갈수록 치열해지고 있지만, 그렇다고 해서 무역분쟁이 중미 간에만 발생하고 있는 것은 아니었다. 미국은 이미 캐나다, 멕시코와 USMCA 협상을 타결하였고 미·EU, 미·일 무역협정 협상 등을 통하여 무역불균형문제를 해결하고자 한다. 다만 앞에서도 언급되었듯이 다자주의 무역질서에 거부감을 갖고 있는 트럼프로서는 무엇보다 양자간 무역협정을 통해 자국의 패권적 이익에 부합되는 새로운 무역질서를 구축하고자 하는 것이다. 그렇다고 해서 이러한 협정들이 단지 경제이익만 고려된 것도 아니다. 예컨대 USMCA는 "비시장경제 국가와 FTA 협상을 개최하기 최소 3개월 전 당사국들에 통보"해야 하고 "비시장경제 국가와 FTA를 발효할 경우에는 당사국을 제외한 나머지 2개국이 6개월의 통보기간 후 USMCA를 종료하고 USMCA와 같은 조건으로 양자간 FTA를 체결"할 수 있는 근거를 마련함으로써 사실상 캐나다와 멕시코에 대해 중국과의 FTA체결을 금지하는 독소조항을 포함시켰다. 미국은 이러한 독소조항을 일본을 포함한 기타 동맹국들에도 강요할 가능성이 높다.

4. 중국의 대응방향과 한중관계

전술하다시피 중미관계는 새로운 갈림길에 들어섰다. 중국의 부상과 더불어 미국의 불안감이 증대되었고 이러한 부정적 인식은 점차 미국 내에서 초당적인 공감대를 형성해 가고 있다. 따라서 미국의 중국에 대한 견제는 경제영역을 넘어 안보 및 정치사회제도와 이데올로기 영역에로까지 확산되는 추세를 보이고 있다. 이런 맥락에서 존 볼튼 백악관 국가안보회의 보좌관은 언론인터뷰를 통해 "미국은 중국을 금세기의 주요 문제로 여기고 있고, 이 세계가 새로운 냉전 상황에 있다고 말하고 싶다"고 밝혔다. 중국을 방문했던 미국의 지중파 대표인 키신저는 "중미관계는 다시 이전의 상태로 돌아갈 수 없을 것"이라고 하면서 새로운 관계를 수립해야 한다고 했지만 도대체 새로운 관계란 어떤 것인지에 대해서는 구체적으로 언급하지 않았다. 물론 중국 국제정치학자 왕지스(王缉思)도 중미관계는 양적 변화를 거쳐 현재 질적 변화를 가져왔다고 평가했다. 중미양국이 장기적인 전략경쟁에 돌입한 것은 분명하다.

그러나 미국의 전방위적 대중견제 전략이 개시된다 하더라도 중미관계를 중심으로 한 국제질서는 어디까지나 중국의 대응에 따라 그 결과가 달라질 것으로 보인다. 중국은 개혁개방 이후, 특히 2001년 WTO가입을 계기로 급부상을 시작했다. 즉 중국은 국제주의와 다자주의를 내용으로 하는 현 국제경제질서의 수혜자인 것이다. 오히려 현 질서가 미국의 패권적 지위를 흔들고 있다고 보고, 이에 대해 수정을 요구하고 나선 것은 트럼프 정부 자체이다. 궁극적으로 다자주의적 국제질서를 유지할 것인지 아니면 미국 중심으로 경제질서를 재편할 것인지를 둘러싸고 중미 간의 제도적 경쟁은 보다 심화될 것으로 보인다.

하지만 현재 중미갈등에 대한 중국의 입장은 한마디로 "斗而不破"로 요약될 수 있다. 미국의 견제전략에 대응은 하되 신냉전체제 초래 또는 극단의 상황을 치닫는 것은 막아야 한다는 것이다. 상호의존성이 심화된 글로벌 사회에서 중미 간의 영합적 게임은 결국 양자 모두에 손해를 보기 때문에 어디까지나 협력의 고삐를

놓아서는 안 된다는 것이 중국 내의 보편적 시각이다.

2018년 무역분쟁 개시 이후 중국정부가 발표한 "중미무역마찰의 현실과 중국의 입장"(关于中美经贸摩擦的事实与中方立场)을 보아도 중국은 "상호존중, 호혜공영의 원칙에 따라 협력강화 및 분쟁관리를 통해 균형과 포용, 원-원의 중미관계를 구축"해야 한다고 주장했다. 또한 "개방적이고 투명하며 포용적인 다자무역체제 확립, 지재권 보호제도의 개선, 외자기업 합법적 권익, 개혁개방의 심화" 등에 대한 중국의 입장을 밝혔다. 어디까지나 중미 간의 협상을 통해 양자관계의 안정성을 유지해 나가겠다는 의미이다. 그러나 중국은 자국의 기본원칙과 핵심이익에 위배되는 내용들에 대해서는 절대 양보할 수 없음을 천명했다. 분쟁은 관리해가되 상대국의 사회제도, 경제체제, 발전양식 등과 같은 기본권리는 필히 존중되어야 하며, 상호간의 핵심이익 및 상대국의 레드 라인을 넘는 등 국가주권과 발전권을 해치는 부분에 대해서는 절대 양보할 수 없다는 것이다.

중국은 14억 인구규모를 가진 국내시장을 확보하고 있고 여전히 6%대의 성장을 유지하고 있다. 미국의 중국에 대한 경제적 제재는 오히려 중국 기업들로 하여금 심기일전의 기회를 제공했다. 중국은 20세기 90년대의 일본과는 달리 미국의 견제에 대응할 수 있는 저력을 가진 국가이다. 또한 미국이 국제사회를 동원하여 중국에 대한 전략적 견제를 강화하려 하지만 실지 국제사회의 이에 대한 반응은 적극적이지 않다. 인도는 다자적 제휴를 선호하며 중미간 뚜렷한 대미 지지를 보내주고 있지 않으며, 일본 역시 중국과의 경제적 관계를 고려하여 미국의 대중국 강경정책에 미온적 반응을 보고 있다. 다수의 유럽 국가들은 트럼프 대통령의 화웨이 사용중단 요청에 대해 미온적이며, 미국의 화웨이 장비사용 금지 정책이 성공할 가능성은 그다지 높지 않다.[8]

환언하면 미국의 중국에 대한 견제가 강화됨에 따라 양자간 경합관계가 보다 치열해질 수는 있지만 '신 냉전체제'까지 발전할 가능성은 낮다. 중국은 현 국제질서의 수혜자로 어디까지나 다자주의적 국제협력체의 구성과 제도적 개선을 위해 노력할 것으로 보인다. 미국이 공세적으로 나올수록 중국은 전통적으로 갖고 있는 전략적 유연성을 발휘해 나감으로써 양자관계를 관리해 나갈 것이다. 요컨대 중미간 경쟁은 협력을 동반할 것이며, '미국 우선주의'를 표방하는 트럼프 정부와 다자주의적 국제협력체제를 지향하는 중국간의 제도적 경쟁은 오히려 중국의 국제적 영향력을 제고시킬 수 있는 중요한 기회가 될 수도 있다.

이러한 점들을 고려할 때, 한국은 미국이냐 중국이냐 하는 줄서기식 사고방식을 버리고 보다 유연한 시각을 갖고 실무적인 영역들에서 중국과의 협력관계를 발전시켜 나갈 필요가 있다. 양국의 정치적 신뢰를 구축하기 위한 다각적인 노력이 필요하며, 그러기 위해서는 한국외교의 아킬레스건인 안보문제 해결이 우선되어

---

8) 김현욱, "미국의 인도-태평양 전략과 한국의 대응방안," 『IFNAS주요국제문제분석』, 2019-13, pp.19-20.

야 한다. 남북관계 개선을 위한 한중협력의 방향 설정과 함께 공동안보와 다자안보를 적극적으로 기획하면서 한반도 전체를 하나의 경제권으로 묶을 수 있는 상상력을 발휘해야 할 것이다.

박동훈(연변대 조선한국연구센터 부소장)

경력

정치학 박사, 연변대 국제정치학과 부교수
연변대 조선반도연구원 국제정치연구소 소장
연변대 아시아연구센터 부주임, 조선한국연구센터 부주임 역임

저서

「글로벌 금융위기 이후의 중국과 한반도」 등 저서 2편. 중국의 「世界知识」・「中国社会科学报」, 한국의 「통일정책연구」・「한국과 국제정치」 등 유수 학술저널들에 30여 편 학술논문 발표. 그 외 한중 양국 언론들에 수십 편의 칼럼 발표.

문명의 충돌과 美中 무역전쟁

조평규 (경영학 박사/동원개발집단 상임고문)

중미 문명충돌 프레임

21세기에 들어서면서 국제질서는 크게 흔들리기 시작하였다. 러시아의 쇠퇴로 힘의 균형이 깨지는가 싶더니, 중국은 개혁개방 정책의 성공으로 경제력과 군사력을 갖추면서 패권국가로 부상하게 되었다.

미국의 정치학자 새뮤얼 헌팅턴은 1996년 낸 저서 '문명의 충돌(The clash of civilizations)'에서 세계의 문명을 "서구, 중화, 이슬람, 정교, 힌두, 라틴아메리카, 아프리카, 일본"의 8개로 구분했다. 그리고 미래의 충돌은 서구의 오만함, 이슬람의 편협함, 중화의 자존심이 복합적으로 작용하는 문명 간의 단층면에서 발생할 것이라고 예견했다. 특히, 21세기에는 중국의 도전이 강해질 것으로 내다봤다.

2001년 9·11 뉴욕 테러 발생 후 문명의 충돌은 이 사건을 미리 예견한 저작으로 높이 평가받았고, 최근 미·중 무역전쟁이 문명의 충돌 방향으로 프레임이 짜여짐에 따라 헌팅턴의 주장은 다시 한번 논쟁거리로 부상하고 있다.

서구문명을 대표하는 미국과 동양문명을 대표하는 중국 간의 충돌이 시작되었다. 한국은 두 문명이 충돌하는 경계면에 위치하고 있다. 한미동맹으로 맺어진 미국, 경제적으로 뗄 수 없는 관계로 맺어진 중국, 한국은 미국과 중국 사이에서 선택을 강요당하는 상황으로 빠져들고 있는 것이다.

두 문명의 충돌은 필연코 좋게 해결되기 보다는 전쟁과 같은 재해를 남길 가능성이 매우 높다. 시작은 무역, 기술도용, 지적재산권, 인적교류의 제한 등 합법적인 범위내에서 이루어질 것이다. 문명간 충돌의 양상이 좀더 진행되면 무력이나 강한 물리적 수단이 동원될 소지가 농후하다.

강대국의 틈바구니에 끼여 있는 한국은 과연 어떤 포지셔닝을 취해야 하나? 한국의 전략은 무엇인가? 결국 우리는 독립적으로 강대국들을 대적할 수 있는 독립적인 전략을 가져야 생존할 수 있게 된 것이다.

중국의 부상에 따른 미국의 대응

지난해 8월 미국 국무부는 카이론 스키너를 정책기획국장에 임명했다. 국무부의 정책기획국은 미국 외교정책의 두뇌로 국제 정세의 분석과 외교전략 방향을 제시하는 곳이다. 스키너는 과거 미·소 간의 냉전체제 전쟁 속에서 구소련의 몰락을 이끈 로날드 레이건 전 대통령을 정밀하게 연구한 학자다. 미국 국무부가 스키너를 임명한 것은 부상하고 있는 중국을 견제하고, 중국 공산당의 해체를 위한 전략을 입안하고 추진하기 위한 것이다.

스키너는 "중국과의 패권경쟁은 그 동안 미국이 경험하지 못한 전혀 다른 문명이자 이념과의 대결"이라고 말했다. 또, 지난 냉전 시기 "소련과의 전쟁이 서구문명권 내부에서의 싸움이었다면, 중국과의 전쟁은 우리가 경험해 보지 못한 전혀 차원이 다른 문명권과의 싸움이 될 것"이라고 밝힌 것으로 보아, 미국 국무부가 설정한 목표는 중화문명이 타깃임을 알 수 있다.

시진핑 주석의 중국몽

중국몽은 2012년 시진핑 국가주석이 선언하였는데, 국가 부강, 민족 진흥, 인민 행복 세 가지 목표를 담고 있다. 봉건시기 주변 국가들로부터 조공을 받으며 세계의 중심역할을 했던 역사를 현대에도 재현한다는 의미도 배여 있는 개념이다.

시진핑(習近平) 중국 국가주석은 평소 기회가 있을 때마다 '위대한 중화민족의 부흥'을 외쳤다. 시 주석은 지난 5월15일 베이징에서 열린 '아시아문명대화대회'에서 "아시아가 인류문명의 산실"이라고 주장했다. 그는 "아시아에는 47개국 1000여 종의 민족이 있으며, 세계 인구의 3분의 2가 거주하고, 이슬람문명·기독교문명·인도문명·중화문명 등 다채로운 문명 양식이 어우러진 지역"이라고 강조했다.

또한, 중국은 아시아문명의 종주국임을 과시함과 동시에 미국과 문명 차별주의자들을 겨냥해 "자신의 인종과 문명이 우월하다고 생각하고, 다른 문명을 개조하거나 대체하려고 고집하는 것은 어리석으며 재앙"이라고 말했다. 이어 "중국은 아시아 문화의 중심으로 한 배를 타고 세계를 향해 전진하며 세계의 발전 속에서 발전하고, 중국을 중심으로 하는 아시아가 서로 손잡고 더 나은 세계를 만들어 가자"고 아시아 문화권의 대단결을 호소했다. 단순하게 보였던 미·중 무역 갈등이 이제는 서구문명과 중화문명과의 프레임전쟁으로 변모해 가는 모습이다.

2008년 미국의 금융위기와 부동산 버블의 붕괴는 중국에게 새로운 가능성을 보여주는 계기가 되었다. 미국의 경기침체, 실업률 상승 등으로 인해 생활수준이 하락하고, 중산계층이 무너지고, 빈곤층의 증가함에 따라 쇠락의 징후를 보이는 반면, 중국은 경제의 고속성장, 인민 생활수준 향상, 군사력의 증강 등으로 전반적으로 중국의 위신은 높아졌다.

미국의 부진은 중국에게 중국도 초강대국으로 부상할 수 있다는 꿈을 꾸게 했다는 평가를 받는다. 또한 시진핑 주석은 자기의 권력 기반을 공고히 하기 위한 수단으로 내부 단결의 필요성이 제기되었고, 그 해결책을 '중국몽'이라는 개념으로 시주석의 자기의 권력기반을 굳히기 위한 수단으로서 필요했다. 중국몽은 당내의 반대 세력들로부터의 도전을 극복하고 인민들의 지지를 획득하는데 아주 유용한 통치술의 일환으로 보인다.

도광양회의 교훈

도광양회(韜光養晦)란 어둠 속에서 자기의 재능을 감추고, 때가 오기만을 기다리며 부족한 부분을 갈고 닦는 것을 말한다. 미래를 위해서 어둠 속에서 칼을 간다는 의미와 비슷하다. 중국의 덩샤오핑(邓小平)이 개혁·개방을 시작하면서 중국 외교정책의 기조로 삼았다.

개혁·개방 초기 중국은 낙후한 나라였다. 중국은 과학기술, 군사력, 경제력, 인적자원 등 전반적으로 선진국의 그것에 미치지 못하는 상황에서 국가 간의 마찰과 견제를 피하면서도 국력을 제고하기 위해 도광양회의 전략을 채택했다. 덕분에 중국은 선진국 견제를 받지 않고 기술과 자본을 도입해 급속한 경제발전을 달성할 수 있었다.

덩샤오핑은 '100년간 도광양회의 기조를 유지하라'고 특별히 당부했으나, 1990년대 들어와서 장쩌민(江澤民)의 책임대국론(責

任大國論)과 유소작위(有所作为), 후진타오(胡錦濤)의 화평굴기(和平崛起)를 거쳐 시진핑(習近平)에 와서 중화민족의 부흥을 들고 나오면서 도광양회의 기조는 폐기됐다.

중국이 철저히 도광양회 전략으로 실력을 기르는 데 치중하고, 10개 첨단분야에서 세계 1등을 하겠다는 '중국제조 2025'와 유럽과 아시아를 연결하는 '일대일로一帶一路, 육해상 실크로드)' 등 중국몽(中國夢)을 내부적으로만 추진하되 겉으로 요란하게 추진하지 않았더라면, 미·중 무역전쟁은 발생하지 않았을지도 모른다.

1990년대 말 국제통화기금(IMF) 위기를 맞기 전 어느 외국 언론이 한국은 샴페인을 너무 일찍 터뜨렸다는 비아냥 기사를 실었다. 1988년 서울올림픽 이후 바로 시행된 '해외여행 자유화' 조치 초기 공항이나 호텔 로비 등 아무 데서나 자리를 펴고 술을 마시거나 고스톱 치는 한국인을 향해 세계는 우리에게 '어글리 코리안'이라는 오명을 붙였다. 1996년 조급한 경제협력개발기구(OECD) 가입과 급속한 금융시장 개방은 외환위기의 주요한 원인이 되기도 했다. 국가나 개인을 막론하고 실력이 없으면서 상대를 자극하거나 겉으로 화려함을 드러내는 것은 바보들의 행동이다. 겸손하지 못하면 반드시 대가를 치르게 된다.

한국 경제는 규모 면에서 세계 10위권이라고는 하지만, 구조면에서 '글로벌 분업'과 국제무역에 기반하고 있기 때문에 국제적 정세 변동의 영향을 직접 받아 취약하다. 고도의 기술을 요하는 장비나 소프트웨어 및 원부자재는 미국·독일·일본 등 선진국으로부터 수입을 해야만 한다.

최근 한국 정부는 2030년까지 시스템 반도체, 바이오 헬스, 미래차 산업을 중점 지원해 '제조업 르네상스 시대'를 열겠다고 발표했다. 이 같은 보도는 경쟁관계에 있는 기술선진국을 자극하고 경계심을 유발하는 비전략적인 자기 자랑에 지나지 않는다.

한국 안보 또한 미·중·러·일의 열강이 대립하는 경계선에 위치하고 있어 불안정한 균형을 유지하고 있다. 우리가 자주적인 역량을 확보하고 강대국과 '맞짱'을 뜰 정도의 경제력과 군사력 그리고 국민들의 의식 수준이 선진국 국민으로서 부끄럽지 않은 품격을 가질 때까지, 도광양회를 국가운영의 기조로 삼았으면 한다. 우리 자체적으로, 독립·주체적으로 국가의 미래 목표와 전략을 설정하고 추진하자는 말이다.

오랫동안 강대국 틈바구니에서 눈치만 보면서 종속적인 삶을 살았던 역사를 반성하고, 국가적으로 새롭고 획기적인 기풍을 세워야 한다. 당장 참기 어려운 상황이 닥치더라도 냉정하게 인내하면서 힘과 실력 그리고 경쟁력을 키워야 한다.

일본은 원자탄을 맞고도 미국을 원수가 아닌 배움의 대상으로 삼아 국력을 축적해 미국의 우방으로서 어깨를 나란히 하고 있다. 우리는 마땅히 배우는 바가 있어야 할 것이다. 감정적으로 밉다고 입으로 반일과 반미를 외친다고 해서 얻을 건 아무 것도 없다. 가슴속에 담은 치욕의 아픔을 잊지 않으면서 미래를 향해 나아가는 진취적인 사고가 필요하다.

도광양회를 실천하는 데 유용한 덕목을 꼽으라면, 삼성그룹의 창업자 고(故) 이병철 회장이 자녀들에게 가르친 '목계지덕(木鷄之德)'을 들 수 있다.

목계지덕은 장자(莊子)의 달생편(達生篇)에 나오는 고사다. 투계용 닭을 훈련시키는 과정을 통해 살아있는 닭이 마치 나무로 깎은 닭과 같은 정도의 평정을 유지하도록 훈련하는 것을 말한다. 장자는 이 고사에서 교만함을 버리고, 상대의 언행에 대해 공격하지 않으며, 민감하게 반응하지 말 것을 가르치고 있다.

도광양회의 추진은 인내와 겸손 그리고 지식인 참여가 필수다. 자잘한 도전이나 비난은 거들떠보지도 말고 이슈화시켜서도 곤란하다. 겉으로 드러나는 것에 목매는 의식도 많이 고쳐져야 한다. 이슈가 발생할 때마다 국익에 대한 전략적인 고려 없이 장단점을 까발리는 언론들의 행태도 개선돼야 한다. 우리 사회에서 가장 비난을 받는 부류인 정치가도 자신의 이익이나 당리당략을 나라의 운명보다 우선시하는 태도를 버려야 한다. 법의 집행을 계급에 따라 차등 적용하는 사법기관과 권력자들의 탈법적 행위도 시정이 시급하다.

원대한 꿈이나 이상을 가진 사람은 작은 일이나 지엽적인 일에 신경 쓰지 않는다. 잘난 척하지 않고 매우 겸손하다. 우리나라가 최근 일본과 싸움이 한판 붙었다. 반도체와 디스플레이 산업이 직격탄을 맞고 무역전쟁으로 확산되고 있다. 임진왜란과 구한말 일본침략 역사를 되돌아보면 감정적으로는 용서가 되지 않지만, 일본과 정면으로 대적하기에는 우리의 힘이 많이 모자란다. 스포츠

경기뿐만 아니라 일본과의 어떠한 경쟁일지라도 지면 분한 게 우리의 정서다. 분함을 가슴에 새기고 '속 좁은 일본(小日本)'이 싸움을 걸어와도 극일(克日)할 실력을 쌓을 때까지 곁눈길조차 주지 않고, 도광양회 정신으로 묵묵히 걸어가는 멋진 국민들이 사는 나라가 되었으면 한다.

중국은 겸손해져야

미국과 중국 간 무역전쟁이 한창이다. 미·중 무역전쟁의 근본 배경은 중국 급부상에 따른 미국의 견제 심리가 크게 작용했다는 분석에 무게가 실린다. 중국의 '중국제조 2025', '중국몽(中国梦)', '일대일로(一帶一路)'를 통한 주변국에 대한 패권적 영향력 확산을 미국은 그냥 보고만 있을 수 없는 것이다.

중국은 개혁·개방 이후 20여년간 대외 외교 전략의 기조는 덩샤오핑(鄧小平)의 지시대로 '도광양회(韜光养晦, 어둠속에서 빛을 감추고 실력을 기른다)' 였다. 하지만 시진핑(習近平) 집권 이후 '대국굴기(大国崛起, 큰 나라로 일어서다)'를 내세워 위대한 중화민족의 부흥을 주창함으로써 주변국은 물론 강대국의 견제를 받고 있다.

'중국몽'을 앞세운 '시진핑 1인 체제' 구축을 바라보는 세계의 눈은 곱지 않다. 중국의 개혁·개방은 경제적인 성취 못지 않게 인민들에게 정신적 자유를 가져다 줬지만, 이제 다시 '언론을 통

제하거나 감시하는 체제로 전환되는 것이 아닌가' 하는 의심을
사고 있다.

경제적 관점에서 중국이 미국과 어깨를 나란히 하는 '주요2개
국(G2)'으로 부상하면서 세계적인 주목을 받았으나, 강대국의 위
상에 걸맞는 국격(國格)을 갖췄다는 평가는 받지 못하고 있다. 또
한, 세계로부터 매력적인 나라로 비치기를 바라는 의도에서 소프
트파워를 내세우지만, 경제력 및 군사력 등 하드파워만 곳곳에서
커지고 있다.

중국인 관광객은 세계 어디를 가도 넘쳐난다. 하지만 그들이
다녀가는 곳곳 곱지 않은 시선이 뒤따르는 건 사실이다. 공공장소
에서 큰 소리로 떠들거나 쓰레기 투기 등 일부 유커(遊客) 들의
에티켓 문제가 매년 도마 위에 오르고 있다.

최근엔 베트남을 여행하는 중국인들도 현지에서 제대로 환영받
지 못하고 있다고 한다. 급속한 경제적 성장에 걸맞은 소양과 품
격을 갖추지 못한 것이다.

중국은 사드(THAAD·고고도 미사일 방어체계)의 한국내 배
치를 문제 삼아, 한국정부와 한국 기업에게 보복을 가해 한국인에
게 깊은 상처를 줬다. 아직까지도 그 후유증은 곳곳에 남아있다.
중국에게 득보다 실이 많을 것이라는 데에는 의심의 여지가 없다.

10여 년 전까지만 해도 중국 지방정부 관료들은 각종 우대 조
건을 내걸고 한국 기업을 유치하기 위해 온갖 감언이설로 유혹했
다. 그러나 투자가 이뤄지고 난 뒤 제대로 돌봐주지 않아 기업들

이 실패하는 경우가 많았다.

중국이 경제대국으로 부상하는 데에는 제조업과 무역에 강한 한국이 큰 도움이 됐다. 하지만 최근 중국에는 한국 정부와 한국 기업들을 우습게 보는 풍조가 만연하고 있다. 한국 상품이나 방송, 드라마를 통째로 뺏겨도 중국인들은 아무런 죄책감을 느끼지 않는다. 중국 정부도 지적재산권 침해라는 사실을 알면서도 통제를 하는데 미온적인 자세를 취하고 있다.

힘이 세다고 해서 이웃을 힘으로 압박하는 것은 하수의 전략이다. 세계는 모바일로 연결되어 있는 시대다. 중국의 오만은 때로는 하루 아침에 역풍을 가져다 줄 수 있다. 개인이나 국가를 막론하고 이웃이나 남의 나라를 무시하거나 교만해지면 결국 퇴락의 길을 걷게 되어 있다.

지난 7월 중국 지린대 경제학원 및 금융학원 리샤오(李曉) 원장은 '국가와 개인의 운명'이라는 졸업식 축사에서 '미중 무역전쟁'에 대해 진단하고 중국에 자성을 요구했다. 이 축사는 중국인들이 귀담아 들어야 하는 충고로 파장을 일으키기도 했다.

대국의 길을 걷고 있는 중국은 G2 위상에 걸맞는 국격을 갖춰야 한다. 규모와 숫자의 크기가 아닌, 인류 보편적 가치인 자유·평화·인권·도덕·겸손 등을 존중하는 자세를 가져야 한다. 특히, 진심이 배여 있지 않는 전략적 겸손은 상대를 더욱 화나게 만든다. 겸손하지 않은 나라의 말로가 어땠는지 중국은 그들의 역사를 곰곰이 되짚어봐야 한다.

조평규(曹坪圭)(경영학 박사/동원개발집단 상임고문)

1956年 경남 통영시 출생. 경북대 중문학 졸업,
서강대학교 경영학 석사/박사, 장강상학원(长江商学院) EMBA, 우리은행 주임, 재
중국한국인회 수석부회장, 하북연대집단(河北燕达集团) 부총재/부회장/수석부회장

미·중 무역분쟁의 영향과 정책 변화에 관한 연구: 중국 산업을 중심으로

유성목 (인천대학교 중어중국학과 교수)

I. 서론

'무역전쟁'으로 일컬어지는 최근 미·중 무역분쟁은 비단 오늘날만의 문제는 아니다. 중국경제가 부상하면서 미-중 무역적자는 지속해서 확대되어 왔고, 현재에 이르러 중국은 최대 대미 무역 흑자국으로 부상하였다.

이 과정에서 미국은 반덤핑, 상계관세, 세이프가드 등을 통해 자국 산업을 보호하고자 했으며, 중국 역시 WTO 제소, 관세 인상 등 미국과 유사한 대응을 하면서 양국 간의 크고 작은 무역 분쟁은 늘 있어왔다. 하지만 작년 7월 초 미국의 관세부과로 본격화된 이번 무역 분쟁은 이전과는 여러 부분에서 다르다고 할 수 있다. 유래를 찾아볼 수 없는 관세 규모는 물론, 4차 관세가 부과된 현재에 이르기까지 약 1년간 빠르게 전개된 점 역시 이전의 분쟁과는 다른 점이다. 무엇보다 미국의 이번 대중 무역 규제에 단순히 무역적자 해소를 넘어, 중국의 첨단산업 성장을 견제하려는 의도가 깔려있다는 점은 기존 분쟁과 다른 가장 큰 특징이다.

이 같은 미국의 무역 제재에 중국은 민감한 반응을 보이고 있다. 중국 상무부장 중산은 "중국은 무역분쟁을 원하지 않지만, 만약 전쟁이 일어난다면 그에 맞설 것"이라고 말하며 중국의 적극적인 대응 의지를 드러냈다.[1] 실제로 중국은 미국의 관세부과에 맞서 대응 관세를 부과해오고 있다. 이는 중국제조 2025를 통해 첨단산업 강국으로 도약하려는 중국의 현 상황을 고려한다면 당연한 조치라고 볼 수 있다. 하지만 중국의 최대 수출국이자, 3대 수입국 중 하나가 미국임을 고려한다면 이 같은 대규모 무역 분쟁은 중국 산업 전반에 부정적으로 작용할 것으로 예상된다. 무역 분쟁 발생 이후 중국이 대응과 함께 지속해서 미국과 협상을 시도하고 있다는 점에서 이번 무역 분쟁으로 중국 측에도 적지 않은 피해가 발생했음을 짐작해 볼 수 있다.

이에 본 연구에서 다루고자 하는 내용은 다음과 같다. 첫째, 미-중 무역 분쟁 전후 중국의 경제지표 변동을 살펴볼 것이다. 지금과 같은 대규모 무역 분쟁은 중국의 무역뿐만 아니라 산업 전반에 피

---

1) 안승섭, 「中 상무부장, 美에 "중국 의지 과소평가하지 말라"」, 『연합뉴스』, 2018.10.10.

해를 줄 것으로 예상된다. 따라서 경제 지표를 바탕으로 실제 중국의 산업과 무역에 타격이 있었는지, 타격이 있었다면 중국 산업에 어떤 변동이 발생했는지를 분석할 것이다. 둘째, 기존 보도 자료를 바탕으로 무역분쟁 발생 이후 중국이 발표한 정책 방향에 대해 살펴볼 것이다. 이를 바탕으로 이번 무역 분쟁에 대한 중국의 대처는 무엇이며, 앞으로 중국 산업이 어떠한 방향으로 나아갈 것인지에 대해 예측해 볼 것이다.

Ⅱ. 미·중 무역분쟁이 중국 산업에 미친 영향

1. 산업 전반의 영향

미·중 상호 간 고율 관세 부과는 중국 경제 전반에 부정적 요인이 될 것으로 예상된다. 양국의 대규모 관세는 중국의 대미 수출과 수입을 큰 폭으로 감소시킬 것이다. 뿐만 아니라 미국의 무역 제재가 중국의 차세대 산업을 겨냥한 만큼 첨단 제조업에 직접적인 피해를 발생시킬 것이고, 이는 중국의 투자심리와 소비심리에도 영향을 미칠 것이다.

〈표 1〉 관세부과 전후 중국의 대미 무역 변동(단위 : 100만 달러)

	대미수출	대미수입	대미흑자
6월	42,584.70	13,651.96	28,932.74
7월	41,536.43	13,447.25	28,089.18
8월	44,385.10	13,316.97	31,068.13
9월	46,693.50	12,562.83	34,130.67
10월	42,720.26	10,940.39	31,779.87
11월	46,215.18	10,676.91	35,538.27
12월	40,283.78	10,412.16	29,871.62
1월	36,541.61	9,240.48	27,301.13
2월	22,665.64	7,943.65	14,721.99
3월	31,824.16	11,320.56	20,503.60

출처: **CEIC** (검색일: **2019.05.23.**)를 이용하여 필자 작성

<표 1>을 보면, 대미 수입은 관세부과 이후 지속해서 감소하는 추세를 보였다. 이는 중국의 대응 관세가 실제로 미국의 대중 수출에 타격을 입혔음을 나타낸다. 하지만 대미 수출의 경우, 관세 부과가 본격적으로 시작된 7월에 소폭 감소하긴 했으나 무역협상이 시작된 12월 이전까지 지속해서 증가하는 모습을 보였다. 또한 미국의 관세 규모가 중국의 대응 관세보다 높은 수준임에도 불구하고 중국의 대미 무역 흑자는 지속해서 확대되었다. 특히 11월 대미 무역 흑자의 경우 약 355억 달러를 기록하면서 월별 기준 사상 최고치를 경신한 상황이다. 이 같은 결과는 미국의 대중 관세가 무역 적자를 해소하는데 직접적인 효과를 내지 못했음을 의미한다. 이에 대한 원인은 크게 3가지로 볼 수 있다.

첫 번째는 미국경제의 호황이다. 최근 미국의 증시 활황과 낮

은 실업률로 미국 내 총수요가 확대된 것이 하나의 원인이 된 것으로 볼 수 있다. 미국 경제가 활기를 띠면서 미국인들의 구매력과 소비가 모두 향상되었기 때문에 수입 자체가 크게 증가한 것이다. 두 번째는 위안화 약세다. 관세부과가 본격화된 직후 위안화는 지속해서 절하되는 모습을 보였다. 즉 위안화 약세로 중국 기업들의 수출 경쟁력이 강화되면서 관세 부과로 인한 무역 피해를 상쇄시켰다고 볼 수 있다. 마지막 원인은 단계적으로 관세를 확대해왔다는 데 있다. 양국의 무역 협상이 길어지면서 미국은 3차 관세 인상을 계속해서 연기해 왔다. 이 때문에 관련 기업들이 '밀어내기식 수출'을 한 상황이다.[2] 즉 관세가 인상되기 이전에 최대한 많이 수출해 두려는 현상이 만들어진 것이다. 이는 미국도 마찬가지다. 미국의 대중 수입업체들 역시 관세가 부과되어 수입 가격이 오르기 전에 중국 제품 수입을 늘렸다고 볼 수 있다.

하지만 이 같은 원인으로 나타난 중국의 대미 무역 호조는 무역분쟁을 휴전하고 본격적으로 협상이 시작된 12월부터 그 기세가 꺾이는 모습을 보였다. 위안화 환율 역시 협상이 시작된 이후 1달러당 6.7위안 수준으로 가치가 오르면서 중국 기업의 수출 경쟁력이 약화되었다. 뿐만 아니라 양국의 협상이 진전을 보이면서 '밀어내기식 수출' 현상이 사라지게 되었고, 이에 따라 중국의 대미 수출은 빠르게 감소했다. 결과적으로 중국의 대미 무역흑자 역시 12월 이후 꾸준히 줄어들고 있는 상황이다. 2019년 5월 미국이 3차

---

2) 황명문, 「미·중 무역분쟁 불구 중국의 수출·대미흑자 여전히 증가세」, 『노컷뉴스』, 2018.11.08

관세율을 25%로 올리고 추가 관세 부과 가능성을 언급했다는 점, 중국 역시 이에 맞서 관세율을 상향 조정했다는 점을 고려한다면, 이후 중국의 대미 무역 규모는 더욱 축소될 것으로 예상된다.

〈표 2〉 중국의 거시경제지표 증가율

	2017년				2018년				2019년
	1분기	2분기	3분기	4분기	1분기	2분기	3분기	4분기	1분기
GDP 성장률	6.9%	6.9%	6.8%	6.8%	6.8%	6.7%	6.5%	6.4%	6.4%
소매판매 증가율	9.75%	10.3%	10.4%	9.9%	9.75%	9.53%	9.3%	8.3%	8.3%
고정자산 투자증가율	9.05%	8.7%	7.86%	7.2%	7.7%	6.36%	5.4%	5.9%	6.3%

출처: 중국 국가 통계국, CEIC(검색일: 2019.05.23)를 이용하여 필자 작성

주요 거시경제 지표 역시 좋지 못한 상황이다. <표 2>을 보면 미·중 무역 분쟁이 본격화된 2018년 주요 거시 지표 성장세는 모두 하락해 작년 동기대비 낮은 성장세를 보이고 있다. GDP 성장률은 2018년 들어 지속해서 하락세를 보였으며, 2018년 4분기와 2019년 1분기 성장률의 경우 6.4%를 기록해 2009년 1분기 (6.4%) 이후 최저 수준으로 내려왔다. 이 같은 중국의 성장률 완화는 2018년 중국 정부가 과도한 부채 문제를 해결하기 위해 적극적인 부채 축소(디레버리징) 정책을 펼쳤기 때문으로 볼 수 있다.[3] 하지만 관세 여파가 반영된 2018년 3분기부터 성장률이 더욱 빠르게 감소했다는 점에서 미·중 무역분쟁 역시 중국 경제

---

3) 김학균, 「중국, 장기 침체 속의 '반짝' 회복」, 『연합뉴스 동북아센터 월간 마이더스』, 2019.04.24.

성장을 둔화시키는 핵심 원인 중 하나라는 점을 알 수 있다. 무역
분쟁이 경제 성장의 주요 요소인 소비와 투자에 영향을 미치면서
전체적인 경제 성장을 저해한 것이다.

소비 동향을 보여주는 소매 판매 증가율의 경우 2018년 들어
지속해서 하락하고 있으며 2018년 4분기부터는 8%대로 감소했다.
이 같은 소비 성장 위축은 무역분쟁에 따른 경기 불확실성 증가와
이로 인한 소비심리 위축, 물가 상승이 하나의 요인으로 작용한
것으로 볼 수 있다. 실제로 스마트 폰 공급 원료를 취급하는 미국
3M의 중국 법인은 미·중 관세 폭탄 여파로 최근 중국 내 판매
가격을 3~5% 인상했으며, 이 때문에 향후 스마트 폰 가격이 인
상될 것이라는 전망이 나온다.[4]

투자 역시 하락세다. 고정자산 투자 증가율 역시 3분기에 5.4%
를 기록하며 최저점을 찍었다. 고정자산 투자 증가율이 5%대로
내려온 것은 중국이 통계를 집행한 1995년 이후 처음이다.[5] 이
같은 투자 감소는 중국 정부의 구조조정으로 인프라 투자 심사가
강화됨과 동시에 미·중 무역분쟁으로 제조업을 중심으로 불확실
성이 확대되면서 투자 심리가 위축됐기 때문으로 볼 수 있다. 이
후 고정자산 투자율은 2,3선 도시 부동산 규제 완화를 비롯한 중
국 정부의 강력한 경제 부양책으로 2019년 1분기에 6.3%를 기록
하며 회복세를 보였지만 작년과 비교해 여전히 저조한 상황이다.

4) 오광진,「미국發 무역분쟁에 흔들린 中 성장률...생산·소비·투자 모두 '빨간불'」,『조선일보』, 2018.10.19.
5) 김인경,「미·중 무역분쟁 탓? 中 고정자산투자, 1995년 이후 최저 수준」,『이데일리』, 2018.08.14.

결과적으로 미·중 무역분쟁은 중국 경제 전반에 부정적인 영향을 미치고 있다. 무역의 경우, 위안화 약세와 밀어내기식 수출로 오히려 중국의 대미 무역 흑자를 확대하는 결과를 가져오긴 했지만, 이 같은 무역 호조 역시 협상이 시작된 이후 감소하고 있는 상황이다. 또한 무역 협상이 순탄하게 진행되지 않고, 미국이 전체 대중 수입품에 관세 부과를 하겠다고 발표한 만큼 향후 중국의 무역상황은 더욱 악화될 것이다. 뿐만 아니라 미·중 무역분쟁이 중국의 구조조정과 맞물리면서 주요 경제 지표 역시 하락세를 보였다. 2018년 이후 투자, 소비, GDP 성장률은 모두 감소했으며, 특히 관세 부과의 영향이 반영된 3분기 GDP 성장률의 경우 이전보다 더 큰 감소 폭을 보여 미·중 무역분쟁이 중국 경제 전반에 직접적인 영향을 주고 있다는 점을 나타내고 있다.

2. 1차 산업

중국의 주요 대미 수입품은 농·축산물로, 관세 품목 역시 약 20%가 농·축산물에 집중된 상황이다. 이 같은 농·축산물 위주의 고강도 관세는 중국의 대미 농·축산물 수입을 감소시킬 것으로 예상된다. 뿐만 아니라 대미 의존도가 높은 일부 품목의 수입 가격을 상승시키게 될 것이며, 이 같은 수입 농·축산물 수급의 차질은 중국 내 물가에도 영향을 미칠 것이다.

<표 3> 중국의 농·축산물 수입량 변동

	2017.7~2018.3 합계(A)	2018.7~2019.3 합계(B)	증감률 (B-A/A×100)
대미 축산물 수입 (단위 : 100만$)	2,508.22	1,212.24	-51.67%
대미 농산물 수입 (단위 : 100만$)	13,235.39	2,442.42	-81.55%
대두수입 (단위 : 100톤)	70,296	59,942	-14.73%
대두수입 (단위 : 100만$)	29,000.12	26,130.12	-9.9%
고기 수입 (단위 : 100톤)	3,092.15	3,243.54	4.9%
고기수입 (단위 : 100만$)	7,796.08	8,969.09	15.05%

출처: CEIC(검색일 : 2018. 05. 23)를 이용하여 필자 작성

중국의 농·축산물 수입량 변동을 나타내는 <표 3>을 보면, 대미 축산물의 경우 2017년 7월부터 18년 3월까지 약 25억 달러 규모를 수입했던 반면 중국이 대응 관세를 부과하기 시작한 2018년 7월 이후 다음 해 3월까지 약 12억 달러로 약 51% 감소했다. 특히 대미 농산물의 수입의 경우 17년 7월부터 18년 3월까지 약 132억 달러를 수입했지만, 관세가 부과된 이후 24억 달러 수준으로 감소하면서 81.5%의 감소 폭을 보였다. 이는 농·축산물을 위주로 하는 중국의 대응 관세가 실제로 미국의 대중 수출에 직접적인 피해를 발생시켰음을 의미한다.

주요 품목의 수입량 변동을 보면, 대두의 전체 수입량은 작년

보다 14.73% 감소했으나, 수입 금액은 9.9% 감소했다. 이는 전체 대두 수입의 약 34.4%를 차지6)하는 미국산 대두 수입에 차질이 생겼기 때문으로 볼 수 있다. 중국이 미국산 대두에 관세를 상향 조정하면서 수입량은 줄고, 수입 가격은 상승하게 된 것이다. 고기 수입의 경우 2017년 수입량은 약 31만 톤, 수입액은 약 78억 원이었지만 관세가 부과된 2018년에는 약 32만 톤과 90억 원으로 각각 4.9%, 15.05% 증가했다. 이를 통해 관세 부과 이후 수입 고기의 가격 역시 상승했다는 점을 알 수 있다. 이 같은 가격 상승 역시 중국의 대응 관세 때문으로 볼 수 있다. 중국의 미국산 쇠고기와 닭고기 수입량은 전체 수입량에서 차지하는 비중이 각각 0.3%, 0.2%로 미미한 수준이지만, 돼지고기의 경우 미국산 수입 비중이 약 23%를 차지한다. (2017년 기준)7) 즉 비교적 높은 대미 의존도를 보이는 돼지고기의 경우 관세 인상으로 가격이 상승하였고, 중국 고기 수입의 상당 부분을 차지하는 돼지고기 가격 변동은 전체 수입 고기의 가격에도 영향을 미친 것으로 볼 수 있다. 결과적으로 중국의 대응 관세는 미국의 수출에 타격을 입혔지만, 동시에 중국의 주요 농축산물 수급에 영향을 미치면서 수입 가격을 상승시키는 요인으로 작용했다.

이 같은 수입 가격 상승은 중국 내 돼지고기 가격을 상승시켜 전반적인 물가 지수를 높일 것으로 예측된다. 수입산 돼지고기의

---

6) 문한필 외 6명, 「미·중 무역 분쟁과 주요 농축산물(대두, 돼지고기) 수급 전망」,『한국농촌경제연구원 농정포커스』, 2018. p.9

7) 문한필 외 6명, 앞의 글, p.7

경우 중국내 총 돼지고기 생산량의 3%에 미치지 않는 수준[8])으로 관세로 인한 중국 돼지고기 가격변동의 효과는 제한적이라고 볼 수 있다. 문제는 대두다. 대두는 돼지에 단백질을 공급하는 주요 원천으로 돼지 사료 성분의 20%를 차지하고 있다.[9] 즉 대두의 대미 수입 의존도가 높은 중국이 지금과 같은 고율 관세를 지속할 경우 중국의 대두 가격이 상승하게 되며, 돼지 사료 가격도 덩달아 오르게 되어 있는 것이다. 또한 이 같은 사료 가격의 상승은 국내 돼지고기 가격의 상승으로 이어지게 된다. 결과적으로 수입 대두 가격의 상승은 중국 내 돼지고기 가격을 상승시키는 주요 요인이 된다고 볼 수 있다.

〈표 4〉 중국의 물가 변동(2018 ～ 2019)

작년=100	5월	6월	7월	8월	9월	10월	11월	12월	1월	2월	3월
CPI	101.8	101.9	102.1	102.3	102.5	102.5	102.2	101.9	101.7	101.5	102.3
돼지고기 CPI	83.3	87.2	90.4	95.1	97.6	98.7	98.9	98.5	96.8	95.2	105.1

출처: CEIC(검색일 : 2018. 05. 23)를 이용하여 필자 작성

중국 소비자 물가지수를 나타내는 <표 4>를 통해 실제로 관세 부과 이후 물가지수가 상승했음을 확인할 수 있다. 대응 관세 부과가 시작된 7월 이후 돼지고기 소비자 물가 지수는 상승세를 보

---

8) 「2018年中国猪肉进口量及进口来源国家分析」,『中国产业信息网』, 2018.08.05., https://m.chyxx.com/view/667446.html

9) 김경미, 「트럼프 시진핑 무역분쟁에 중국 돼지들이 울고 있다.」,『중앙일보』, 2018.08.17.

였으며, 이후 계속해서 95 이상의 수치를 보이며 이전 수준을 회복하지 못하고 있다. 전체 소비자 물가 지수 역시 관세부과 직후 상승세를 보였다. 6월 이후 CPI 지수는 계속해서 상승했으며 9월과 10월 CPI 지수는 102.5로 2018년 최고점을 찍었다. 이 같은 소비자 물가의 상승은 돼지고기 가격의 상승과 밀접한 관련이 있다. 돼지고기는 중국 내 육류 소비의 60%를 차지하는 품목이다.[10] 즉 중국의 대응 관세로 중국 내 주요 식품가격이 상승했고, 이는 전체 물가지수를 높이는 요인으로 작용했다고 볼 수 있다.

하지만 12월에서 2월 중국의 CPI지수는 일시적으로 감소하는 모습을 보였다. 이는 크게 2가지 이유 때문으로 볼 수 있다. 첫 번째는 중국의 소비 시장이 악화되는데 있다. 중국의 4분기 소매판매증가율이 8%대로 감소하는 등 소비시장이 악화되면서 수요가 감소했고, 물가가 안정세를 보인 것이다. 두 번째는 12월부터 진행된 무역협상이다. 무역 협상 중 중국이 미국의 농작물을 수입하면서 전체 물가지수가 하락세를 보인 것이다. 미·중 정상이 지난해 12월 '무역분쟁 휴전'에 합의한 이후로, 중국은 미국산 대두 약 1천300만 톤을 사 들인 것으로 중국 당국은 집계했다.[11]

하지만 아프리카돼지열병이 중국 전역을 휩쓸면서 중국내 공급에 차질이 생기기 시작하면서 3월 돼지고기 물가지수는 105.1로 폭등했으며, 미·중 무역 협상이 결렬된 이후 중국이 대미 대두

---

10) 하현옥, 「트럼프·시진핑 무역분쟁에 '돼지가 기가 막혀'」, 『중앙일보』, 2018.03.26.
11) 이준서, 「中, 미국산 대두 수입 중단」...對美 반격 본격화 하나」, 『연합뉴스』, 2019.05.31.

수입을 중단한 만큼 앞으로 중국의 돼지고기 가격은 빠르게 상승할 것으로 보인다. 이와 함께 최근 지급준비율 인하를 통한 유동성 공급 정책과 적극적인 소비 확대 정책이 함께 추진되면서 전체 물가 지수 역시 상승세를 보였으며, 무역협상 결렬 이후 미국이 대중 관세율을 25%로 상향조정하고 전체 대중 수입품에 관세부과를 하겠다고 밝힌 만큼 물가는 더 빠르게 상승할 가능성이 크다.

결론적으로 농·축산물 위주의 대미 대응 관세는 실제로 중국의 대미 무역량을 감소시키는 효과를 보여 트럼프 대통령의 정치적 기반이 되는 주요 지역에 타격을 입히고 있다고 볼 수 있다. 그러나 이러한 관세부과는 농축산물의 수입가격을 올리고 수입량을 감소시키는 결과를 가져왔으며, 이는 대미 농산물 수입의 70%를 차지하는 대두와 50%의 관세율을 보는 돼지고기에 집중적으로 나타났다. 또한 대두와 돼지고기의 수입 가격 상승은 중국 내 돼지고기 가격을 상승시키는 요인으로 작용했다. 중국의 돼지고기 소비량은 세계 1위를 차지할 만큼 높은 수준으로, 중국 내 돼지고기 가격이 오르면서 중국 소비자 물가지수 역시 상승세를 보이고 있는 것이다.

2. 2차 산업

이번 무역 분쟁에는 중국의 첨단산업 발전을 견제하려는 미국의 의도가 깔려있다. 이는 첨단 제조업 위주의 대중 관세부과뿐만 아니라 중국기업의 투자 제한을 강화했다는 점에서도 확인할 수 있다. 그간 대규모 해외투자를 첨단기술 획득의 한 방법으로 사용해왔던 중국의 행태에 제약을 건 것이다. 이처럼 중국의 첨단산업을 견제하려는 성격을 가지고 있는 이번 무역분쟁는 제조업을 중심으로 한 중국의 2차 산업에 큰 타격을 입혔다.

〈표 5〉 제조업PMI 지수 변동

제조업PMI 지수[12]	2018년							2019년				
	6월	7월	8월	9월	10월	11월	12월	1월	2월	3월	4월	5월
	51.5	51.2	51.3	50.8	50.2	50.0	49.4	49.5	49.2	50.5	50.1	49.4

출처: 중국 국가 통계국(검색일 : 2018년 06월 4일)을 이용하여 필자 작성

제조업 PMI지수를 보여주는 <표 5>을 보면, 이번 무역 분쟁이 실제로 2차 산업에 직접적인 피해를 주고 있음을 알 수 있다. 제조업 경기 상황을 나타내는 제조업 PMI 지수는 양국의 관세가 부과되기 시작한 7월 이후 계속해서 하락했다. 특히 2018년 12월부터 이듬해 2월까지 제조업 PMI 지수는 50을 밑돌면서 중국 제조업 경기가 수축하는 모습을 보였다. 이처럼 중국 제조업 발전 속도가 둔화된 것은 미국의 대중 투자 제한과 관세부과로 인한 원자재 가격 상승이 큰 요인으로 작용했기 때문으로 볼 수 있다. 또한 중국 경기 둔화에 대한 우려와 함께 무역분쟁이 장기화 되

---

12) PMI 지수(구매자관리지수)는 기업의 구매 담당자를 대상으로 신규 주문, 생산, 재고, 출하 정도, 지불가격, 고용 현황 등을 조사한 후 각 항목에 가중치를 부여, 0~100 사이 수치로 나타낸 것이다. 흔히 PMI가 50 이상이면 경기의 확장, 50 미만일 경우에는 수축을 의미한다.

면서 기업 심리가 위축한 것 역시 주요 원인이 된 것으로 보인다.

하지만 중국 정부의 적극적인 경기 부양책에 힘입어 3월과 4월 PMI 지수는 각각 50.5, 50.1을 기록하며 확장세를 보였다. 리커창 총리는 3월 전국인민대표대회에서 부가가치세와 사회보험 비용 인하로 2조 위안 가까운 혜택이 있을 것이라고 밝히는 등 경기를 살리기 위해 대규모 감세와 인프라 투자 정책을 발표했다.[13] 또한 3월과 4월 미·중 무역협상에 대한 낙관론이 우세했다는 점 역시 3월과 4월 중국의 PMI 지수 회복의 원인이라고 볼 수 있다. 지난 3월 진행된 8차 무역협상 이후 스티븐 므누신 미 재무장관이 트위터를 통해 "건설적이었다."고 밝혀 미·중 무역협상 타결에 대한 기대감이 높아졌으며, 중국 관영매체인 신화통신도 "양측이 합의 문건에 대해 협의했고, 새로운 진전을 이뤘다."고 보도했다.[14] 하지만 이 같은 낙관론을 깨고 분쟁 상황이 더욱 악화되면서 5월 PMI 지수는 49.4를 기록하며 중국의 제조업은 또다시 수축하는 모습을 보였다. 이는 결국 301조에 근거한 미국의 대중 제재가 실제로 제조업을 중심으로 한 중국의 2차 산업에 직접적인 피해를 주고 있음을 나타낸다.

---

13) 유영수, 「중국 제조업 4개월만에 확장세...부양책 효과 봤나」, 『SBS뉴스』, 2019.03.31.
14) 윤정원, 「'깜짝' PMI 결과 속 무역협상 추이 주목」, 『연합인포맥스』, 2019.04.01.

<표 6> 연도별 주요 제조업 산출량 증가율

품목	2017			2018			2019		
	10월	11월	12월	10월	11월	12월	2월	3월	4월
화학약품	5.3	3.6	2.4	0.6	-2.2	-0.7	15.4	-0.3	-5.2
리튬이온 배터리	40.2	36.9	36.5	8.6	10.2	10.5	6.8	8.2	6.1
산업로봇	57	63	69.4	21	19.4	9.3	-11	-11.7	-10.2
광케이블	8.8	9.4	9.5	0.7	-1.4	-3.9	-20.2	-21.9	-26.5
반도체 및 직접회로	23.7	24.7	22.1	14.5	13.4	11.7	-15.9	-8.7	-6.7
광전자 소자(다이오드)	38.6	31.6	28.9	0.1	0.4	0.4	-3.3	0.7	-2.4
발전장비	-0.5	-2.1	-4.7	-11.6	-9.2	-7.7	-9.4	-18.2	-14.7
대형 트랙터	-23	-22.2	-24.6	-21.4	-25.8	-26.4	-29.6	-24.9	-17.1
이동 통신 기지국 장비	-21.7	-18.5	-18.9	12.2	23.0	32.4	112.8	153.7	159.4
휴대용 전기 장치	8.8	12.8	13.4	10.4	11	10.5	2.1	4.4	3.2
전자기기	-11.9	-10.4	-10.3	4.4	2.3	-0.2	8.7	9.5	3.0
대기오염 예방 및 통제 장비	0.9	2.1	2.8	4.5	-0.4	-1.8	49.9	-1.4	5.3

출처: 중국 국가 통계국(검색일 : 2019. 05. 23)을 이용하여 필자 작성

　<표 6>은 중국 제조 2025[15])와 관련 있는 첨단 제조업 분야의
산출량 변동을 나타내고 있다. 이를 통해 4개 업종(이동 통신 기지
국 장비, 휴대용 전기 장치, 전자기기, 대기오염 예방 및 통제 장
비)을 제외한 주요 첨단 제조업 분야의 산출량 증가 폭이 감소세
를 보인다는 점을 알 수 있다. 특히 반도체 및 집적회로는 미국의
대중 관세에서 가장 많은 품목을 차지하고 있는 컴퓨터·전자광학
기기(전체 품목의 28%)와 직접적인 관련이 있는 업종으로, 관세

---

15) 2015년 중국 국무원이 발표한 산업고도화 전략으로 5대 중점 프로젝트(국가 제조업 혁신
　　센터 구축, 스마트 제조업 육성, 공업 기초 역량 강화, 첨단장비의 혁신, 친환경 제조업 육
　　성)와 10대 전략사업(차세대 IT기술, 고 정밀 수치제어 및 로봇, 항공우주장비, 해양장비 및
　　첨단기술 선박, 선진 궤도교통설비, 에너지 절약 및 신에너지 자동차, 전력설비, 농업기계장
　　비, 신소재, 바이오의약 및 고성능 의료기기)을 제시하고 있다.

부과가 시작된 7월 이후 꾸준히 산출량이 감소하고 있다. 뿐만 아니라 현재 중국이 중간재 수입을 줄이고 자국 부품의 조달률을 높이는 '홍색 공급망'을 구축하고 있는 상황에도, 첨단 제조 산업의 핵심 부품이라고 볼 수 있는 리튬이온 배터리, 집적회로, 광전자 소자(다이오드)의 산출량 증가율 모두 2017년과 비교해 매우 큰 폭으로 감소한 상황이다. 이 같은 산출량 감소는 중국 정부의 의도와는 상반되는 것으로 미국의 대중 제재가 중국에 피해를 주고 있음을 나타낸다. 실제로 2018년 무역 분쟁이 발생하고 중국기업의 미국 투자 제한 움직임이 나타나면서 중국 주요 IT기업들의 증시는 폭락했고, 중국 기업들의 투자도 크게 위축되고 있다.[16] 이는 고정자산 투자 증가율과 제조업 PMI 지수가 모두 하락세를 보이고 있다는 점에서도 확인할 수 있다.

반면 휴대용 전기 장치, 전자기기의 산출량 증가율은 오히려 증가하는 추세를 보였다. 이는 현재 중국이 강력하게 실시하고 있는 내수 주도의 성장 정책과 관련 있다. <표7>에 나와 있는 소매판매 증가율을 보면, 성장률 둔화세에도 8%대를 유지하며 높은 수치를 보였다. 즉 지속적인 내수시장 확대로 내수 소비와 밀접한 관련이 있는 첨단산업 제품의 산출량이 크게 증가한 것이다. 뿐만 아니라 미국의 관세 품목에 중국의 휴대전화 장치가 제외되었다는 점 역시 한 요인으로 작용했다고 볼 수 있다. 이동 통신 기지국 장비 산

---

16) 강동철, 장형태, 「상장 연기, 생산 중단… 美·中 무역분쟁에 중국 IT 직격탄」, 『조선일보』, 2018.10.25.

출량 증가율의 폭발적인 상승 역시 중국의 소비 증가에 따른 스마트 폰 보급률 증가와 함께 화웨이를 선두로 5G 경쟁에 중국이 적극적으로 나서고 있는 현 상황이 반영된 결과라고 할 수 있다. 대기오염 예방 및 통제 장비의 경우, 중국 주요 도시를 중심으로 가장 주목을 받는 환경문제에 관련된 품목으로, 중국 당국의 적극적인 개선 의지를 바탕으로 주변국과의 협력이 이루어지면서 산출량이 증가한 것으로 볼 수 있다. 특히 중국의 19기 3중 전회와 양회가 각각 올해 2월 말과 3월 초에 개최되면서 수도권을 중심으로 대기질을 개선하려 하였고, 이 때문에 2월 대기오염 관리 장치의 생산량이 크게 증가한 것으로 볼 수 있다.

그동안 중국은 이번 무역 분쟁으로 인한 피해가 크지 않으며 충분히 극복할 능력이 있다고 강조해 왔다. 하지만 주요 경제 지표를 분석해본 결과 이번 무역분쟁으로 중국 산업에 문제점이 발생하고 있는 상황이다. 전반적인 경제 상황을 보여주는 GDP, 경상수지, 소비, 투자 지표 모두 하락세를 보였으며, 1차 산업에서도 농산물 가격 상승과 이로 인한 물가 상승의 부작용이 발생했다. 특히 첨단 제조업을 겨냥한 미국의 관세는 중국의 2차 산업에 피해를 발생시키고 있다. 제조업 PMI지수는 하락세를 보였으며, 주요 첨단 제조업의 산출 증가율 역시 악화되는 모습을 보였다. 결국 이번 무역분쟁이 중국 산업에 직간접적인 피해를 발생시키고 있는 것이다.

Ⅲ. 무역분쟁 발생 이후 중국 정부의 정책 변화 동향 및 전망

상술한 바와 같이 이번 미·중 무역 분쟁은 1차 산업과 2차 산업을 중심으로 중국에 피해를 발생시키고 있는 상황이다. 이에 중국은 미국의 관세 공격에 강하게 대처하는 한편 계속해서 협상의 뜻을 내비치고 있다. 또한 이번 무역 분쟁이 미국과의 산업 경쟁에서 중국이 가진 취약점을 여실히 드러낸다는 점을 고려한다면, 무역분쟁 이후 나타난 중국의 입장과 조치들을 통해 중국 산업이 어떤 방향으로 나아갈지에 대해 예측해 볼 수 있을 것이다.

1. 1차 산업

본문 Ⅱ에 나타난 1차 산업의 대외 의존도 문제에 중국 정부는 민감할 수밖에 없다. 소비자 물가는 국민의 삶과 직결되는 문제로 자칫하면 중국 국민들의 정치적 불만 요인이 될 수 있기 때문이다. 이에 중국 정부는 관세 부과 이후 나타난 문제점을 해결하려는 조치들을 발표했으며, 중국 중국정부의 대책은 크게 2가지로 볼 수 있다.

첫 번째는 대두 수입국의 다변화다. 현재 중국 정부는 세계 최대 대두 수출국인 브라질에서 대두 수입을 대폭 늘린 상황이다. 2018년 1~8월 브라질산 대두 수입은 전년 같은 기간보다 15% 급증했다.[17] 하지만 8월분 선적 기준 브라질 대두 가격은 기존 미국산보다 70% 높은 수준이다.[18] 즉 단기적인 수급 안정을 위해 어쩔 수 없이 브라질 대두 수입을 확대하고 있지만, 대두 가격 상승 문제를 해결하지는 못하고 있는 상황이다. 이에 중국 정부는 주요 대두 수출국 이외의 국가와도 대두 교역을 확대해 나가고 있다. 2018년 7월 1일부터 한국과 인도, 방글라데시, 라오스, 스리랑카 등 아시아 5개국의 대두 수입 관세를 철폐했으며, 러시아로부터의 대두 수입 역시 늘리고 있다. 러시아는 2017년 7월부터 18년 4월까지 10개월간 중국에 85만 톤의 대두를 수출해 지난해 같은 기간보다 2배나 물량을 늘린 상황이다.[19] 이외에도 2019년 1~4월 아르헨티나산 대두 수입은 지난해 같은 기간보다 23배로 급증했다.[20] 하지만 이들 국가에서 수입해오는 대두의 가격은 미국산보다 비싼 수준으로 이번 무역 분쟁에서 나타난 문제점의 완벽한 해결책이 되지 못하고 있다.

결국 중국은 자체 대두 공급을 증가시킴과 동시에 국내 수요를 줄임으로써 관세부과로 인한 피해를 완화하려 하고 있다. 이를 위해 중국 정부는 자국 농가에 대두 생산을 늘릴 것을 권고하면서 개량종자와 보조금 등을 지급하고 있다.[21] 이는 장기적으로 대두의 국내 자급률을 높임으로써 이번 무역 분쟁 과정에서 나타난 1

17) 김규환, 「미국산 대두 때린 시진핑..中 양돈 농가가 울고 있다」, 『서울신문』, 2018.11.29
18) 이장훈, 「중국이 콩 확보에 사활을 건 이유는」, 『한국경제매거진』, 제160호, 2018.09.
19) 이장훈, 앞의 글
20) 차대운, 「中상무부 "미국 대두수입 70% 줄고 아르헨은 23배나 증가"」, 『연합뉴스』, 2019.06.06.
21) 문예성, 「중국, 대두농가에 보조금 지급키로..美 무역분쟁 대비」, 『중앙일보』, 2018.04.04.

차 산업의 취약점을 개선하기 위한 시도로 풀이된다. 이와 함께 중국 정부는 돼지와 닭 사료의 단백질 함유량을 낮추는 새로운 기준을 발표했다. 중국 농림부는 새 기준이 발효될 경우 연간 대두 소비량을 1400톤, 연간 대두 사료 소비량은 1100만 톤 줄어들 것으로 분석했다.[22) 이러한 조치는 중국 내 대두 수요를 감소시킬 것이다.

이번 무역 분쟁으로 중국은 그동안 주목받지 못했던 식량자원의 대외 의존도 문제를 경험했다. 이를 해결하기 위한 본질적인 대책으로 농업 현대화를 통한 생산력 향상에 주목하고 있다. 시진핑 국가 주석은 2018년 9월 헤이룽장성 곡창지대를 시찰한 뒤 "국제적으로 일방주의, 보호무역주의가 대두되고 있다. 이는 우리를 자력갱생의 길로 떠밀고 있으며, 이것은 나쁜 일이 아니다. 결국 우리는 우리 자신에게 의존해야 한다."고 강조했다.[23) 이를 위한 구체적인 정책도 발표되고 있다. 중국 국무원은 아시아개발은행(ADB)과 공동으로 농업현대화에 60억 달러를 투자하기로 했다.[24) 뿐만 아니라 중국은 지난 9월 농가당 경작 규모 확대 등의 농업 현대화를 골자로 하는 '강한 농촌 마을 254개 건설' 계획을 발표했다.[25) 농촌 현대화를 통해 농업 생산량을 제고하겠다는 것이다. 이외에도 '중국제조 2025'의 10대 산업에 '농업 장비'가 포

22) 박선미, 「中, 무역분쟁 겨냥 대두 소비 억제책 마련」, 『아시아경제』, 2018.10.29.
23) 钱景童, 「习近平十句肺腑之言话东北振兴」, 『央视网』, 2018.10.02.
24) 송경재, 「美에 맞서… '농업굴기' 나선 중국」, 『파이낸셜뉴스』, 2018.11.19.
25) 양정대, 「美에 맞서 식량 주권 지키자」, 『한국일보』, 2018.11.19.

함되어 있고, 중국 낙후지방의 주요 성장 동력으로 농업이 강조되고 있다. 즉 장기적으로 중국은 농업 현대화를 통한 생산력 제고를 추진해 나갈 것이며, 이를 바탕으로 이번 무역분쟁에서 나타난 식량 의존도 문제를 개선해 나갈 것으로 예상된다.

3. 2차 산업

301조에 근거한 이번 미국의 무역 제재는 중국의 첨단산업 육성 정책인 '중국제조 2025'를 겨냥하고 있다. 새로운 표준을 필요로 하는 4차 산업혁명 시대에 들어서면서, 정부의 적극적인 지원으로 빠르게 성장하고 있는 중국의 첨단산업이 미국에 큰 위협이되기 때문이다. 이 같은 미국의 의도는 노골적으로 드러나고 있다. 먼저 미국이 부과한 관세 부과 품목 중에는 중국의 흑자가 크지 않은 첨단 제품이 다수 포함되어 있다. 또한 트럼프 행정부 전면에서 통상분쟁을 이끌고 있는 국가 무역 위원장 피터 나바로와 무역 대표부(USTR) 대표 로버트 라이트하이저는 각각 언론 인터뷰에서 "미국의 301조 관세부과 조치는 '중국 제조 2025'를 대상으로 한 것이며", "중국이 중국 제조 2025에서 명시한 10대 전략 산업들을 선도한다면 미국에 매우 불리할 것이다"라고 직접 언급하였다.[26]

이 같은 미국의 의도에 중국은 대응 관세를 부과하며 강력하게

---

26) 이현태, 「미·중 통상 분쟁과 중국의 대응」, 『동향과 전망』, 2018, p.128-129

반발했다. 미국이 관세부과 계획을 발표한 직후, 중국 상무부는 "미국이 어떤 조치를 내놓든지 중국은 국민 이익과 국가 핵심 이익을 수호할 자신감과 능력, 경험이 있다."27)고 밝혔다. 중국의 핵심 이익인 첨단산업 발전을 견제하려는 미국의 의도에 결연히 맞서겠다는 의지를 피력한 것이다. 이 같은 중국의 민감한 반응은 첨단 제조업 육성 계획이 국가적 장기 발전 프로젝트일 뿐만 아니라, 공산당의 정치적 위신과도 관련된 중차대한 사안이기 때문이라고 볼 수 있다. '중국제조 2025'는 진정한 강대국으로 발돋움하겠다는 '중국몽'의 핵심 산업 전략이다. 이 같은 공산당 주도의 국가사업이 미국으로 인해 후퇴한다면, 이는 공산당에 대한 위신을 떨어트리는 것은 물론, 정부 주도 경제 건설을 강화해 나가고 있는 시진핑에 대한 비판으로 이어질 가능성도 없지 않다.

실제로 올해 3월 무역 협상이 진행 중인 상황에서도 중국은 첨단산업 육성 의지를 드러냈다. 3월 전인대 업무 보고에서 과학기술 분야 예산은 지난해보다 13.4%나 증액된 3천 543억 1천만 위안으로 책정됐다.28) 미국과의 무역협상을 의식해 의도적으로 '중국제조 2025'의 언급을 피하긴 했지만, 프로젝트의 핵심이 되는 첨단산업 육성은 계속해서 추진해 나가겠다는 것이다. 뿐만 아니라 2019년은 중화인민공화국 건국 70주년, 개혁개방 40주년, 미·중 수교 40주년, 일대일로 정상포럼이 예정된 해로

---

27) 위은지, 윤완준, 「美 "첨단산업 중국인 비자 제한" 中 "핵심이익 수호"」,『동아일보』, 2018.05.31.
28) 안승섭, 「'중국제조 2025' 사라졌지만...中 과학기술예산 13%」,『매일경제』, 2019.03.06.

현 정부의 성과와 위신을 대외적으로 보여줄 필요가 있는 한 해라고 볼 수 있다. 결국 '중국제조 2025'가 중국 발전 계획의 핵심 사업이라는 점과 시진핑 체제의 안정적인 운영과도 관련되어 있다는 점을 고려한다면, 중국이 2차 산업에서 미국의 요구를 완전히 수용할 가능성은 매우 낮다고 할 수 있다.

그러나 중국은 미국이 주요 첨단산업을 선도해 나가고 있는 현 상황 역시 무시하지 못하는 상황이다. 여전히 미국과 중국 간에는 기술 격차가 존재하고, 미국과의 협력은 중국에 필요한 부분이라고 할 수 있다. 이에 대한 중국의 대책은 크게 3가지로 나타나고 있다.

첫 번째는 미국과의 협상이다. 중국은 첨단산업을 제외한 미국의 요구를 일정 부분 수용하면서 미국과 지속해서 협상을 시도하고 있다. 2018년 4월 시진핑 주석은 보아오 포럼에서 시장 진입 대폭 완화 방침을 발표하는 동시에 투자환경 개선, 지식재산권 보호 강화, 수입확대 관련 정책이 시행될 예정이라고 언급했다.[29] 뿐만 아니라 무역 협상이 진행 중인 2019년 4월, 일대일로 국제협력 정상포럼 개막식 연설에서도 '외국인의 지식재산권 보호를 강화하고, 외자 지분 소유와 독자 경영을 더 많이 허용하겠다.', '상품과 서비스의 수입을 확대하겠다.'고 밝혔다.[30] 즉 무역 불균형 개선, 서비스 산업 개방, 지식재산권 문제 개선 등과 같은 미국의 요구를 수용하면서

---

29) 이현태, 앞의 글, p.126
30) 유현우, 「당신이 몰랐던 미중무역분쟁, 5분 만에 정리!」,『KBS』, 2019.06.06.

미국과 협상해 나가겠다는 것이다. 두 번째는 제조업 협력 국가 확대다. 중국의 협상 의지에도 미국이 강경한 태도를 유지하면서 중국은 미국 이외의 첨단산업 선진국과 협력을 추진하고 있다.

실제로 중국 기업들은 2018년 상반기에만 유럽에 약 14조 원 규모의 투자를 벌여, 미국에 대한 투자를 줄이는 대신 유럽에 대한 투자를 대폭 확대해 나가고 있는 상황이다.[31] 이와 동시에 시진핑 주석은 러시아 대통령과의 정상회담에서 에너지, 과학기술, 우주항공 등 분야에서 기술협력을 강화하기로 합의했다.[32] 마지막으로 중국은 첨단산업 육성을 위한 국내 여건 마련에도 힘쓰고 있다. 중국은 2018년 8월 국가 과학기술 발전 전략을 수립하고, 관련 프로젝트를 조율하는 기구인 '국가 과학기술 영도 소조'를 창설했다.[33] 이는 과학기술 정책을 추진력 있게 시행해 나가겠다는 것으로, 국가의 전폭적인 지원을 바탕으로 하는 현재의 첨단 제조업 발전 전략을 흔들림 없이 추진해 나가겠다는 것으로 풀이된다.

이상 3가지 조치들은 첨단산업 육성 전략은 미국과의 협상 범위 밖이라는 중국의 생각을 드러낸다. 또한 무역 분쟁 이후에도 지속적인 대외 협력을 추진하면서, 국내 첨단산업 발전 여건을 마련해 나가고 있다는 점은 중국이 앞으로도 '중국제조 2025'를 중심으로 첨단 제조업의 고도화를 추진해 나갈 것임을 의미한다.

31) 김용원, 「중국 유럽에서 '반도체 협력' 모색, 삼성전자 SK하이닉스 경계 필요」,『비즈니스 포스트』, 2018.10.30.

32) 송재석, 박성준, 「미ㆍ중 무역갈등 어디까지...美 "대만은 국가" 선전포고, 中 대미비난 '지속'」, 『에너지경제신문』, 2019.06.07.

33) 한우덕, 「트럼프 특명 "중국을 국제 무역 거래에서 몰아내라"」,『중앙일보』, 2018.09.29.

Ⅳ. 결론

작년 미국은 301조에 근거한 대중 무역 제재를 본격화했으며, 이에 중국이 강하게 반발하면서 무역 분쟁은 심화되어 왔다. 특히 이번 미국의 무역 제재는 중국의 첨단산업 발전 전략인 '중국제조 2025'를 견제하려는 의도가 반영되어 있다. 중국 정부는 공산당의 핵심 사업이자, 국가 발전 전략인 '중국제조 2025'에 대한 양보는 불가하다는 태도를 고수하며 강력한 대응을 하고 있다. 하지만 이번 무역 분쟁으로 중국의 산업 곳곳에 피해가 감지되고 있는 상황이다. 주요 거시 지표가 악화되는 것을 시작으로, 1차 산업에선 주요 농산물의 대외 의존도 문제가 대두 되었고, 첨단 제조 산업 역시 산출량이 감소하며 타격을 입었음이 드러났다. 이에 중국은 1차 산업과 첨단 제조 산업의 지속적인 고도화를 추진해 나가는 한편, 대미 수입 증대와 3차 산업의 시장 개방을 통해 미국과 계속해서 협상을 시도하고 있다. 즉 내어줄 수 있는 부분은 내어주되, 핵심 이익은 지키겠다는 것이다.

이번 무역 분쟁은 4차 산업혁명 시대에 접어들면서 누가 새로운 산업의 표준이 되는가에 대한 경쟁으로도 볼 수 있다. 정부의 적극적인 개입 아래 첨단 기술 산업의 빠른 성장을 지속해온 중국은 이제 4차 산업혁명을 계기로 첨단산업의 표준이 되려 하고 있다. '중국제조 2025'와 '홍색 공급망'은 모두 이를 위한 전략으로 볼 수 있다. 중국은 이번 기회를 놓칠 경우 언제 다시 미국을 뛰어넘을 기회가 돌아올지 장담할 수 없는 상황이다. 미국 역시 마찬가지다. 이 같은 중국의 시도를 저지하지 못한다면 첨단 기술 산업의 주도권을 잃게 되는 것은 물론 중국과의 패권경쟁에서 도태될 가능성도 없지 않다. 때문에 이번 무역 분쟁을 통해 중국의 첨단산업 발전을 저지하려 하는 것이다. 결국 첨단 제조 산업과 관련된 실질적인 협상이 이루어지지 않는 이상, 이번 미·중 무역 분쟁이 완전히 종식되긴 어려울 것이다.

미·중 무역분쟁의 장기화는 미국과 중국을 주요 교역 국가로 두고 있는 한국에 부정적인 요인이 될 것이다. 특히 무역 분쟁에서 나타난 중국의 대응과 향후 산업 전망은 앞으로의 한·중 무역 구조에 큰 의미가 있다고 할 수 있다. 따라서 한국은 이번 무역 분쟁을 통해 어떤 기회 요인이 존재하며 앞으로 어떻게 대응해 나갈 것인지에 대해 생각해 볼 필요가 있다. 단기적으로 보면, 미·중 무역분쟁은 중국에 중간재 위주의 수출을 해왔던 한국에게 큰 피해를 발생시킬 것이다. 하지만 기회 요인 역시 존재한다. 무역분쟁 이후 나타난 중국의 조치는 한국이 기술 격차를 유지하고 있는 첨단산업(반도체, OLED 등)에 기회 요인이 될 수 있다. 이는 미국의 제재로 중국이 다른 국가와의 첨단산업 교류를 확대하는 것과 관련이 있다. 미국이 채우고 있었던 중국의 첨단산업 파트너 자리를 한국이 채울 수 있는 여지가 생긴 것이다. 지식재산권이 강화되면서 중국의 기술 탈취 문제가 일정 부분 개선되고 있는 점 역시 첨단 산업의 중국진출에 긍정적이다. 따라서 단기적으로 아직 선두를 유지하고 있는 일부 첨단산업 기업에게 이번 무역 분쟁은 중국 시장에 진출할 수 있는 기회 요인으로 작용할 수 있다.

장기적으로는 무역 분쟁 이후 상황에 대한 대책을 세울 필요가 있다. 먼저 첨단 제조업의 경우, 중국이 지속적인 고도화를 해나갈 것으로 예상되는 만큼 한국과의 경쟁은 불가피할 것으로 보인다. 또한 국가의 전폭적인 지원으로 성장하고 있는 중국의 첨단산업을 한국이 감당하기는 어려울 것이다. 결국 한국에게 필요한 전략은 '선택과 집중'이다. 앞서 말했듯 아직 우리나라가 선두에 위치한 산업은 존재한다. 중국의 전방위적인 기술 투자에 맞서 우리는 격차를 유지하고 있는 소수 업종에 역량을 집중해 선두를 유지해 나갈 필요가 있다. 이를 위해 첨단산업 발전을 위한 과감한 규제 개혁과 공격적인 정부 지원이 동반되어야 할 것이다.

이와 더불어 지속적인 개방을 통한 자유무역의 확대도 함께 추진되어야 한다. 우리나라를 통상 선진국으로 이끌었던 기존의 양자 FTA의 경우 최근 미국을 중심으로 나타난 보호무역주의로 불확실성과 위험성이 커지고 있다. 미국에 불리한 조약이라는 이유로 한·미 FTA를 개정한 것은 이와 관련된 대표적인 예라고 할 수 있다. 따라서 한국은 2개국 이상이 공동으로 참여하는 다자간 자유 무역 협정에 적극적으로 참여할 필요가 있다. 현재 추진 중인 RCEP이 이에 해당한다. 이 같은 다자간 자유 무역의 확대는 미·중에 편중된 한국의 무역 구조 문제를 해결하는데도 큰 효과를 낼 수 있을 것이다.

참고문헌

강동철, 장형태, 「상장 연기, 생산 중단… 美·中 무역전쟁에 중국 IT 직격탄」, 『조선일보』, 2018.10.25.

김경미, 「트럼프 시진핑 무역전쟁에 중국 돼지들이 울고 있다.」, 『중앙일보』, 2018.08.17.

김규환, 「미국산 대두 때린 시진핑..中 양돈 농가가 울고 있다」, 『서울신문』, 2018.11.29.

김용원, 「중국 유럽에서 '반도체 협력' 모색, 삼성전자 SK하이닉스 경계 필요」, 『비즈니스 포스트』, 2018.10.30.

김인경, 「미·중 무역전쟁 탓? 中 고정자산투자, 1995년 이후 최저 수준」, 『이데일리』, 2018.08.14.

김학균, 「중국, 장기 침체 속의 '반짝' 회복」, 『연합뉴스 동북아센터 월간 마이더스』, 2019.04.24.

문예성, 「中 38개 부처,지재권 관리강화 조치 발표…미·중합의 첫 이행」, 『뉴시스』, 2018.09.29.

문예성, 「중국, 대두농가에 보조금 지급키로…美 무역전쟁 대비」, 『중앙일보』, 2018.04.04.

문예성, 「中국무원, '특허법개정안' 통과… 지재권 보호 강화 의도」, 『뉴시스』, 2018.012.06.

문한필 외 6명, 「미·중 무역 분쟁과 주요 농축산물(대두, 돼지고기) 수급 전망」, 『한국농촌경제연구원 농정포커스』, 2018

박선미, 「中, 무역전쟁 겨냥 대두 소비 억제책 마련」, 『아시아경제』, 2018.10.29.

송경재, 「美에 맞서… '농업굴기' 나선 중국」, 『파이낸셜뉴스』, 2018.11.19.

송재석, 박성준, 「미·중 무역갈등 어디까지…美 "대만은 국가" 선전포고, 中 대미비난 '지속'」, 『에너지경제신문』, 2019.06.07.

신꽃비, 나수엽, 박민숙, 「미국의 중국기업 대미 투자제한 강화와 시사점」, 『KIEP 오늘의 세계경제』, 2018

신꽃비·나수엽·박민숙, 「중·미 간 경상수지 불균형과 위안화 환율의 관계」, 『KIEP 연구보고서』, 18-03, 2018

안승섭, 「'중국제조 2025' 사라졌지만…中 과학기술예산 13%」, 『매일경제』, 2019.03.06.

안승섭, 「中 상무부장, 美에 "중국 의지 과소평가하지 말라"」, 『연합뉴스』, 2018.10.10.

양정대, 「美에 맞서 식량 주권 지키자」, 『한국일보』, 2018.11.19.

오광진, 「미국發 무역전쟁에 흔들린 中 성장률...생산·소비·투자 모두 '빨간불'」, 『조선일보』, 2018.10.19.

위은지, 윤완준, 「美 "첨단산업 중국인 비자 제한" 中 "핵심이익 수호"」, 『동아일보』, 2018.05.31.

유영수, 「중국 제조업 4개월만에 확장세...부양책 효과 봤나」, 『SBS뉴스』, 2019.3.31.

유현우, 「당신이 몰랐던 미중무역전쟁, 5분 만에 정리!」, 『KBS』, 2019.06.06.

윤정원, 「깜짝 PMI 결과 속 무역협상 추이 주목」, 『연합인포맥스』, 2019.04.01.

이수완, 「미·중 무역협상 백서에 나타난 중국의 고민과 속내」, 『아주경제』, 2019.06.05.

이장훈, 「중국이 콩 확보에 사활을 건 이유는」, 『한국경제매거진』, 제160호, 2018.09.

이준서, 「中, 미국산 대두 수입 중단"...對美 반격 본격화 하나」, 『연합뉴스』, 2019.05.31.

이현태, 「미·중 통상 분쟁과 중국의 대응」, 『동향과 전망』, 2018, p.128-129

차대운, 「中상무부 "미국 대두수입 70% 줄고 아르헨은 23배나 증가"」, 『연합뉴스』, 2019.06.06.

하현옥, 「트럼프·시진핑 무역전쟁에 '돼지가 기가 막혀」, 『중앙일보』, 2018.03.26.

한우덕, 「트럼프 특명 "중국을 국제 무역 거래에서 몰아내라!"」, 『중앙일보』, 2018.09.29.

황명문, 「미-중 무역전쟁 불구 중국의 수출·대미흑자 여전히 증가세」, 『노컷뉴스』, 2018.11.08.

「2018年中国猪肉进口量及进口来源国家分析」, 『中国产业信息网』, 2018.08.05., https://m.chyxx.com/view/667446.html

钱景童, 「习近平十句肺腑之言话东北振兴」, 『央视网』, 2018.10.02.

CEIC, https://www.ceicdata.com

중국국가통계국, http://www.stats.gov.cn

중미무역전쟁과 한중경제관계 대응방안 모색...전문가들 한자리에 모여

세기의 무역충돌 패권전쟁 파고(波高)에서 우리의 나아갈 길을 찾다

미국 트럼프 대통령은 2018년 3월 22일 중국이 불공정한 무역거래를 하고 있다며 관세보복 조치 '슈퍼 301조' 를 발동했다. 일명 '세기의 무역전쟁'이 벌어진 것이다. 그 여파는 고래 싸움에 새우등 터진다는 속담처럼 한국경제뿐만 아니라 한국과 중국, 북한 무역에 지리적으로 중요한 비중을 차지하고 있는 연변 지역 경제와 중국조선족 동포들의 경제활동에도 상당한 영향을 주고 있는 것으로 분석되고 있다.

지난 7월 19일 오후 서울 여의도 중소기업중앙회관 제2대 회의
실에서는 한국과 중국 경제, 금융, 무역통상 전문학자들이 한 자

리에 모여『중미무역전쟁이 한중 경제관계에 미치는 영향과 대응 방안 모색』이라는 주제로 세미나를 개최하였다.

세미나를 공동 개최한 삼강포럼(한국측 대표 곽재석, 중국측 대표 장경률)과 재외동포포럼(이사장 조롱제)은 "중미무역전쟁의 소용돌이 속에서 한국 및 중국에 거주하는 동북아 코리아 디아스포라 경제의 공동 생존과 이익을 확보하기 전략과 대응방안을 모색하기 위해 마련되었다."고 취지를 밝히고, 주제발표자도 중국 연변대학교 박동환 교수(국제정치연구소 소장 및 조선한국연구소 부소장), 최문 교수(경제관리학원)가 참여해 주제발표를 하고, 한국 동서대학교 박재진 교수(한국무역통상학회장), 성균관대 안유화 교수(중국동포 출신 금융전문가), 중국경제금융연구소 전병서 소장 등 비중있는 한중경제전문가들이 참여해 관심을 끌었다.

1년 4개월 동안 진행되고 있는 미국과 중국 간의 강대강(强對强) 무역분쟁에 대한 예리한 분석과 함께 한국이 나아갈 길, 그리고 한중관계를 중요시하는 중국동포들이 나아갈 길을 모색하는 뜻깊은 자리를 가진 것이다.

주목을 끈 것은 중국 연변대 박동훈 교수의『중미무역분쟁의 본질과 중국의 대응, 그리고 중한관계』라는 주제의 기조발제였다. 박 교수는 기조발제를 통해 중미 양국간 무역분쟁은 패권국인 미국이 중국에 공정무역을 요구한 데에서 시작되었지만 중국과의 경제 격차가 줄어드는 것에 대한 초조함에서 비롯되었음을 지적하고 "결국 다자주의에 강한 불신감을 갖고 있는 미국이 자국 중심으로 기타 국들과의 양자간(또는 소다자) 통상체제를 기본 틀로 하는 새로운 국제질서를 수립하고자 하는 의도에서 진행되고 있다"고 주장하였다. 이어 박 교수는 "그러나 중국과 미국 간 무역분쟁이 '신냉전체제'로까지 발전할 가능성은 낮다고 보고 오히려 중국이 국제적 영향력을 제고시킬 수 있는 중요한 기회가 될 수도 있다"는 견해를 피력하면서 "한국은 미국이냐 중국이냐 하는 줄서기식 일원적 사고방식을 버리고 보다 유연한 시각을 갖고 보다 실무적인 영역들에서 중국과의 협력관계를 발전시켜 나갈 필요가 있다"고 조언하였다.

"미국의 자국 산업보호정책 추진에 한국도 전략적 대비가 요구된다"

제1섹션 무역부문에서 『중미무역전쟁의 원인과 주요변수 : 중미관계 및 한국경제에 미치는 영향을 중심으로』라는 주제로 발표한 한국무역통상학회 회장을 맡고 있는 동서대학교 박재진 교수는 "미국과 중국 간 무역분쟁이 한국에 미치는 전체적 경제효과는 제한적이다"고 평가하면서 "양자간 무역이 감소하는 미국과 중국의 시장에서 한국의 상품들이 어느 정도 경쟁력을 가지는가 중요하다"고 지적하였다.

또한 박재진 교수는 "미국이 자국 산업 보호정책을 지속적으로 추진하면서 노동 및 환경 관련 조항을 강화하는 내용이 추가될 수도 있다"면서 "이에 따라 우리나라(한국)는 미국과 예상되는 통상마찰 가능성을 사전에 최소화하면서 미국의 통상마찰 가능성에 대비할 필요가 있고 또한 한국은 '중국제조 2025'과 지향점이 유사하므로 중국과 같이 제301조에 기인하는 대미 통상마찰의 발생 가능성에 대비하여 관련 법규의 재정비 및 잠재적 통상마찰에 대한 전략적 대비가 요구된다."고 강조하였다.

제1섹션 무역부문 토론자로 참여한 배제대학교 전동한 교수 또한 "중미 무역전쟁이 중국과의 경쟁관계에 있는 한국기업의 일부 품목에 수혜를 가져다주는 것 이외에 중국이 중미무역전쟁 수습을 위해 시장개방을 약속하면서 한국은 중국 시장개방으로 인한 수혜가 기대된다"면서 "한국기업의 중국 시장개방의 효과를 극대화하기 위한 중국 시장 진출에 대한 체계적인 준비를 선행하여야 한다"고 주장하였다.

중미무역전쟁에서 최대 피해자는 한국이 될 수 있다는 주장도 나왔다.

제2세션 금융부문에서 주제발표 한 성균관대학교 중국대학원 안유화 교수는 한국의 무역의존도 및 글로벌 가치사슬랜에서 한국의 위치를 분석하고 이같이 경고했다. 이에 대응책으로 안 교수는 "한중 양국 모두 전략산업의 육성을 통한 성장엔진의 전환이 시급하며 특히 G2로 부상한 중국과의 관계에서 한중 모두 전략적 아젠다가 일치하므로 제4차 기술과 한국이 전통적으로 경쟁력이 강한 산업분야, 금융분야 등에서 한국과 중국이 협력하여 한중경제협력 3.0 시대를 열어가는 새로운 기회가 되어야 한다"고 강조하였다.

ICT산업(정보통신기술)분야 제 3섹션에서는 "중국의 한계가 오히려 한국의 기회가 될 수 있다"는 주장도 나왔다.

중국경제금융연구소 전병서 소장은 주제발표를 통해 "패권경쟁으로써 미중 무역전쟁은 힘과 시간의 전쟁으로서 장기간 계속될 것이지만 결국 미국이 중국을 길들이기 어렵다"고 전망하였다. "대국은 절대 길들여지지 않으므로 미리 예측하고 먼저 가서 기다리는 지혜가 필요하다"고 강조한 전 소장은 "ICT 산업분야 분석을 통해 B급 강국으로서 중국의 한계가 오히려 한국의 기회가 될 수 있으므로 知中-知美의 입장에 서서 내수시장확대, 금융개방 확대, 첨단기술 확대 등 단계별로 한국의 대응전략이 중요하다"고 조언을 주었다.

마지막 섹션 라운드테이블에서는 재한 중국동포들의 입장을 들어보는 시간도 가졌다. 김용선 박사(KC동반성장기획단, 대표)는 주제발표를 통해 국내 이주민 최대 집거지역인 서울 대림동의 지역의 지역경제 및 민간교류 등과 관련한 최신 산업 데이터와 콘텐츠를 소개 분석하고 한국과 중국간의 경제문화교류의 허브로서 지역활성화 전략 등을 제시하기도 하였다.

* 미국 통상법 301조란?
  미국 통상법 301조는 1974년에 제정된 종합무역법안으로 미국에게 불공정한 무역을 하는 국가를 대상으로 관세를 부과할 수 있는 일명 보복조치인데 미국의 경제규모가 크다보니

보복조치가 실제로 이루어진다면 경제적으로 큰 타격이 피하기 어려운 큰 파장이 온다고 해서 통상적으로 '슈퍼 301조'라고 부른다.

* 본문은 2019.07.21 EKW동포세계신문 인터넷 기사로 등재된 기사입니다.

제1섹션 무역분야

중미무역전쟁의 원인과 주요변수
- 중미관계 및 한국경제에 미치는 영향을 중심으로 -

박재진 (동서대학교 국제통상물류학부 교수)

Ⅰ. 서론

2017년 1월 미국 트럼프 행정부가 출범하면서 미국 우선주의(America First)를 내세우며 '미국산 구매, 미국인 고용(Buy American, Hire American)'을 무역정책의 목표로 설정하고 자국의 국내법에 기초한 일방적인 보호무역 조치들을 주요 무역적자국들에게 적용하고 있다. 특히 2018년 1월 무역법 201조에 근거하여 세탁기와 태양 전지 및 모듈 수입에 대한 세이프 가드(safeguard) 관세부과는 중국과 미국 간의 일련의 무역 분쟁을 본격화시키는 계기가 되었다고 할 수 있다. 중국은 이에 대해 동년 4

월 미국산 사탕수수에 대해 반덤핑관세를 부과 계획을 발표했다[1]).

2018년 3월에는 미국 무역확대법(1962) 232조에 근거 철강 및 알루미늄 수입에 대해 각각 25%와 10%의 국가안보차원의 관세를 부과했으며 중국 또한 이에 대한 대응으로 4월에 미국의 조치에 상응하는 정도의 미국산 알루미늄 스크랩 및 농축산물 24억 달러치의 수입에 대해 보복관세 부과하기로 했다. 그리고 2018년 7월에는 무역법(1974) 301조에 근거하여 340억 달러 상당의 중국산 수입에 대해 25% 관세(기계, 전기장비 등)를 부과하기로 했으며 중국도 곧 바로 340억 달러 상당의 미국산 수입에 대해 25% 관세(차량, 대두 등)부과로 대응했다.

이상과 같은 미국과 중국간의 무역제한조치 및 이에 상응하는 보복조치는 세계 2대 교역국간의 긴장관계를 심화시킬 뿐만 아니라 전세계의 경제성장과 글로벌생산네트워크에도 큰 영향을 미친다. 국제 통화 기금 (IMF) (2018)은 중국과 미국 간 무역 긴장의 경제적 효과를 추정한 결과, 무역 위협은 미국과 중국의 GDP가 각각 0.9%와 0.6 % 감소시키고, 장기적으로 세계 GDP를 0.4% 가량 하락시킬 것으로 나타났다. 2018 년 7월 유럽 집행위원회 (European Commission)의 보고서에서도 미국과 중국의 무역전쟁이 결국 세계 정치 및 경제 환경의 안정성을 심각하게 저해하고 새로운 냉전으로 진화될 수 있다고 경고하고 있다.

본고는 점증적으로 확산·심화되고 있는 미중간의 무역분쟁의 원

---

1) 중-미 협상기간동안 시행을 종료하고 WTO에 제소

인 또는 배경을 미중간 무역불균형과 미국의 통상정책 기조 속에서 찾아보고, 미중간의 규제-보복의 순환적 대응이 양 당사국 및 주변국에 미치는 경제적 효과를 점검해보는 것을 목적으로 하고 있다.

II. 미중간 무역분쟁의 원인

1. 무역불균형

현재의 중미 무역 전쟁의 원인은 크게 세 가지로 나누어 볼 수 있다. 표면상으로는 양국 간 무역불균형의 확대가 주요 원인의 하나로 제시될 수 있다. <표 1>은 2001 년부터 2017년까지 미국의 무역 적자를 개괄적으로 나타낸 것이다.

〈표 1〉 미국의 국가별 상품무역 적자규모와 비중

국가	미국의 국가별 상품무역 적자규모	미국의 국가별 상품무역 적자비중
China	375,227.50	46.5%
Mexico	71,056.60	8.8%
Japan	68,847.80	8.5%
Germany	64,252.10	8.0%
Vietnam	38,319.90	4.7%
Irland	38,107.30	4.7%
Italy	31,640.20	3.9%
Malaysia	24,582.70	3.0%

국가	미국의 국가별 상품무역 적자규모	미국의 국가별 상품무역 적자비중
India	22,930.90	2.8%
Korea	22,887.40	2.8%
Thailand	20,352.60	2.5%
Canada	17,583.30	2.2%
Taiwan, China	16,737.30	2.1%
France	15,306.10	1.9%
Switzerland	14,307.50	1.8%
Indonesia	13,340.80	1.7%
Russia	10,016.20	1.2%
Iraq	9,548.20	1.2%
Israel	9,402.90	1.2%
Venezuela	8,167.60	1.0%
Others	-85,119.90	-10.5%
In total	807,495.00	100.0%

　　미국의 대중국 무역 적자는 절대적으로나 상대적으로 증가하고 있다. 2017 년경 중국과의 무역 적자는 미국 순수입(net import)의 주요 원천으로 전체 적자의 약 46%를 차지한다. 무역 불균형은 오랫동안 미국의 국가 채무 위기의 뿌리이자 미국의 대중 불만으로 이어져 미국 정부가 중국에 대한 무역 전쟁을 벌이게 되는 한 가지 이유로 작용한다. 2018년에는 4,190억 달러 (2017년 3,750억 달러에서 증가)로 미국 역사상 최대 무역 불균형 규모를 달성했다.

　　일부 미국의 정책 결정자들은 미국의 대규모 무역 적자를 '불공정' 무역관계의 지표로 보고 있다. 물론 다국적 기업들에 의해 형성된 글로벌 공급망이 확산됨에 따라 기존의 무역 통계가 각국의 부가가치를 충분히 반영하지 못하기 때문에 전통적인 적자규모는 불공정 무역관계를 판정하는 적절한 지표가 아니며, 무역 수지의 전반적인 규모가 중요하지 양자 간 균형이 중요한 것은 아니다. 더군다나 무역수지는 총 투자 대비 저축률과 같은 거시경제 변수의 함수이기 때문에 구조적인 성격이 강하다.

이러한 이유로 중미 무역 불균형만으로는 2018년에 촉발된 연속적인 무역 분쟁에 대한 설득력 있는 원인을 제공하지 못한다.

2. 미국의 통상정책 환경과 배경

1) 미국선거제도

계속되는 무역 전쟁의 또 다른 원동력은 미국의 정치 체제를 들 수 있다. 미국에서는 매 4년마다 유권자들이 의회 의원을 선출하는 11월에 중간 선거가 개최된다. 중간 선거 결과는 2년 전에 선출된 대통령에 대한 유권자의 중간평가로 간주된다.[2] 이러한 배경에서 2018년 11월 6일 개최된 중간선거는 도널드 트럼프(Donald Trump) 현 대통령으로 하여금 그 정치기반에 호소하는 급진적 정책을 채택하도록 유도했고, 트럼프의 주요 공약 중 하나가 무역 적자를 해결하는 것이었다.

---

[2] 미국 선거 역사상, 권력을 잃은 야당은 거의 항상 중간 선거에서 복귀할 수 있었다. 이 결과는 여당에게는 '중간 선거의 저주'라고 불리는데, 미국 역사상 시어도어 루즈벨트, 빌 클린턴, 조지 워커 부시만이 이 저주에서 벗어날 수 있었다.

2) 현 미국 행정부의 중국관련 주요 이슈

(1) 중국 "국가자본주의"

2010년 세계 무역기구 (WTO) 보고서에 따르면 중국의 민간 부문은 현재 중국 국내 총생산(GDP)의 60% 이상을 차지하고 있었으며, 2016년 WTO 보고서에 따르면 민간 부문은 중국 수출의 41.8%를 차지한다.

거시경제 운영에 있어서도 중국 정부는 가계가 저축수준을 높이도록 유도하는 정책을 유지하고 있으며, 그 중 상당 부분은 국영 중국 은행에 예금되어 있다. 이를 통해 정부는 중국 기업 특히 국영기업(SOE)에게 저비용의 자금을 제공할 수 있다. 미시 경제 수준에서도 중국 정부(중앙 및 지방 정부 수준)는 보조금, 세제 혜택, 우대대출, 무역 장벽 등의 다양한 정책을 통하여 국가의 미래 경제 발전에 중요하다고 판단되는 산업의 개발을 지원하고 있다. FDI 제한, 차별적 규제 및 기준, 원재료 (희토류 포함)에 대한 수출 제한, 외국 기업에 대한 기술 이전 요구 사항, 국내 기업에 우선권을 부여하는 공공 조달 규칙, 지적 재산권법의 집행의 취약성 등도 이에 포함된다.

또한 중국 정부는 중국의 경제 발전을 선도하면서 수입 상품, 외국 제조업자 및 외국 서비스 공급 업체에 대한 시장 접근을 제한하기 위해 중국 산업에 대한 정부지도, 자원 및 규제측면의 지원을 제공하면서 새롭고 보다 광범위한 산업정책을 추구했다. 특히 국유기업이 지배하는 기업들. 중국 정부 규제 당국의 통제되지 않은 자유 재량에 의해 강화된 경제의 무거운 국가 역할은 미국을 포함한 중국의 많은 무역 상대국들과의 심각한 무역 마찰을 야기했다.

중국의 국가 부문은 세 가지 주요 구성요소로 이루어져 있다. 그 하나는 완전한 국가소유기업이며 둘째는 공식적으로 SOE로 간주되지 않지만 SOE소유자에 의해 효과적으로 통제되는 기업이 대주주로 참여하는 SOE이다. 마지막으로, 중국 내외부에 기반한 SOE 자회사를 통해 간접적으로 소유 및 관리되는 그룹이 있다. 국가부문인 SOE와 SOE에 의해 직접 통제되는 기업들이 중국의 비농업 GDP의 40% 이상을 차지하는 것으로 보인다. 간접적으로 통제되고 있는 기업들을 고려된다면, 국가가 소유하고 관리하는 GDP의 비율은 약 50%에 이른다. 중국 정부에 따르면 중앙 및 지방 정부에서 금융 기관을 제외하고 15,000개의 국영기업이 있으며 이들의 총 자산이 15.2조 달러에 달하며 고용된 근로자는 3천만 명에 이른다고 한다.

중국의 금융 시스템 또한 주로 국영 은행이나 주(state-controlled) 은행에 의해 주도되고 있다. 2011년에는 중국의 주요 5대 은행(모두 국채 보유가 큰 회사)이 중국 은행 자산의 57.5%를 차지했다. SOE는 정부 기관의 우대 신용대출을 받는 것으로 추측되고 있으며 2009년 모든 은행 대출의 85% (1.4조 달러)가 SOE로 흘러가는 것으로 추산되고 있다.

(2) 중국의 중장기 과학기술발전계획, 중국제조 2025 그리고
    불공정 무역관행

중국이 2006년 이후에 시행되었거나 공식화된 수많은 산업정
책들은 2006년 중국 국무원이 발간한 중장기 과학기술발전계획
(2006-2020)에 기초하고 있다.[3] 본 계획은 '자주적 혁신(自主創
新) 능력 배양'과 '혁신형 국가(創新型 國家)건설'을 목표로 하고
있으면 위 계획의 실제 추진을 위한 재정, 금융, 정부구매 등과
관련된 부속정책들도 함께 선보였다. 본 계획은 중국을 세계적인
저기술 제조 중심지에서 혁신의 주요 중심지로 변화시킴으로써
중국 경제구조를 근대화하려는 계획을 대표하는 것이다.

이에 대해 미국 기업들은 자주혁신은 국가 혁신 역량을 향상시
키기 위해 수입기술의 흡수를 기반으로 한 독창적인 혁신, 통합혁
신, 재혁신을 강화하는 것을 의미하고 이는 중국이 기존의 기술을
도입하고, 일부 변경 및 개선을 시도한 다음, 원래의 지적 재산권
보유자를 인정하거나 보상하지 않고 자체 기술로 주장하려는 의
도가 있을 수 있다고 보고 있다. 그리고 미국 상공 회의소의 2011
년 보고서에서는 중국의 자주혁신정책이 기술 절도의 청사진이라
고 결론내리고 있다.

'중국제조 2025'는 4차 산업혁명을 통해 뒤쳐진 제조업 생산방
식을 완전히 새로운 방식으로 업그레이드하여 제조업 강국으로 새
롭게 나아가려는 계획으로 핵심은 독일의 'Industry 4.0'에 따라

---

3) 国家中长期科学和技术发展规划纲要 (2006─2020年)

CPS를 기반으로 제조업과 정보화의 융합에 근거한 새로운 스마트 제조양식의 수립이고, 이를 위해 자신의 산업양식을 신속히 디지털화 하여 연계된 네트워크 생산체제를 인공지능(AI), 로봇, 3D 프린팅, 빅데이터 등을 제조업 공정에 통합하려는 내용을 포함하고 있다. 중국은 이를 통해 중국 산업의 생산성을 혁명적으로 제고하여 세계 경제의 가치사슬에서의 중국의 지위를 높여 나가려는 것이다.

'중국제조 2025'를 실행하는 데 있어 중국이 가장 어려움을 겪는 부분은 오랫동안 제조업 혁신의 필요성을 등한시하여 왔기 때문에 관련 기술과 인력이 매우 부족하다는 것이다. 중국 정부는 이러한 문제를 극복하기 위해 국유기업을 '중국제조 2025' 실현의 주체로 설정하고 혁신능력을 갖추고 국제적 경쟁력이 있는 국유기업을 육성하기 위해 다양한 우대정책을 제공하고 있다.

국유기업들의 가장 취약한 분야가 기술혁신분야인데 문제는 바로 그 국유기업들이 기술혁신을 담당해야 하는 상황에서 국유기업에 대한 국가의 다양한 지원을 통해 첨단기술을 갖고 있는 외국기업들을 인수하는 방식으로 귀결된다. 결국 보조금, 금융, 세금 혜택, 여타 정책적 인센티브 제공과 같은 정부의 각종 지원이 기업들 스스로의 기술개발보다는 주로 국유기업들이 외국 첨단기업들을 인수하여 기술을 획득하는 데 사용되었다.[4]

이에 반해 외국기업이 중국에 진출할 때는 일정 비율 이상의

---

4) 중국의 대미 투자가 과거엔 일자리 창출과 직결되는 '그린필드 투자(Greenfield Investment)' 위주였지만, 2005년 이후 기술 흡수를 위한 인수합병(M&A)방식으로 바뀌었고, 2010년 이후 자동차, 항공, 전자, 정보기술, 에너지, 바이오, 산업기계(로봇 등) 등 7개 분야에 대한 투자가 급증하였다.

합작을 해야 하고 기술이 전도해야 하는 등 각종 규제가 발목을 잡고 있기 때문에 미국은 중국이 첨단기술을 스스로의 개발보다 정부의 각종 지원 아래 외국의 첨단 기업 기술을 획득해 가는 방식을 불공정하다고 보고 있다.

미국이 문제시하는 중국의 불공정한 기술획득의 내용은 중국의 '국가자본주의'방식에 의한 '중국제조 2025' 추진으로 인해 수반되는 시장외적인 방식으로 이루어지는 중국의 해외 첨단기술획득 관행이다.

미국은 중국정부가 매우 불투명한 투자 방식을 통해 외국의 첨단 기업 인수에 나서서 공정경쟁을 훼손하고 있으며, 따라서 중국정부가 주도하는 '국가자본주의' 방식의 경제운영체제가 세계 시장경제의 개방성을 악용하고 있다고 판단하고 있다.

미중 간의 무역분쟁이 양국 간 무역수지 적자문제를 넘어 기술 및 지재권 문제와 관련된 이유는 궁극적으로 미중 사이의 전략적 지위가 변동할 수 있는 아주 민감한 4차 산업의 변혁과정에서 중국의 '국가자본주의'에 입각한 불공정한 기술획득의 관행을 미국이 더 이상 수용할 수 없기 때문이다.

(3) 지적 재산권 문제 (IPR)

미국의 기업 및 정부 대표들은 사이버 공격을 비롯한 중국 (및 다른 지역)의 지적 재산권 침해의 결과로 미국 기업이 겪은 경제

적 손실에 대한 우려를 표명했습니다.[5]

미국기업들이 중국에서 사업을 할 때 직면하게 되는 가장 중대한 문제 중 하나는IPR을 효과적이고 일관되게 보호하지 못하고 있다는 것이다. 그리고 일부 미국기업들은 중국 정부 기관으로부터 종종 기술 및 지적 재산권을 중국 파트너와 공유하라는 압력을 받았으며, 2018년 4월 3일 USTR 보도 자료에 따르면 중국의 IPR 보호 체제가 크게 개선되었지만 중국의 불공정한 IPR 정책으로 인한 미국의 연간 경제 손실이 500억 달러로 추정했다. 그리고 미국 지적재산도용위원회 (Commission on theft of American Intellectual Property)의 2013년 5월 조사에 따르면 전세계 IPR 도용은 미국 경제에 3,000억 달러에 달하며 그 중 중국은 50 % (1500 억 달러)에서 80 % (2,400 억 달러) 정도를 차지하는 것으로 보고되었다.

(4) 기술 이전 문제

중국이 2001년 WTO 가입 시 중국에서 사업하는 외국 기업이 정부 기관에 의해 기술을 중국 협력기업에게 이전하도록 압력을 받지 않을 것이라고 합의했다. 그러나 많은 미국 기업들은 기술이전조건이 일반적인 중국 관행이며 WTO 규칙을 위반한 혐의를 회피하기 위해 구두 통신을 통해 외국 기업에 기술 이전을 서면

---

5) 미 상무부에 따르면, 2014년에 미국의 IP집약산업은 직접 또는 간접적으로 4550만개의 일자리를 지원했으며 경제에 부가가치로 6조 6,000억 달러 (2010년 대비 30% 증가)로 미국 GDP의 48.2%에 해당한다. 또한 IP집약산업의 총상품수출은 총8,420억 달러에 달했다.

으로 작성하지 않도록 압력을 가하는 것으로 보고하고 있다.

미국 상공 회의소 (China Chamber of Commerce)의 2010년 연구에 따르면 중국에서의 시장 접근에 대한 대가로 기술을 공유하는 외국 기업에 대한 압력이 증대됨에 따라 미국 정부는 이 문제에 대해 중국에 계속해서 압력을 가하고 있다. 2014년 12월 미 상공 회의소 (JCCT) 회의에서 발표한 미국 상무부의 사실 보고서에 따르면 중국은 자국내 또는 자국내에서 개발 된 IPR과 동일한 방식으로 다른 국가에서 소유 또는 개발된 IPR을 처리할 것이라는 점을 분명히 밝히고 강조했다.

3. 세계경제패권경쟁

경제적 요인과 정치적 동기가 존재하지만, 중국과 미국의 무역전쟁의 핵심은 사실 세계 경제의 주도권을 위한 경쟁이라고 할 수 있다. 최근 몇 년 동안 중국은 급속한 성장을 경험했으며, 생산량은 현재 세계 2위, 구매력평가 GDP는 이미 미국을 능가했다. 인민폐의 중요성 또한 세계 무역과 거래에서 지속적으로 증가하여 미국 달러의 지배적인 지위에 도전하고 있다. 중국의 일대일로 (Belt and Road Initiative)에서 아시아인프라투자은행(Asian Infrastructure Investment Bank)에서 'Made in China 2025'에 이르는 전략 계획 또한 세계경제에서의 미국 지위에 심각한 위협요소로 작용하고 있다고 볼 수 있다.

도널드 트럼프 (Donald Trump) 현 미국 대통령은 '제조중국 2025'가 미국과 다른 국가들의 이익을 훼손했다는 점을 분명히 밝혔으며 제301조의 관세는 사실 '제조중국 2025' 산업을 목표로 하고 있음을 인정했다. 따라서 중국과 미국 간의 무역 전쟁은 양국 간의 경제적 우위를 위한 경쟁이 주요 원인의 하나로 작용하고 있다고 볼 수 있다.

Ⅲ. 미중무역분쟁의 경제적 효과

1. 미국의 대중국 무역제재와 중국의 대응과정

1) 무역확대법 제232조[6]에 의한 관세부과와 중국의 대응조치

2017년 4월 미국 상무부는 대통령 지시에 따라 철강 및 알루미늄 수입품이 미국의 국가안보를 위협하고 있는지 여부를 조사하고 철강 및 알루미늄의 수입현황이 미국의 국가안보에 위협이 되는 것으로 결론짓고, 2018년 3월 유럽연합, 캐나다, 멕시코 등 거의 모든 수출국에 대해 제232조에 근거한 관세부과방침을 발표했다. 그 결과 미국으로 수입되는 알루미늄에 대한 관세가 10%포인트

---

6) 미국 상무부는 1962년 무역확대법 제232조에 따라 수입이 국가안보에 위협이 되는지 여부를 조사할 수 있는 권한이 있다. 조사기관은 상무부 내에 산업보안국(Bureau of Industry and Security, BIS)으로서 특정 수입이 미국의 국가 안보에 영향을 미치는지 여부에 대하여 조사한다. 상무부는 (i) 어떤 부서 또는 기관의 장의 요청에 따라, (ii) 이해 당사자의 신청시 또는 (iii) 장관의 결정으로 '수입으로 인한 국가 안보'에 대한 영향을 결정하기 위한 조사를 개시한다.

인상되었으며 철강에 대한 관세는 25%포인트 인상되었다. 알루미늄의 경우에는 아르헨티나가 관세할당 제도(關稅割當制, Tariff-rate quota, TRQ) 협상을 통해 부분면제를 얻어냈으며 호주는 관세인상대상에서 제외되었다. 철강의 경우에도 아르헨티나, 한국, 브라질이 TRQ 협상을 통해 부분면제, 호주는 예외적으로 면제를 받았다.[7]

면제국을 제외한 캐나다, 중국, 유럽 연합, 멕시코, 러시아 및 터키 등의 제232조 관세적용 대상국가들은 즉시 보복관세를 도입했는데, 그 중 중국은 돈육, 과일 등 30억 달러 규모 128개 농축산물 품목에 대해 25%까지 관세를 부과하기로 했다.

2) 무역법 제301조[8]에 의한 관세부과와 중국의 대응조치

미국은 중국의 '국가자본주의'방식에 의한 '중국제조 2025' 추진으로 인해 수반되는 시장외적인 방식으로 이루어지는 중국의 해외 첨단기술획득 관행을 불투명한 투자 방식으로서 공정경쟁을 훼손함과 동시에 세계 시장경제의 개방성을 악용하고 있다고 판단하고, 2018년 6월 15일에 '중국제조 2025 계획'에 포함된 첨단기술 제품 등 1,102개 품목에 500억 달러 상당의 25% 관세를 부과한다는 성명을 발표했다.

---

7) 국가별 TRQ는 다음과 같다. (i) 아르헨티나 : 2015년-2017년 동안 평균수출량의 135%; (ii) 브라질 : 준최종재의 경우 2015-2017 기간동안 평균 수출량, 최종재에 대해서는 2015-2017년 동안 평균 수출량의 70% (iii) 한국 : 2015년 - 2017년 기간동안 평균 수출량의 70%

8) 무역법 제301조는 대통령의 지시에 따라 대외 불공정무역관행에 대응할 수 있는 광범위한 권한을 미 무역대표부에 부여하고 있다. 이러한 '불공정 무역 관행'은 무역협정의 위반 또는 '비합리적이거나 차별적이며 미국 상거래에 부담이 되는 외국의 행위, 정책 또는 관행'이 포함된다.

중국도 미국 발표 직후 농산품, 자동차, 수산물 등 545개 품목 (1차 관세 대상, 340억 원 규모)과 화학 공업품, 의료설비, 에너지 제품 등 114개 품목(2차 관세 대상)에 25%를 부과하겠다며 반격에 나섰다.

실제로 미 행정부는 2018년 7월 6일에 340억 달러 (818개 품목) 상당의 중국수입품에 25%의 관세를 부과하고, 8월 23일 160억 달러(279개 품목)에도 25% 관세를 부과하였으며, 9월 24일에 2,000억 달러(5,745개 품목)에 10%의 관세를 부과하기로 했다.

중국은 7월 6일에 340억 달러(545개 품목) 상당의 미국산 수입품에 25% 관세를 부과하고, 8월 23일에 160억 달러(114개 품목)에 25% 관세를 부과하고, 9월 24일에는 2,000억 달러(5,207개 품목)에 5~10% 차등관세를 부과함으로써 맞대응을 해나갔다.

<표 2> 미국의 대중국 무역제재와 중국의 대응[9]

대상산업	태양광패널과 세탁기	철강 및 알루미늄	지식재산권관련 제품 (500억 달러 규모 1,102 품목)	지식재산권관련제품 (2000억 달러 규모 6,031 품목)
적용규정	제201조 국내산업 무역구제	제232조 국가안보규정	제301조 지식재산권 규정	제301조 지식재산권규정
발표일	2018.02.07	2019.03.23	34억 달러 규모 818 품목에 대해서는 2018.07.06, 16억달러 규모 284 품목에 대해서는 08.23 25%관세	2018.09.24 10% 관세, 2019.01.01 25%로 인상
면제	GSP 대산 개도국	호주, 아르헨티나, 브라질, 한국	중국 목표	중국 목표
중국적용 여부	적용	적용	적용	적용

9) Alicia Garcia Herrero(2019), Europe in the midst of China-US strategic economic competition: What are our options?, CESIFO Forum VOLUME 20, NUMBER 1, Spring 2019.

| 중국의
보복조치 | N/A | 돈육, 과일 등
30억달러 규모
128개 농축산물
품목에 대해
25%까지 관세 부과 | 07.06 34억달러 규모
545 품목에 대해 25%
관세 부과, 나머지
16억 달러 규모 114
품목에 대해서는 미정 | 60억달러규모
미국산 수입재에
대해 관세부과 발표 |

주 : Alicia Garcia Herrero(2019), 표 1 인용- Europe in the midst of China-US strategic economic competition: What are our options?

2. 미국-중국간 무역분쟁의 경제적 효과

(1) Cecilia Bellora and Lionel Fontagne(2019)의 분석결과

Cecilia Bellora and Lionel Fontagne(2019)의 연구는 불완정 경쟁 조건하에서 부문별 세계경제 CGE모형(global General Equilibrium model)을 통해 미국과 중국의 관세정책의 효과를 분석했다. 그들은 GTAP9 데이터베이스와 ImpactECON 데이터베이스에 기초하여 재화 및 서비스 부문 무역을 중간재와 최종재 무역으로 세분하고 이를 다시 26개 부문과 21개 국가(또는 지역)로 집계하여 정책효과를 추정했다.

추정결과 미국에서 촉발된 미중 양국간의 무역분쟁으로 세계무역은 0.76% 감소하고 세계 GDP는 0.08% 하락하는 것으로 나타났다.

① 국가별 총효과와 부문별 총효과

미국의 경우 관세수입(total tariff revenue)이 크게 증가하고 교역조건(Terms of trade) 개선효과는 0.06으로 미미한 것으로 나타났다. 그리고 무역제한 조치로 인해 수입 투입재의 비용이 상승하고 이것이 생산자 가격에 반영되어 경쟁력 저하로 이어져 미국의 대세계 수출은 6% 감소하는 것으로 나타났다.

분배 측면에서는 토지를 보유하고 있는 미국 농민들의 토지에 대한 실질수익률(Real return to land)이 4.48% 감소하고 노동자들은 실제적으로 부정적인 영향을 받지만, 숙련노동자(Skilled real wages, −0.30%)가 비숙련 노동자(Unskilled real wages, −0.18%)에 비해 더 큰 부(負)의 영향을 받는 것으로 나타났다. 한편 미국 시장에서의 경쟁 감소가 자본수익률(Real return to capital)의 경우 약간 증가시키는 것으로 나타났다(0.07%). 이러한 다양한 변화들을 총합하면 미국의 GDP는 모두 64억 달러(0.28%) 정도 감소할 것으로 추정되었다.

〈표 3〉 국가별 주요 효과

	미국	중국	독일	캐나다	일본	한국	멕시코
총관세수입	103.05	8.62	2.11	22.8	0.71	0.08	10.07
수출	−5.97	−3.09	0.24	−0.20	0.66	0	2.27
GDP	−0.28	−0.39	0.02	0.11	0.08	−0.01	0.2
교역조건	0.06	−0.75	0.05	0.12	0.1	0.24	0.65
실질자본수익률	0.07	−0.14	−0.03	−0.18	−0.01	0.01	0.11
실질토지수익률	−4.49	0.99	0.12	0.22	0	−0.05	−0.90
숙련노동자 실질임금	−0.30	−0.78	0.05	0.18	0.08	0.03	0.23
비숙련노동자 실질임금	−0.18	−0.54	0.05	0.1	0.09	0.02	0.18

주 : Cecilia Bellora and Lionel Fontagne(2019) 표 2 재인용

중국의 전체 수출은 3.09% 정도 감소하는데 이는 미국시장에

대한 접근성은 줄었지만 중국의 생산자 가격하락이 여타 시장으로 수출선을 다변화할 수 있게 함으로써 급격한 수출감소를 피해 갈 수 있다는 것을 의미한다. 중국의 교역조건은 다소 악화되고 (-0.75%), 토지소유자에 비해 노동자와 자본 소유자의 수익률이 저하된다. 총체적으로 중국 GDP는 922억 달러(-0.39 %) 가량 감소할 것으로 추정되었다.

양자간·부문별 효과는 국가 및 산업에 따라 보다 다양하게 나타난다. 중국의 對미국 수출은 34.9% 정도 하락하는데, 캐나다 (+8.8%)와 멕시코(8.0%) 등 대체시장으로의 수출 덕분에 총체적인 감소효과가 완화되는 모습을 보이고 있다. 한편, 미국의 對중국 수출은 29.4% 정도 감소하는데 중국과는 대조적으로 다른 대체시장을 통한 보상이 이루어지지 않는 것으로 추정되었다. 즉, 미국은 경쟁력 저하와 상대국의 보복조치로 인해 전 세계 시장에서 수출이 감소했다.[10]

부문별로 볼 때 중국 전자제품 對미국 수출은 46.1% 정도 감소하는데, 멕시코 시장을 제외한 다른 시장에서는 보상이 이루어지지 않고 있다. 브라질 시장에서 2.2%, 캐나다 시장에서 2.9%, 일본 시장에서 2.9%, 독일 또는 프랑스 시장에서 3.1% 정도 감소하는 것으로 나타나고 있다. 기계류의 경우 중국의 對미국 수출이 46.8% 정도 감소하는데 캐나다와 멕시코 시장 수출이 8% 증가하는 등 여타 시장 수출이 4~5% 정도 증가하여 대미국 수출 감

---

10) 예를 들어 한국과 일본에서는 -2.6%, 독일과 프랑스에서는 -4% 정도로 나타났다.

소 효과를 다소나마 상쇄시켜 주고 있다. 자동차 산업과 화학제품 시장에서도 유사한 결과가 추정되었다.

미국 자동차부문의 경우 對중국수출이 심각한 수준으로 하락 (-28.6%)하지만 대체수출시장과 보상은 이루어지고 있지 않다. 미국의 생산자들은 생산비용의 증가로 고통을 겪으며 시장 손실을 세계시장 도처에서 겪을 것으로 예상되며 특히 對독일 수출은 10.9% 가량 감소한다. 기계류의 경우 對중국 38.4% 정도 감소하는데 여타 세계의 어떤 시장에서도 보상이 이루어지지 않는 것으로 예상된다. 비철금속 부문의 대중국 수출 또한 71.1% 정도로 크게 감소하는데, 여타 세계 다른 시장에서도 큰 손실이 예상되고 있다(캐나다 시장, CIS 국가, 프랑스, 독일, 브라질, 인도, 일본, 한국 등에 대해 9% 이상의 수출 감소).

② 글로벌 가치사슬을 고려한 효과

수입 투입재에 대한 관세(tariffs on imported inputs)와 수입 최종재의 국내 부가가치 창출분에 대한 과세(taxing domestic value added contained in imports of final goods)는 과세 대상국뿐만 아니라 과세 시행국에 대해서는 큰 손실을 안긴다.

Cecilia Bellora and Lionel Fontagne(2019)는 글로벌 가치사슬에 미치는 영향을 고려하여 미국의 관세인상과 중국의 보복관세가 양국의 (i) 중간 투입재 가격의 상승, (ii) 보복으로 인한 수출시장 수요 감소, (iii) 국경 보호로 인한 국내시장 경쟁 감소 등이 양국의 생산자 물가와 교역조건에 미치는 영향을 추정하고 이것이 부가가치에 미치는 영향을 추산하였다.

미국 유지종자(Oilseeds)의 경우 중국의 보복조치로 인해 생산자 가격이 2.9% 하락한다. 미국의 보호대상 산업인 전자 부문과 알루미늄 부문에서는 생산자 가격이 1%, 철강에서 0.9%, 화학에서 0.5% 상승한다. 이것은 기계 (+0.8%), 자동차 (+0.8%) 또는 금속 제품 (+0.8 %) 및 기타 제조 (+0.4%) 부문에서도 유사한 효과가 발생한다.

〈표 4〉 국가별 · 부문별 생산가격 및 부가가치 변화

산업	중국 생산자가격 (%)	중국 부가가치 (USD bn)	중국 부가가치 (%)	미국 생산자가격 (%)	미국 부가가치 (USD bn)	미국 부가가치 (%)
AnimAgri	−0.8	1.7	0.3	0.3	−0.6	−1.7
Cereals	−0.5	7.1	2.3	−0.0	−3.1	−3.4
Fiber Crops	0.4	1.4	7.6	−1.4	−1.1	−7.1
Food	−0.3	−0.9	−0.3	0.3	−4.2	−1.3
Oilseeds	1.1	3.3	9.1	−2.9	−6.5	−10.5
Other Crops	0.1	0.3	8.1	−0.0	−1.0	−3.0
Other Agri	−0.4	1	0.3	−2.0	−0.4	−1.5
Sugar	−1.2	0.1	0.3	0.5	−0.0	−1.3
VegFruits	−1.0	6.4	1	−0.3	−2.5	−4.4
Chemistry	−0.8	6.1	0.9	0.5	−10.6	−1.9
Coal	−0.8	1.2	0.7	0.2	−0.5	−2.5
Electricity	−0.8	0.2	0.1	0.5	−0.4	−0.2
Electronics	−0.5	−40.0	−9.3	1	4.2	7.3
Gas	−0.4	0.5	0	1.7	2.4	1
Iron Steel	−0.8	−1.4	−0.4	0.9	8.5	10.7

	중국			미국		
	생산자가격	부가가치		생산자가격	부가가치	
Machinery	−0.8	−16.0	−1.3	0.8	11.6	1.7
Metal Prod	−0.9	−2.5	−1.0	0.8	3.4	1.8
Minerals	−0.9	2	0.3	0.4	−0.3	−0.2
Non ferrous metal	−0.8	1.6	0.8	1	−1.5	−3.0
Other Manuf.	−0.8	2	0.4	0.4	−1.1	−0.2
Petroleum	−0.4	0	0	0.2	−0.7	−0.2
Textile	−0.8	6	1.8	0.5	−2.5	−1.6
Vehicles	−0.8	−0.2	−0.0	0.8	−8.2	−2.5
Services	−1.1	−11.2	−0.1	0.3	−5.2	−0.0
Transport	−0.9	1.9	0.2	0.3	−1.4	−0.2

주 : Cecilia Bellora and Lionel Fontagne(2019) 표3 재인용.

중국에서는 정반대로 중국의 보복대상 산업인 유지종자 부문과 섬유작물(fiber crops) 부문에서 생산자 가격이 각각 1.1%, 0.4% 상승하고 미국의 보호산업 부문에서는 정반대의 현상이 나타난다 (기계 -0.8 %, 화학 -0.8 %, 전자 –0.5 %).

이상의 생산자 가격변동은 국내 부문별 부가가치에 변화를 초래하는데 미국의 경우 유지종자 부문과 섬유작물 부문의 부가가치가 각각 10.5%, 7.1% 하락하고 제232조에 의해 보호받는 철강 부문에서는 10.7% 증가한다. 전자부문의 부가가치 또한 7.3% 상승하고 비록 소폭이지만 기계류(+1.7%) 및 금속 제품 및 (+1.8%) 부문에서도 부가가치가 증가한다. 미국의 보호산업에서 수출이 감소한다는 점을 감안한다면 산업보호가 생산자 비용 증가를 최종소비자에게 전가함으로써 이루어지고 있다는 것을 의미한다.

중국의 경우는 미국의 제재대상 중 전자 산업이 부가가치 측면에서 가장 큰 영향을 받고(-9.3%). 기계 및 금속 제품은 상대적으로 작게 영향을 받는다(각각 -1.3% 및 –1%). 중국의 보복조치로 이익을 얻는 분야는 부가가치 (유지종자 +9.1%, 섬유작물 +7.6%)의 증가 효과를 누리는 것으로 나타났다.

(2) Gabriel Felbermayr and Marina Steiningere (2019)의 분석결과

Gabriel Felbermayr and Marina Steiningere(2019)의 연구도 Cecilia Bellora and Lionel Fontagne(2019)의 연구의 연구와 유사하게 글로벌 투입-산출표(global input-output table)를 이용하여 국내외 생산네트워크를 고려한 CGE분석을 시도했다. 이들은 총 8개의 시나리오 설정하여 미국과 중국의 무역분쟁 효과를 추정했는데 그 중 4개는 미국의 일방적 무역제한조치만을 고려한 시나리오이고, 나머지 4개는 앞의 4개 시나리오 각각에 대해 중국의 단계별 보복조치를 고려한 시나리오이다.

여기서는 현재 시점에서 미국과 중국이 도입한 무역규제 및 보복조치를 반영한 시나리오 S2b와 아직 시행되지는 않았지만 예고된 확대 무역규제를 포함한 시나리오 S3b를 중심으로 무역분쟁효과를 살펴 보았다.11)

---

11) S2b : 미국이 500억달러 규모의 대중국 수입에 대해서 25%관세 + 추가적으로 2,000억 달러 규모의 대중국 수입에 10%의 관세를 부과하고, 이에 대한 보복조치로 500억 달러규모의 대미국 수입에 대해 25%의 관세 + 추가적 500억 달러의 대미국 수입에 대해 25% + 추가적 600억 달러규모의 대미국 수입에 대해 10%의 관세부과하는 경우

우선 시나리오 S2b의 분석결과 미국과 중국 사이이 무역이 크게 감소했는데 미국의 대중국 수출은 3,700억 유로 감소하고 중국의 대미국 수출은 5,200억 유로 감소하여 미국의 대중국 무역수지가 크게 개선되는 효과를 추정되었다. 하지만 양국간 무역축소로 인하여 무역수지가 개선되었고 여타국에 대한 무역으로 대체되는 정도가 미약했기 때문에 양국의 GDP가 기준상황에 비해 다소 낮은 결과가 나타났다. 미국의 경우 26억 유로 가량 하락했고 중국은 그 2배가 넘는 57억 유로 정도 감소했다.

〈표 5〉 시나리오 S2b의 GDP 및 무역효과 추정결과

(단위 : 백만 유로)

	GDP변화	미국수출	미국수입	중국수출	중국수입	EU28 수출	EU28 수입
US	-2,585	-	-	-52.1	-37.1	2.5	-0.2
China	-5,698	-37.1	-52.1	-	-	-0.6	1.4
EU28	345	-0.2	2.5	1.4	-0.6	-	-
RoW	1,428	-	-	-	-	-	-

주 : Gabriel Felbermayr and Marina Steiningere(2019) 표 1과 표 3를 재편성

시나리오 S3b의 분석결과도 결과의 방향성은 시나리오 S2b의 분석결과와 유사하지만 규모측면에서는 중국에 대한 부정적 효과가 주목할 만하다. 중국의 대미국 수출이 S2b에 비해 2배 이상 감소하고 GDP는 3배 가량 감소하는 것으로 나타났다.

S3b : 양국이 S2b 시나리오에 추가하여 미국의 대중국 수입 2,600억 달러 규모에 대해 25%의 관세를 부과하고 중국이 이에 대한 대응으로 1,000억 달러 규모의 대미국수입에 대해 25%의 관세를 부과하는 경우

〈표 6〉 시나리오 S3b의 GDP 및 무역효과 추정결과

(단위 : 백만 유로)

	GDP변화	미국 수출	미국수입	중국 수출	중국수입	EU28 수출	EU28 수입
US	-4,032	-	-	-110.7	-47.5	10.5	-3.4
China	-17,789	-47.5	-110.7	-	-	-4.9	6.0
EU28	864	-3.4	10.5	6.0	-4.9	-	-
RoW	2,481	-	-	-	-	-	-

주 : Gabriel Felbermayr and Marina Steiningere(2019) 표 1과 표 3를 재편성

표 7는 미국, 중국 및 EU28의 부문별 부가가치 변화 추정결과를 보여준다. 미국과 중국은 모두 부가가치 하락에 직면하게 되는데, 미국은 서비스와 농식품 부문에서 부가가치 하락이 크며 중국은 제조업과 서비스 부문의 부가가치 하락이 추정된다. 관세 인상 수준과 무역제재에 포함되는 제품수가 증가할수록(S2b-S3b) 부의 효과는 더 커진다.

〈표 7〉 부문별 부가가치 효과 추정결과

(단위 : %)

	미국		중국		EU28	
	S2b	S3b	S2b	S3b	S2b	S3b
제조업	0.04	0.23	- 0.30	- 0.55	0.02	0.02
서비스	- 0.04	- 0.09	- 0.09	- 0.15	0.00	0.01
농식품	- 0.48	- 0.88	0.16	0.27	- 0.01	- 0.02
전 체	- 0.05	- 0.10	- 0.09	- 0.18	0.00	0.01

주 : Gabriel Felbermayr and Marina Steiningere(2019) 표 2를 재편성

3. 미국-중국간 무역분쟁이 한국에 미치는 영향

〈표 8〉미국의 주요 상품별 국가별 수입비중(2017년 기준)

제품	순위	수출국	미국 수입비중	제품	순위	수출국	미국 수입비중
전자 장비	1	China	39.2	장난감	1	China	81.8
	2	Mexico	18.5		2	Mexico	3.2
	3	Malaysia	7.3		3	Taiwan	3.2
	4	Japan	4.9		4	Vietnam	1.7
	5	South Korea	4.8		5	Canada	1.4
	6	Taiwan	4.2		6	Thailand	1.0
기계 장비	1	China	31.7	자동차 및 부품	1	Mexico	26.4
	2	Mexico	16.2		2	Canada	20.5
	3	Japan	9.4		3	Japan	17.7
	4	Germany	7.4		4	Germany	10.2
	5	Canada	6.1		5	South Korea	7.6
	6	South Korea	3.3		6	China	5.0
가구	1	China	31.7	플라스틱 및 기타 제품	1	China	30.9
	2	Mexico	16.2		2	Canada	21.0
	3	Japan	9.4		3	Mexico	9.5
가구	4	Germany	7.4	플라스틱 및 기타 제품	4	Germany	5.6
	5	Canada	6.1		5	Japan	4.5
	6	South Korea	3.3		6	South Korea	4.2
의류	1	China	34.9	신발 및 양말	1	China	57.9
	2	Vietnam	13.2		2	Vietnam	19.2
	3	Bangladesh	6.3		3	Indonesia	5.7
	4	Indonesia	5.8		4	Italy	5.2
	5	India	4.5		5	India	2.0
	6	Mexico	4.2		6	Mexico	1.6

주 : Ha Jiming and Deng Yangmei(2018) 표 2.3 재인용

Cecilia Bellora and Lionel Fontagne(2019)의 글로벌 가치사슬을 고려한 부문별 세계경제 CGE모형(global General Equilibrium model) 추정결과에 의하면 미국-중국간 무역분쟁이 한국에 미치는 전체적 경제효과는 제한적이다. 토지에 대한 실질수익률이 0.05%, GDP가 0.01% 정도 감소하는 것으로 나타났다.

부문별 무역효과의 경우는 무역분쟁으로 양자간 무역이 감소하는 미국과 중국의 시장시장에서 한국의 상품들이 어느 정도 경쟁력을 가지는지가 중요할 것으로 판단된다. 2017년 기준 주요 산업부문별 시장점유율을 통해 추론해본다면 미국 시장의 경우 전자장비, 기계장비, 플라스틱 및 기타 제품 시장에서 중국의 수출이 크게 감소할 것으로 예상되는데, 해당부문에서 한국산업이 그 대체재로서 자리매김할 수 있다면 수출증대효과를 기대해볼 수 있을 것이다.

반면 중국시장에서는 Electrical equipment, Mechanical equipment, Automobiles and parts, Plastic materials and product 등의 산업부문에서 미국의 수출이 감소할 것으로 예상되고 해당 부문에서 한국의 산업이 대체재로서 선택될 가능성을 기대해 볼 수 있다.

<표 9> 중국의 주요 상품별 국가별 수입비중(2017년 기준)

제품	순위	수출국	중국 수입비중	제품	순위	수출국	중국 수입비중
Seeds and fruits	1	Brazil	40.6	Automobiles and parts	1	Germany	28.1
	2	United States	37.7		2	United States	19.6
	3	Argentina	8.5		3	Japan	19.4
	4	Canada	5.9		4	United Kingdom	9.1
	5	Uruguay	1.8		5	South Korea	6.2
	6	Ethiopia	0.9		6	Slovakia	2.5
Aircraft and parts	1	Germany	58.2	Optical equipment	1	South Korea	18.7
	2	France	18.0		2	Japan	15.4
	3	Canada	17.2		3	Taiwan	14.7
	4	Brazil	2.1		4	United States	12.1
	5	United Kingdom	1.6		5	Germany	9.0
	6	Germany	0.9		6	Thailand	2.7
Electrical equipment	1	Taiwan	21.5	Plastic materials and product	1	South Korea	16.6
	2	South Korea	17.8		2	Japan	14.3
	3	Japan	9.8		3	Taiwan	12.3
	4	Malaysia	7.7		4	United States	10
	5	United States	3.8		5	Singapore	5.1
	6	Vietnam	3.1		6	Thailand	4.9
Mechanical equipment	1	Japan	18.4	Wood pulp and waste paper	1	United States	57.9
	2	Germany	12.0		2	Canada	19.2
	3	South Korea	10.4		3	Brazil	5.7
Mechanical equipment	4	United States	9.8	Wood pulp and waste paper	4	Indonesia	6.9
	5	Taiwan	5.8		5	Chile	6.9
	6	Thailand	4.8		6	Russia	4.6

주 : Ha Jiming and Deng Yangmei(2018) 표 2.4 재인용

Ⅳ. 요약 및 결론

1. 무역전쟁의 배경과 효과

본고는 2018년부터 본격화된 중국과 미국 사이의 발생한 무역제재와 이에 대한 보복조치의 악순환하는 보호무역정책의 배경과 당사국 및 주변국가에 미치는 영향을 검토해보았다.

우선 미국과 중국간의 무역분쟁의 표면적인 원인은 무역수지 불균형에 있다. 미국의 對중국 상품무역은 기하급수적으로 증가하여 2017년 전체 상품교역의 16.4%를 차지하고 있으며, 전체 무역적자 대비 對중국 무역적자가 차지하는 비중은 47.1%에 달한다. 하지만 세계가치사슬로 인해 순수출은 양국 간의 무역현황을 제대로 반영하기 어렵고, 2011년 OECD의 TiVA(Trade in Value-Added) 프로젝트에 따르면, 중국의 총 수출의 50% 미만만이 중국 내에서 발생한 것으로 나타나기 때문에 무역적자 규모만으로 미국과 중국간의 무역전쟁 원인으로 지목하기에는 과장된 측면이 있다. 더군다나 무역수지는 양자간 균형보다는 총체적인 균형이 중요이고 무역수지 자체가 정책변수보다는 총 투자 대비 저축률과 같은 거시경제 변수의 함수이기 때문에 구조적인 성격이 강하다. 이러한 이유로 중미 무역 불균형만으로는 2018년에 촉발된 연속적인 무역 분쟁에 대한 설득력있는 원인을 제공하지 못한다.

최근의 미중간 무역분쟁은 미국의 통상정책 환경에 기인하는 바가 크다. 트럼프 정부의 무역정책은 기존의 달리 '자유무역' 보다는 '공정무역'에 초점을 두고 기존 WTO의 분쟁조정 시스템보다는 국내법에 의한 조치를 양자간 조치에 역점을 두고 있다. 이러한 측면에서 중국의 국유기업 중심의 국가자본주의, 중장기 과학기술발전계획과 중국제조 2025 등의 산업발전계획에 내포되어 있는 불공정 무역관행, 중국 투자 미국기업들에 적용되는 불공정한 지적 재산권 문제 (IPR)와 강제적 기술이전 문제 등이 미국의 대중 무역재제의 계기를 제공한 것으로 판단된다. 거기에 더하여 최근 중국의 일대일로정책, 아이사인프라투자은행, 제조중국 2015 등에 의해 기대되는 기술강국으로서의 중국의 경제적 위상 증대를 견제하고자 하는 요소도 크게 작용했다고 판단된다.

중미 무역분쟁의 잠재적 효과에 관한 실증분석결과들은 정도의 차이는 있지만 대체로 아래와 같은 공통의 결론들을 보여주고 있다.

첫째, 현재 진행되고 있는 미중간 제재-보복조치의 악순환은 당사국 모두 뿐만 아니라 세계경제 전체에도 악영향을 끼친다. Cecilia Bellora and Lionel Fontagne(2019)의 연구결과를 살펴보면 양국간의 무역분쟁으로 세계무역은 0.76% 감소하고 세계 GDP는 0.08% 하락하며, 분쟁당사국들은 이보다 심각한 GDP감소효과를 경험할 것으로 예측되었다. 그리고 미국보다는 중국이 더 심각한 부의 효과를 경험하게 된다.

Gabriel Felbermayr and Marina Steiningere(2019)의 연구에서도 결과의 방향은 유사하게 나타났다. 분쟁 당사국 모두 부의 GDP효과를 경험하게 되며 미국보다는 중국이 더 심각한 영향을 받는다. 그리고 제재의 빈도와 범위가 넓어질수록 중국이 입는 피해는 더욱 심각해질 것으로 예측되었다.

산업부문별 추정결과는 양국의 무역제재 대상산업에서 심각한 피해가 나타났으며 다른 산업에서는 부의 효과가 약하게 나타나거나 반대로 정의 효과가 추정되기도 했다. Cecilia Bellora and Lionel Fontagne(2019)의 연구결과에서 중국의 산업들은 미국시장에 대한 수출이 감소하더라도 여타 시장에서 대체시장을 찾아 다소의 완충효과를 누리고 있었고 미국의 산업들은 대체로 수출시장 대체효과가 낮은 것으로 나타났다.

글로벌 가치사슬를 고려할 경우 미국-중국간 무역분쟁이 한국에 미치는 전체적인 경제효과는 다소 제한적인 것으로 나타났다 (Cecilia Bellora and Lionel Fontagne(2019)).

2. WTO 무역질서의 약화

미국은 제2차 세계대전 이후 서유럽 및 기타 주요 국가들과의 협력을 통해 규칙기반 무역체제(rules-based trading system)를 구축하기 위해 1947년 GATT 협정을 체결하고 1995년에는 규칙기반 무역체제를 강화하기 위해 세계무역기구(WTO)를 설립했다.

트럼프 행정부는 규칙기반의 다자간 무역 체제를 의도적으로 약화시켰왔다. 세 가지 사례가 두드러진다.

첫째, 미국은 이미 오래 전부터 WTO의 분쟁해결기구가 미국에게 불리하게 운영되고 있다고 판단해왔고, 트럼프 대통령도 같은 입장에서 이를 무력화시키고 있다. 즉 임기를 채운 상소기구 위원의 후임선출을 저지함으로써 상소기구가 원천적으로 기능을 하지 못하게 만들고 있다.

둘째, 제232조에 의거한 국가안보 목적의 철강 및 알루미늄에 대한 수입제한 조치는 WTO의 그 규칙을 무시한 것이다. WTO 회원국은 GATT 제21조에 따라 국가안보를 위해 기술적으로 무역정책조치를 취할 수 있지만, 특히 이와 유사한 수준의 보호결과를 가져올 수 있는 정책이 있다면 국가안보 목적의 보호조치는 도입되지 않아야 한다. 이러한 행위는 여타 국가들로 하여금 국가안보라는 목적으로 임의적 무역보호수단을 무분별하게 도입할 계기로 작용할 수 있다. 게다가 이미 언급했듯이 트럼프의 철강 및 알루미늄 관세를 통해 안보문제가 아닌 양자간 무역관계를 "재조정"하려고 시도하고 있다.

셋째, 제301조 항의 적용 또한 WTO의 규칙기반 무역체제를 취약하게 만들고 있다.에 공식적인 도전을 제기하는 것을 포함한다. 미국이 중국에 대해 일방적으로 관세인상조치를 도입한다면 중국이 반덤핑 관세 등과 같은 수단으로 대응하게 되므로 제301조 사례가 확산되면 WTO 체제가 크게 흔들릴 우려가 있다.

3. 한국의 대응 과제

미국의 현정부는 자국 산업 보호정책을 보다 지속적으로 추진할 것으로 전망된다. 여기에 노동 및 환경 관련 조항의 강화가 추가될 수도 있다. 이에 따라 우리나라는 미국과 예상되는 통상마찰 가능성을 사전에 최소화하면서 미국의 통상마찰 가능성에 대비할 필요가 있다.

특히 대미 한국 수출제품들에 대한 미국의 주요 규제수단인 반덤핑 등의 규제 동향을 지속적으로 모니터링하면서 미리 대응전략를 마련하고 보다 근본적으로는 무역의 다각화를 통해 G2에 대한 의존도를 낮추는 노력이 필요하다. 이러한 맥락에서 현재 추진 중인 신남북방정책을 통해 ASEAN 및 유라시아 국가들과의 협력 강화를 추구하는 동시에 중남미 신시장 개척도 필요하다.

그리고 '중국제조 2025'의 지향점이 우리나라와 매우 유사하여 중국과 같이 제301조에 기인하는 대미 통상마찰의 발생 가능성을 배제할 수 없다는 점을 고려할 필요가 있다. 따라서 제조업 혁신과 주요 부품에 대한 기술력 확보 노력도 중요하지만 관련 법규의 재정비 및 잠재적 통상마찰에 대한 전략적 대비가 요구되는 시점이라 할 수 있다.

또한 미국에 의해 촉발된 국가안보목적의 보호주의와 기술보호목적의 보호주의에 대한 정책적 대비도 중요하다고 할 수 있다. 최근의 한일 무역분쟁도 표면적으로는 국가안보차원의 보호주의에 근거하고 있다고 할 수 있다. 한국의 입장에서는 그 대상이 미국이든 일본이든 독자적으로 해결하기 힘들 가능성이 높으며 이에 대비하기 위해서는 WTO 체제 개혁에 적극 참여함으로써 다자주의적 협력기반을 확보하고 나아가서는 지역차원협력이나 복수국가간 협력도 이러한 맥락에서 적극적으로 도전할 필요가 있다.

참고문헌

AmCham China (American Chamber of Commerce in China). 2013. China Business Climate Survey Report. Beijing.

Cecilia Bellora and Lionel Fontagne, Shooting oneself in the foot? Trade war and global value chains, CEPII, 2019.04.

Chad P. Bown, The Accumulating Self-Inflicted Wounds from Trump's Unilateral Trade Policy, Chapter2 in US-China Economic Relations: From Conflict to Solutions by edited by Ha Jiming and Adam S. Posen, 2018.6.

Gabriel Felbermayr and Marina Steininger, Trump's trade attack on China – who will have the last laugh?, 2019.

Joseph F. Francois and Laura M. Baughman, Tariffs on Imports from China_The Estimated Impacts on the U.S. Economy, Consumer Technology Association and National Retail Federation, 2018.04.

Murat BAYAR and Tuğba BAYAR, A Comparative Analysis of the United States' Trade Frictions with China, Japan and South Korea, 1985-2016, Journal of Administrative Sciences Volume: 15, 2017.

Terence Tai-leung Chong and Xiaoyang Li, Understanding China-US Trade War: Causes, Economic Impact, and the Worst-Case Scenario, 2019.02.

USTR (US Trade Representative). 2015 USTR Report to Congress on China's WTO Compliance. Washington. 2015.

USTR (US Trade Representative). 2016 USTR Report to Congress on China's WTO Compliance. Washington. Available at https://ustr.gov/sites/default/files/2016-China-Report-to-Congress.pdf. 2016.

USTR (US Trade Representative). 2017 USTR Report to Congress on China's WTO Compliance. Washington. 2017.

USTR (US Trade Representative). Findings of the Investigation into China's Acts, Policies, and Practice.

Wayne M. Morrison, China-U.S. Trade Issues, 2018.07.

고준성, 미국의 신보호주의 부상에 대한 대응 연구, 경제·인문사회연구회 미래사회 협동연구총서 17-09-01, 2017.

고동환, 미·중 무역 분쟁의 배경과 그 영향, 정보통신정책연구원, 2018.

중미 무역전쟁의 본질과 한국의 대응방향

이지나 (서경대학교 국제비즈니스어학부 교수)

1. 들어가며

중미 정상회담 결과, 악화일로를 걷던 중미 무역분쟁은 최악의
시나리오에서 벗어나 일시적인 휴전국면으로 진입하였다. 미국의
추가 관세 보류와 중국의 유화적인 스탠스(대두 54만 톤 구매 등)
를 통해 무역협상 재개를 이끌어냈다. 그렇다고 바뀌는 것은 없
다. 2018년 5월 이후 진행되었던 관세율 인상, 보복관세 등의 철
회는 없었다. 트럼프 대통령이 화웨이 제제 완화 가능성을 언급했
지만, '국가안보에 중대한 문제가 없는 장비에 한하여'라는 조건
이 있다. 게다가 무역협상 종료/타결의 시점이 부재하다. 종전 시
기 역시 가늠할 수 없다. 어떤 결말이 나올지에 대해서는 여전히

미궁에 빠져있다.

　확실한 것은 중미 무역전쟁은 단순히 무역불균형 해소를 위한 관세전쟁을 넘어 5G등 신기술과 안보문제를 포함한 기술 패권 경쟁으로 보아야 한다는 점이다. 또한, 중장기적으로 산업구조, 세계경제, 나아가서 국제통상의 판도를 바꾸는 게임 체인저(game changer)의 역할을 할 것이라는 점이다. 우리나라를 둘러싼 대외 경제 환경에 불확실성이 커지고 있다. 사실 무역전쟁 그 자체보다 전쟁 이후에 나타날 국제 경제의 지형 변화가 우리 경제에 미칠 영향이 더욱 우려된다. 대외의존도가 높은 경제구조와 남북관계 가 중요한 현안인 우리로서는 중미 사이에 끼인 이러한 국면을 현명하게 타개해나갈 묘책이 마땅치 않다는 점에서 답답한 상황 이다.

　발제문은 점증적으로 확산·심화되고 있는 중미간의 무역분쟁의 원인 또는 배경을 살펴보고, 중미간의 규제－보복의 순환적 대응 이 양 당사국 및 주변국에 미치는 경제적 효과를 점검해보는 것 을 목적으로 하고 있다. 특히, Cecilia Bellora and Lionel Fontagne(2019) 와 Gabriel Felbermayr and Marina Steiningere(2019)의 연구결과를 근거로 양국간의 무역분쟁으로 분쟁 당사국 모두 부의 GDP효과 를 경험하게 되며 미국보다는 중국이 더 심각한 영향을 받는다고 분석하고 있다. 또한, 제재의 빈도와 범위가 넓어질수록 중국이 입는 피해는 더욱 심각해질 것으로 예측하고 있다는 점은 시사하 는 바가 크다.

"네 안에 내가 있고, 내 안에 네가 있다.(你中有我。我中有你)."
2017년 1월 중국 상무부 쑨지원(孫繼文) 대변인이 한 말이다. 미국 도널드 트럼프 대통령 취임 직전에 가진 기자회견에서 앞으로 미·중 통상관계를 어떻게 보느냐는 질문에 대한 답이었다. 그는 "수교 후 30년간 양국 경제협력은 '이익의 교차 융합구조(양국 경제관계의 상호 의존성을 강조)'를 형성했다"며 "협력하면 모두 이롭고 싸우면 서로 상처 주는 관계"라고 말했다. 발제문에서 소개한 논문의 실증분석 결과는 '서로 상처 주는 관계'를 여실히 보여주고 있다. 본래 경제의 세계는 윈-윈(win-win) 하는 비영합 게임(nonzero sum game)의 장이다. 손실을 보게 마련인 무역 전쟁으로 치닫고 있다는 것은 결국 비경제 논리가 작용하고 있다고 보아야 할 것이다.

본 토론문은 중미 무역전쟁의 본질, 미국과 중국의 의도를 살펴보고, 우리가 선택할 수 있는 전략적 대응방안을 고찰한다.

2. 중미 무역전쟁의 본질

중미 무역전쟁의 본격적인 시발점에 대해서는 논란의 여지가 있으나 대체로 2018년 5월 27일을 꼽는다. 이는 트럼프 대통령이 중국산 수입품에 대해 500억 달러 규모의 관세부과 계획을 발표한 날짜다. 그러나 미중무역 분쟁의 기원을 중국이 세계무역기구(WTO)에 143번째 회원국으로 가입한 2001년 12월 11일로 보아야 중미 무역전쟁의 본질을 볼 수 있다. 중국의 WTO 가입은 지난 20년간 중국의 경제성장은 물론 회원국들의 세계화(globalization)를 가속화하는 데 기여했다. 미국 등 회원국은 WTO 가입에 따른 세계경제 편입 및 국제규범 도입으로 중국 경제의 개방과 투명성 확대를 통한 중국의 시장경제화를 기대했던 것도 사실이다. WTO 가입 협상에서 중국은 많은 분야에서 지속적인 자유화를 약속했지만 이미 WTO에 자리를 확보한 중국에게 그 약속 이행은 그들의 의무가 아닌 후속 협상의 대상일 뿐이다. 중국이 변심했다는 것이다.

최근 논의가 진행 중인 WTO 개혁에서도 보조금과 개도국 지위 등은 미국과 중국이 첨예하게 대립하는 사안이다.[1] 중미무역 전쟁은 자유무역보다 공정한 무역을 강조하는 미국과, 국가간에 제도적 차이를 인정해야 하며 여전히 개도국임을 강조하는 중국의 체제간 충돌이라고 볼 수 있다. 결국 미중 무역전쟁의 결말에 따라 WTO의 운명도 결정될 가능성이 높다. 따라서 미중 무역전쟁이 어떤 식으로 결말을 가져오는지도 중요하지만 그러한 전쟁의 종결이 가져올 새로운 국제통상 질서의 변화에 주목해야 한다.

---

1) EU와 캐나다 등이 개혁안을 제시한 바 있으나 미국과 중국이 참여하지 않는 WTO 개혁 논의는 무의미하다는 의견과 지금 상황에서 중미와 함께 논의하는 것은 불가능하다는 현실론 모두 개혁 논의의 진전을 가로막는다.

1) 미국 의도 : 트럼프 대통령의 노림수

중국과의 무역전쟁을 불사하는 트럼프 대통령의 의중에는 경제적, 정치적, 전략적인 세가지 노림수가 복합적으로 뒤엉켜 있다.

첫째, 경제적으로 하루 억 달러 규모의 기록적인 대중 무역수지 적자를 획기적으로 해소하는 것이다. 둘째, 정치적으로 중미 통상문제를 해소하여 정치적 입지를 강화하는 것이다.

트럼프 통상정책의 시작이자 끝은 무역수지 적자해소이다. 트럼프 대통령에게 무역수지 적자는 '미국 일자리를 뺏는 나쁜 것'이다. 무역수지 적자 해소를 위해 트럼프 대통령은 상호호혜적이고 공정한 무역을 내세우며 상대국에게 미국산 구매·미국인 고용이라는 정책으로 압박하고 있다. 이런 공세적 통상정책을 통해 자신의 지지기반인 미국 중서부 러스트 벨트 지역에 일자리를 창출하여 재집권의 길을 열겠다는 것이 트럼프의 의중이다. 2018년 5월 고위급 협상에서 미국은 향후 2년간 2000억 달러 규모의 미국산 제품을 추가 구매할 것을 요구 한 바 있다. 이는 현재 미국의 대중 수출을 뛰어 넘는 규모이다. 협상은 물론 결렬되었지만, 중국은 1000억 달러 규모는 수용 가능함을 시사한 바 있다. 항공기 농업분야의 미국산 구매 증가, 금융시장 개방 등이 그 방안으로 제시되었다. 트럼프 대통령이 무리한 요구를 하면서 관세 핵폭탄이라는 초강수를 둔 것도 중국 정부가 직접 나서서 무역수지 적자를 획기적으로 줄이라는 요구의 거친 표현인 것이다. 트럼프 대통령이 이러한 정책을 통해 대중 무역적자 폭을 크게 축소할 경우, 이는 그가 처한 정치적 난관에 대한 타개책이 될 뿐만 아니라 대선가도를 밝히는 청신호가 될 것이라는 전망이다.

셋째, 전략적으로 세계 제2위 경제대국으로 성장한 중국을 경계하고, 향후 세계경제질서를 좌우할 첨단산업 분야에서 우위를 점하려는 의도이다.

트럼프 행정부가 이번 무역전쟁에서 중국의 첨단산업 육성책인 '중국 제조 2025'를 겨냥하고 있는 이유는 중국이 경제 규모 면에서 미국을 추월하는 것은 어쩔 수 없다 할지라도 기술 혁신이 핵심인 질적인 측면에서는 선도적 지위를 내주지 않겠다는 데 있다. 결국, 이번 중미 경쟁의 숨겨진 본질은 기술패권을 둘러싼 경쟁이다.

2) 중국의 의도 : 시진핑의 자신감

시진핑 집권 이후의 중국은 이전의 중국과 확연히 다르다. 중국이 과거 도광양회(韜光養晦, 빛을 감추고 힘을 기른다) 의 노선을 걷던 모습과 달리 미국의 거센 공세에 '선언 대 선언', '행동 대 행동' 의 패턴을 보이면서 당당히 맞서는 이면에는 중국몽과 중국굴기를 앞세우며 1인 지배체제를 다져온 시진핑 체제의 자신감과 정치논리가 작용하고 있다.

따라서 중국은 첫째, 이번 통상전쟁에서 미국의 강압에는 당당하게 맞서는 모습을 보여주려고 한다. 19세기 서세동점의 제국주의 시대, 서구 열강의 요구에 무기력하게 자국영토와 주권을 유린 당했던 그런 중국이 아님을 중국 인민들에게 보여 주어야 하는 역사적 의무를 가지고 있는 것이다.

둘째, 중국은 미국과의 통상마찰이 전면적인 통상전쟁으로 확전되는 것은 원하지는 않는다. 2018년 9월에 중국정부가 발표한 "중미무역마찰의 현실과 중국의 입장"(关于中美经贸摩擦的事实与中方立场)에 이어 두 번째로 2019년 6월 2일 발표된 '중미 경제무역협상 관련 중국 입장'에서도 입장은 일관되게 분명하다. 중국은 "상호존중, 호혜공영의 원칙에 따라 협력강화 및 분쟁관리를 통해 균형과 포용, 윈-윈의 중미관계를 구축"해야 한다고 주장했다. 이는 양자관계의 안정성을 유지해 나가겠다는 의미이다.

그러나 셋째, 중국은 자국의 핵심이익에는 타협이 없다는 것을 분명히 하려고 한다. 중국의 기술 굴기를 표방하는 중국 제조는 정당한 산업정책이며 미국의 지나친 간섭은 결코 용납할 수 없다고 선을 긋고 있다. 중국은 '숫자는 조정 가능하지만 시스템은 협상의 대상이 아니다.'라는 입장을 취하고 있다.

미국과 중국의 의도를 꿰뚫어보면 타협의 영역은 존재한다. 그 영역은 바로 무역수지 적자축소와 중국 시장의 추가 개방이다. 다만, 관건은 시한과 범위에 있다. 트럼프의 재선의 향방과 중국정부의 손에 달려있다.

중미 무역전쟁이 조만간 종식될 것으로 예상하는 전문가는 거의 없다. 비록 시초는 무역불균형과 관세전쟁이지만 중미간 분쟁의 본질을 경제대국간 기술 패권 경쟁과 새로운 국제경제 질서에 대한 대립으로 보기 때문이다. 필자 역시 중미 무역전쟁은 '분발유위(奮發有爲), 대국굴기(大國屈起), 중국몽(中國夢)'으로 대표되는 중국 지도부의 공격적인 대외정책과 트럼프 대통령의 자국 우선주의가 대립해 발생한 세계 패권다툼이 근본적인 원인이라고 본다. 결국 중미 무역전쟁은 중간에 일부 분야에 대해 단계별로 합의하는 모양새를 보이며 실리와 명분 싸움이 지속될 것이다. 장기적으로 국제통상질서 주도권 싸움이기 때문에 갈등이 지속되는 것은 불가피해 보인다.

3. 한국경제에 미치는 영향과 대응

발제문에서 글로벌 가치사슬를 고려할 경우, 미국-중국간 무역분쟁이 한국에 미치는 전체적인 경제효과는 다소 제한적인 것으로 분석하고 있다(Cecilia Bellora and Lionel Fontagne(2019)). 한국무역협회(2019)의 분석에 따르면 한국의 대중국 수출에서 75%는 중국 내수용이고 중국에서 미국으로 수출되는 제품에 이용되는 비중은 5%에 불과하기 때문이다. 또한 한국수출입은행(2018)의 자료를 이용해 중국에 진출한 한국기업의 매출구조를 살펴보면 2017년 기준 중국 현지 매출이 60%, 한국으로의 수출이 35%를 차지해 중국 진출 우리 기업들에 대한 중미 무역분쟁의 영향도 제한적일 것으로 추정된다.

물론 주요국 간 무역전쟁이 한국에게는 반사이익적인 측면에서 기회 요인이 될 수도 있다. 미국이 중국산 제품에 고율 관세를 부과하면 수입업자들은 관세부과 이전의 중국 제품 가격보다 비싸기는 하지만 관세부과 이후의 중국 제품 가격보다는 싼 다른 수입제품으로 대체 수입을 늘리게 된다. 무역이론에서 흔히 이야기하는 무역전환 효과이다. 그러나 이러한 무역전환 효과는 미국의 다른 모든 교역 대상국들에게도 똑같이 적용되는 것으로 이는 그 안에서 또 다른 치열한 경쟁을 의미한다. 즉, 가격 및 품질 경쟁력 우위에 있는 제품은 무역전환 효과의 수혜국이 될 수도 있지만 경쟁에서 밀리면 입지는 그만큼 더 줄어들게 되는 것이다. 글로벌 무역전쟁 등으로 전 세계적으로 소비시장이 위축되면서 중장기적으로 이러한 승자독식 현상은 더욱 가중될 것으로 보인다. 결국 한국기업에게는 그 어느 때보다 제품 경쟁력 제고를 위한 내실을 다질 때이다.

한때 '안미경중(안보는 미국, 경제는 중국)'이라는 용어가 유행하기도 했으나 경제와 안보의 구분이 어려워지는 지금의 상황에 적절치 않다는 지적이 많다. 왜 많은 국내외 전문가들이 원칙을 세워서 중미 무역전쟁에 대응해야 한다고 주장하는지 되새겨볼 필요가 있다(정인교, 2018; 오경수, 2018; 최병일 2018; 지만수, 2019; 이승주, 2019; 정철, 2019 등). 그 원칙의 근간은 국제규범이 되어야 할 것이다. 또한 국제사회에서 자유롭고 공정한 무역이 담보될 수 있도록 국제협력을 강화할 수 있는 플랫폼 마련에 적극 나서야한다. 오경수 한국경제연구원 부연구위원(2018)의 무역분쟁의 해법으로 ASEAN과의 협력 중요성을 강조하면서 CGE 모형분석 결과 현재 한중일 삼국이 각자 ASEAN과 FTA를 맺고 있는 상황(Hub and spoke)에서 다자간 무역협정으로 옮겨갈 경우, 한국의 GDP는 약 2.3%p(2011년 GDP 기준 약 275.4억 달러) 증가하는 것으로 나타났다고 밝혔다. 양자체제보다는 다자무역체제가 유리하다는 것이다. 다자무역체제는 물론 RCEP, 한중일 FTA, CPTPP, 태평양동맹(Pacific Alliance) 등 다양한 복수국간 통상협정의 활용과 함께 최근 정부가 추진하는 신남방정책과 신북방정책을 통상정책에 접목하여 수출시장 다변화 방안을 모색할 필요가 있다.

중국말에 "한 울타리를 세우는 데 말뚝이 세 개 필요하듯이, 영웅도 세 사람의 도움이 필요하다(一个篱笆三个桩, 一个好汉三个帮)"라는 말이 있다. 우리가 중미 사이에 끼인 국면을 현명하게 타개해나갈 묘책, 세가지 말뚝은 결국 '유리공 던지기'에 가까운 세밀한 접근과 원칙에 근거한 민관합동의 냉정한 정책적 결정, 여기에 패권경쟁으로 흐르는 글로벌 트렌드를 정확하게 이해하고 유연하게 대응하는 것이다.[2]

---

2) 본고는 <중미무역전쟁의 원인과 주요 변수 – 중미관계 및 한국경제에 미치는 영향> 발제문에 대한 토론문으로 추후 수정보완이 필요합니다. <참고문헌>은 단행본 제작 시 제공할 예정입니다.

중미 무역전쟁과 한국의 대응

China-USA Trade Disputes and Korea's Response

전동한 (배화여자대학교 국제무역학과 교수)

──────────── \<국문초록\> ────────────

미국의 자유무역주의는 트럼프 행정부가 시작되면서 전례 없는 보호무역주의로 전환되었다. 미국의 무역 보복 형태는 특정 업종이나 산업, 특정국 등 다양한 형태와 각도에서 진행되고 있으며 중국과의 관계에서는 양국이 무역협정을 체결한 이래 최대 폭의 대중국 무역적자 해소를 위해 압박 강도를 강화하고 있다. 중미 무역 분쟁의 본질은 첨단기술과 글로벌 경제 패권 장악을 위한 양국간 전방위적 힘겨루기에서 비롯된 것으로 볼 수 있다. 세계 제일의 경제국가로 발돋움하려는 중국과 이를 견제하려는 미국과의 무역 분쟁은 때로 소강 국면을 보이면서 부분적 타결을 이룰 수는 있겠지만 장기적인 측면에서는 그 기간이 오랫동안 지속될 것으로 예상된다. 조만간 중미 간에 협상이 타결된다 하더라도 미국과의 이해관계가 깊은 이란·북한 등의 지정학적 위험요인, 취약 신흥국들의 불안 등과 맞물릴 경우에는 국내외 경제적 불안은 더욱 심화될 것으로 예상된다. 따라서 이들 중미 양국 간의 무역 분쟁은 세계뿐만 아니라 우리나라의 교역 환경에도 심각한 악영향을 미칠 수 있는 만큼 철저한 대비책 마련이 필요하겠다.

주제어 : 통상, 분쟁, 무역전쟁, 자유무역, 보호무역

Ⅰ. 서 론

미국의 자유무역주의는 트럼프 행정부가 시작되면서 전례 없는 보호무역주의로 전환되었다. 미국의 무역 보복 형태는 특정 업종이나 산업, 특정국 등 다양한 형태와 각도에서 진행되고 있으며 특히 중국과의 관계에서는 1979년 양국이 정식으로 국교를 수교하고 무역협정을 체결한 이래 최대 폭의 대중국 무역적자 해소를 위해 압박 강도를 강화하고 있다.

2018년 3월 8일 트럼프 대통령은 중국산 철강과 알루미늄 제품 수입이 미국 국가안보에 위협이 된다는 이유로 3월 23일부터 중국산 철강과 알루미늄 제품에 각각 25%와 10%의 관세를 부과하였다. 이에 대응하여 중국도 4월 2일 미국산 과일과 와인, 강관, 재생 알루미늄 등에 15%-25%의 보복관세를 부과하면서 관세전쟁이 시작되었다. 이에 미국 무역대표부(USTR; Office of the United States Trade Representative)는 1,334개 품목 500억 달러 규모의 중국산 제품에 대해 25% 관세부과 방침을 발표하였고, 중국 상무부도 다음날 곧바로 대두, 자동차 등 106개 품목 500억 달러 규모의 미국산 제품에 대해 보복관세 부과 방침을 발표하였다. 이후 5월 3일부터 7일까지 중미 양국의 무역협상 대표가 베이징에서 협상을 진행하였지만 합의에 이르지 못했고, 6월 15일 미국이 중국산 제품에 대한 500억 달러 규모의 관세부과 목록을 발표한 후 중국도 다음 날 바로 미국산 제품에 대한 500억 달러

규모의 보복관세 부과 결정을 발표하면서 7월 6일 양국간 무역전쟁은 전면전으로 확대되었다.[1]

중미 무역 분쟁의 본질은 첨단기술과 글로벌 경제 패권 장악을 위한 양국간 전방위적 힘겨루기에서 비롯된 것으로 볼 수 있다. 세계 제일의 경제국가로 발돋움하려는 중국과 이를 견제하려는 미국과의 무역 분쟁은 때로는 소강상태의 국면을 보이면서 부분적 타결을 이룰 수는 있겠지만 장기적인 측면에서는 그 기간이 오랫동안 지속될 것으로 예상된다. 따라서 이들 양국간의 무역 분쟁은 세계뿐만 아니라 우리나라의 교역 환경에도 심각한 악영향을 미칠 수 있는 만큼 철저한 대비책 마련이 필요하겠다. 이것이 이 논문의 연구 목적이다.

이에 본 논문은 제1장 서론, 제2장 무역전쟁과 중미 무역전쟁 배경, 제3장 중미 무역전쟁 현황과 전망, 제4장 중미 무역전쟁에 대한 한국의 대응 방안, 제5장 결론으로 구성하였다.

---

1) 진정미, "미·중 무역전쟁의 경제적 영향과 중국의 대응 전략 연구", 「경상논총」, 제11권 제2호, 청주대학교 경영경제연구소, 2019, p.24.

Ⅱ. 무역전쟁과 중미 무역전쟁 배경

1. 무역전쟁의 역사

1) 포르투갈

대항해 시대인 15세기에는 향신료와 귀금속을 얻기 위하여 대외무역이 이루어졌는데 이때 세계 무역 역사를 주도한 국가는 포르투갈과 스페인이었다. 유럽은 당시 동방의 향신료에 매료되어 향신료에 대한 수요가 크게 증가했음에도 교역로가 차단되었는데, 이는 오스만 제국이 번성한 상태에서 유럽과 동방간 무역로를 차단했기 때문이었다. 이에 따라 유럽인들은 해상이라는 새로운 교역로 개척에 나서게 되었는데, 포르투갈은 해상 무역을 독점하고 해외 영토를 확장하면서 해상활동을 조직적으로 지원해 유럽 항해의 중심지로 부상하였다.

2) 스페인

스페인은 포르투갈이 독점한 인도양 무역에 나설 수 없었기 때문에 새 항로를 개척하여야 했다. 콜럼버스가 금이 가득한 신대륙을 발견하면서 세계는 신세계 탐험과 식민지화라는 대항해 시대가 열렸다. 스페인은 신대륙 발견으로 16세기 말 세계 귀금속 채굴량의 85%를 차지하면서 막대한 부를 이뤘으나 포르투갈과 스페인 두 나라는 넘쳐나는 풍부한 통화로 인해 수입에는 의존하면서 산업발전에는 소홀하였다. 결과적으로 산업기반이 쇠퇴한 두 무역 강국은 200여년이 지나면서 급속히 몰락하였고 네덜란드가 신흥 무역 강국으로 해상 패권을 차지하게 되었다.

3) 네덜란드

네덜란드는 무역을 비즈니스 영역으로 발전시켰다. 그 결과 최초 주식회사인 동인도회사가 탄생되었다. 동인도회사 설립 이후 국민 대부분이 증권을 거래하면서 세계 최초 주식시장도 탄생하였다. 대항해 시대에서는 개척되지 않은 미지의 세계가 많았기 때문에 무역 분쟁이 크게 발생하지는 않았다. 다만, 분쟁은 교역을 원하지 않는 나라와 벌어졌고 분쟁이라기보다는 약탈에 가까웠고, 협상보다는 전쟁을 택했다. 17세기 네덜란드는 100년간 세계 무역의 중심국가 이었으나 해군력과 제조업 기반의 약화로 인해 영국의 해상봉쇄 작전에 항복하게 된다.

4) 영국

영국은 16세기까지 유럽 변방이었다. 초기 영국은 해적으로 유명했고 해적을 기반으로 해군을 창설하여 스페인 무적함대를 격파한 뒤 네덜란드를 해상 봉쇄하여 항복을 받아냈다. 영국은 17세기 중반부터 20세기 초반까지 맹주의 지위를 유지하였다. 영국은 네덜란드와 달리 산업발달로 제조업 기반을 갖추고 있었기 때문에 대규모 선박제작과 무기생산이 가능했고, 전투력을 갖춘 해군의 강력한 군사력으로 당시 최강국이 될 수 있었다. 영국은 자유무역을 거절하는 국가에 대해서는 무력을 동원하였는데 그 대표적 사례가 아편전쟁이다. 청나라가 아편을 몰수하고 금수조치를 발동한 사실을 빌미로 전쟁을 일으켰는데, 중국은 아편전쟁에서 패해 결국 영국에 문호를 전면 개방하게 되었다. 영국이 세계무역을 주도할 수 있었던 배경에는 강력한 군사력이 있었다. 영국은 증기엔진이라는 1차 산업혁명은 이룩했으나 이후 내연기관 발전이라는 2차 산업혁명 시기에서 뒤쳐졌다. 영국은 혁신에 실패하면서 점차 패권을 잃어갔고 독일, 미국 등 신흥 제조국가 중심으로 보호무역 기조가 확산되었다. 1870년 무렵 시작된 2차 산업혁명으로 독일과 미국이 새로운 강국으로 부상하면서 비약적인 과학기술 발전과 내연기관 혁신은 자동차와 선박 등 제조업의 발전으로 이어졌다.

5) 미국

미국은 보호무역주의를 펼치며 자국 산업을 보호하였는데 제1차 세계대전과 대공황을 거치며 평화적으로 패권은 미국으로 이동되었다. 1929년 대공황을 맞아 그 여파가 세계 각국으로 확산되었을 때 미국의 강도 높은 보호무역 법안인 스무트-할리 관세법이 제정되었고 이에 대항하는 미국의 교역국들은 보복관세로 대응하면서 1930년대 초 보호무역이 확산되었다. 미국은 제2차

세계대전 이후 초강대국으로 변모했고 브레튼우즈 회담으로 미 달러는 기축통화 지위를 얻게 되었다. 1947년 보호무역에 대한 극복의 성격으로 GATT(General Agreement on Traffic and Trade; 관세와 무역에 관한 일반 협정)가 창설되었으며 세계는 자유무역 체제로 전환되는 계기가 마련되었다.

2. 미국 무역전쟁 사례

1) 스무트–할리 법

1930년 미국에서 스무트-할리(Smoot Hawley Tariff Act) 법안이 제정되면서 세계 무역전쟁을 촉발시켰으며 이로 인해 국제교역 급감과 세계 대공항 심화라는 결과를 초래하였다. 미국은 경기가 어려워지자 관세를 높여 자국기업을 보호하기 위해 2만 개 이상의 수입품에 대한 최고 400%에 이르는 관세를 부과하였다. 그러나 이러한 조치로 인해 미국 경제성장률은 하락하고 무역규모가 축소되는 등 상황은 더욱 악화되었다. 여기에 미국 관세 인상에 보복하기 위해 주요국의 경쟁적인 관세 인상이 이어지면서 세계 교역이 약 30% 감소하고 주요국의 산업생산이 급감하는 등 세계 경제에 부정적인 결과를 초래하였다.

2) 닉슨 쇼크

1971년 8월 달러화의 금태환 정지 선언과 수입 과징금 10% 부과를 포함한 신경제 정책을 발표하면서 전세계 경제에 충격을 준 닉슨 쇼크이다. 1970년대 초반 미국은 베트남 전쟁 등으로 경제 상황이 악화되었다. 당시 독일, 일본의 수출 경쟁력이 상승하고 있는 가운데 미국은 자국 산업을 보호하기 위해 관세를 부과하였고, 달러 가치가 약세를 보이면서 일본 엔화와 독일 마르크화는 각각 10%, 5% 상승하면서 이들 상품의 가격 경쟁력을 더욱 악화시켰다. 더욱이 수출에 성장 기반을 둔 한국은 닉슨 쇼크로 인해 경제성장률이 크게 낮아졌다.

3) 플라자 합의

미국은 당시 달러 강세 문제를 해결하기 위해 1985년 9월 뉴욕에서 G5 재무장관회의를 열었으며, 합의가 채택되자 달러는 약세로 돌아섰고 독일 마르크, 일본 엔화는 강세로 전환하게 만든 1985년 플라자 합의다. 미국은 1980년대 초반에 시작된 경제 위기를 막기 위해 달러 가치를 절하하는데 주요국과 합의했다. 이로 인해서 일본 엔화와 독일 마르크화는 달러 대비 절상되었고, 특히 일본의 경상수지 흑자폭이 줄어들게 되었다. 원화의 가치도 상승했으나, 상대적으로 엔화와 마르크화에 비해 상승폭이 크지 않아 오히려 반사이익을 얻는 등 한국 경제에 미치는 영향은 크지 않았다.

4) 슈퍼 301조

1990년대 무역적자 해소, 정치적 지지기반 강화 등의 목적으로 미국은 한국산, 일본산 자동차에 대한 슈퍼 301조를 부활시켰다. 슈퍼 301조는 클린턴 대통령 정부 시절 일시적으로 부활하였다. 대표적으로 1994년 일본, 1997년 한국의 자동차 시장에 슈퍼 301조를 적용하는 사례가 있었다.

5) 철강 세이프가드

2002년 미국 통상법 201조(세이프가드)를 발동하여 수입 철강재에 관세를 부과하는 조치를 발표했으나 무역상대국 반발 등으로 조기 철회되었다. 세이프가드는 미국의 자국내 철강산업 보호와 정치적 기반 강화를 위한 조치였다. 이로 인해 주요국들이 WTO에 제소하였고 미국 상품에 대한 보복조치에 대한 논의가 있어 무역전쟁 확대가 우려되었다. 그러나 미국은 WTO에서 패소 판정을 받아 이 조치는 철회되었다.

6) 글로벌 금융위기 시기의 무역정책

2008년 금융위기 이후 미국은 경제를 재건하기 위해 많은 부양책과 수출확대 정책을 펼쳤다. 그 과정에서 미국은 양적완화와 초저금리 조치로 글로벌 달러 약세, 글로벌 불균형 등으로 환율전쟁 우려가 확산되었다. 또한 국제조약 의무 준수 하에 수출 확대를

추진하였고 불공정무역 감시, 무역상대국으로의 무역 구제조치를 강화하였다.[2]

2. 중미 무역전쟁 배경

미국이 중국산 제품에 대해 관세를 부과하는 원인을 살펴보면, 첫째, 미국의 무역수지 적자 중 중국이 차지하는 비중이 가장 높다는 것이다. 미국 무역수지 적자에서 중국이 차지하는 비중이 2007년 32%에서 2017년 47.2%로 확대되었다. 둘째, 중국이 강대국으로 부상하고 있는 가운데 산업구조 고도화를 통해 산업 경쟁력을 강화하는 등 글로벌 위상이 높아지고 있기 때문이다. 중국은 '제조 2025'를 통해서 고부가 및 고기술 제조업 체제로 전환하면서 자급률 향상과 대외의존도 완화 효과를 기대하고 있다. 셋째, 미국은 미국 기업의 지적재산권 보호를 더욱 강화하는 동시에 미국 기술 경쟁력을 유지하기 위해 중국에 대해 무역법 301조를 발동하였다. 중국의 기술 이전 및 지식재산권 관련 법, 제조, 관행으로 미국 기업들이 피해를 받고 있다고 인식하고 있다. 또한 중국의 기술 및 과학 경쟁력이 빠르게 상승하면서 미국과의 격차를 줄였으며, 하이테크 제조업 수출 규모도 중국이 미국을 추월하였다. 중국의 하이테크 제조업 수출 규모는 2016년 기준 4,960.1억 달러로 미국보다 약 3배 많은 수준이다.[3]

---

[2] 정민·김수형, "과거 미국발 무역전쟁 사례와 시사점", 「경제주평」, 18-20, 현대경제연구원, 2018.5, pp.1-2.

[3] 정민·홍준표·한재진, "무역전쟁이 중국의 대미 수출에 미치는 영향과 시사점", 「경제주평」, 18-27, 현대경제연구원, 2018.7, pp.1-2.

<표 1> 중국 제조 2025 전략

구분	내용
10대 핵심 중점 산업	①차세대 IT산업 ②항공우주설비 ③선진 철도 교통설비 ④전력설비 ⑤해양 엔지니어링 설비 및 첨단 선박 ⑥고급 정밀 수치제어 공작기계 및 로봇 ⑦농업기계설비 ⑧신소재 ⑨에너지절약·신에너지 자동차 ⑩바이오 의약 및 고성능 의료기기
5대 중점 프로젝트	①제조혁신능력센터 건설, 제조업종 구조 전환 ②스마트 제조업 발전, 산업 로봇화 발전 ③공업기반 강화, 핵심 기초기술 지원 ④친환경 제조기술 개발, 에너지 효율 향상 ⑤첨단설비 개발

자료 : 중국 정부 자료 요약, 현대경제연구원, "무역 전쟁이 중국의 대미수출에 미치는 영향과 시사점", 「경제주평」, 18-27, 현대경제연구원, 2018.7, p.5.

Ⅲ. 중미 무역전쟁 현황과 전망

1. 미국의 무역전쟁

1) 미국의 의도

(1) 대중국 수입 의존도를 줄이려는 의도

무역전쟁은 미국이 중국으로부터 수입 의존도를 줄이려는 의도이다. 미국은 중국 수입시장 점유율이 2005년 6.2%였으나 2015년 6.9%, 2017년 7.1%로 완만한 상승 흐름인 반면, 중국은 미국 수입시장에서 2005년 14.5%에서 2015년 21.5%, 2017년 21.6%로 빠르게 상승하였다. 2017년 한 해만 하더라도 미국의 대중 무역적자는 3,752억 달러였다. 2001-2017년 누적적자는 4조 3,793

억 달러였다. 결국, 미국은 중국을 상대로 무역전쟁을 시작하였고 미국은 2018년 6월부터 2년 동안 매년 1,000억 달러씩 중국의 대미 무역흑자를 줄이라고 요구한다. 또한, 미국은 '중국 제조 2025'와 관련된 산업인 로봇, 항공우주, 전기차 등 전략산업에 대한 중국 정부의 지원금을 모두 폐지하고 미국이 부과하는 수준 이하로 중국의 관세율을 낮출 것을 요구하고 있다. 그렇지 않으면 미국은 대중 수입상품에 높은 관세를 부과하는 등 직간접적으로 수입을 억제하겠다는 것이다.

(2) 미국의 초과공급 상황을 해결하려는 의도

무역전쟁은 저금리로 인한 초과공급 상황을 해결하려는 의도다. 금융위기 이후 극단적인 저금리 상황이 이어지면서 구조조정이 부진했고, 한계생산시설이 계속해서 유지되어왔다. 이 와중에 셰일개발과 기술발전에 의한 신산업 발전 등으로 2010년 이후 미국의 생산능력은 2000년대 못지않게 증가했다. 한계생산시설의 잔존 상황은 산업생산이 이전 고점을 상회하는 상승에도 불구하고 가동률 부진의 요인이 되고 있다. 이러한 상황은 하위직 및 한계기술수준 노동자의 생계에 위협으로 작용하고 있고, 보호무역주의의 정치적인 압력 상승으로 나타나고 있다. 초과공급 상태의 미국 산업을 대중 수입규제를 통해 해결하고자 하는 것이다.

(3) 중국을 소비국가로 만들려는 의도

미국은 무역전쟁으로 중국을 소비국가로 만들려는 의도다. 미국이 무역수지 적자국이고 중국이 흑자국인 것은 근본적으로 각국의 저축과 투자의 차이에 기인한다. 국민소득 결정식(소비+투자+정부지출+수출=소비+저축+조세+수입)에서 정부가 균형예산을 편성한다면 저축과 투자의 차이는 수출과 수입의 차이와 같다. 한 나라 경제에서 저축이 투자보다 많으면 그 나라는 무역수지 흑자국이고 그 반대의 경우는 적자국이다. 중국은 저축이 투자보다 높은 나라이기 때문에 무역수지 흑자국일 수밖에 없다. 2001년-2017년 동안 중국의 국내투자율은 43%로 매우 높지만, 총저축률은 47%로 이보다 더 높았다. 이 4% 포인트의 차이만큼 중국이 무역수지 흑자다. 이와 달리 미국의 경우는 국내투자율 21%가 총저축률 17%보다 4%포인트 높아 무역수지가 적자를 기록할 수밖에 없었다. 무역수지 적자가 근본적으로 줄어들기 위해서는 미국 가계가 소비를 줄이고 저축을 늘리든지 기업이 투자를 덜 해야 한다는 것이다. 이런 문제가 해소되지 않으면 미국의 대중 무역적자도 크게 줄어들지 않을 전망에 중국을 소비국가로 만들려고 한다.

(4) 중국의 경착륙 유도

미국은 무역전쟁으로 중국의 경착륙을 유도하려 한다. 리커창 총리는 2013년 '의도적인 경기 부양책 금지, 채무 절감, 구조 개혁' 등 3가지 경제 운영 원칙, 이른바 리커노믹스를 천명하였으나 문제는 지금까지 리커노믹스가 현실화 됐다고 보기 힘들다. 경기가 안 좋을 성싶으면 부양책이 활용됐고, 부채 축소도 부진했다. 1990년대 이후 중국에서 투자는 국내총생산의 50% 정도를 차지하며 고속 성장의 핵심 역할을 했다. 그런데 총부채 증가율을 국내총생산으로 나눈 수치가 2007년 이전에는 1.1 정도였지만 2013년 3.3이 됐고 지금은 4에 육박하여 투자효율이 4분의 1로 떨어졌다. 중앙과 지방정부가 성장률에 집착한 결과이다. 투자를 줄여 부채축소와 투자 효율성을 재고해야 하지만, 그것이 불가능한 것이 중국 경제의 구조적 모순이다. 미국은 이에 무역전쟁으로 중국 경제의 내부 모순의 증폭과 분출을 촉진하려 한다.[4] 미국은 중국의 고질병인 3대 회색 코뿔소 즉, 그림자 금융, 과다 부채, 부동산 거품의 큰 원인인 부동산을 경착륙시켜 중국을 견제하려 한다. 미국은 달러 유동성을 빠르게 축소하여 중국의 부동산 가격을 경착륙시켜 역자산효과(특정 가계가 소비를 전생애에 걸쳐 안정적으로 유지하기 위해서는 현재와 미래 기대소득 뿐만 아니라 보유자산 가치를 감안해 결정해야 한다는 항상소득가설과 생애주기가설에 근거를 두고 있다)를 통한 중국의 경기침체를 심화시키려 한다.[5] 무역전쟁으로 중국내 경기둔화 우려 속에 위안화 가치가 급락했다. 위안화 가치가 급격하게 떨어진 것은 중국내 경기침체와

---

4) 김기수, "중국 경제 추락이 美 통상 압력 때문이라고?", 조선일보 시론, 2018.11.12.
5) 조선일보 기사, "한국 최대시장, 중국 내수도 꺾인다", 조선일보, 2018.11.5.

자산가치 하락으로 불안감을 느낀 자본이 해외로 빠져나가고 있기 때문으로 중국은 외환보유액을 고갈시키지 않고 환율을 방어해야 하는 딜레마에 빠졌는데 미국은 계속해서 중국의 외환보유액을 고갈시키려 할 것이다.

(5) 미국의 지적재산권 보호 및 중국의 기술수출 규제 의도

무역전쟁은 미국의 지적재산권 보호 및 중국의 기술수출을 규제하려는 의도이다. 미국의 관세부과 품목을 보면 전기·전자제품이 가장 많다. 미국이 1차적으로 중국에 관세를 부과한 818개의 품목 중 원자로 보일러와 기계류, 전자기기 관련 항목이 603개로 대부분을 차지하고 있고, 중국의 대미 무역수지를 보면 전기·전자제품의 비중이 절대적임을 감안했을 때 미국은 가장 효과적으로 대중 무역적자를 줄이고 기술유출을 막기 위해 전기·전자제품에 대해 관세를 부과하려는 의도를 엿볼 수 있다. 또한, 미국은 중국의 팽창정책에 죽의 장막(중국과 자유지역 국가간 장벽)을 부활하고 있다. 미국은 시진핑 주석이 주창하는 자력갱생에 의해 중국이 핵심 부품과 원자재 자급률을 2025년 70%로 끌어 올린다는 내용이 핵심인 '중국 제조 2025'를 수정하도록 할 것이다. 이런 점에서 중국을 미국 산업 패권을 위협하는 국가의 적이라고 규정한다. 미국의 제재로 중국의 반도체, ZTE, 화웨이 등 중국 첨단기업이 어려움을 겪고 있다.[6] 미국은 중국의 기술추격을 차단하려

---

6) 한국경제신문 기사, "中 팽창정책에 美 '竹의 장막' 부활 경고", 한국경제신문, 2018.11.14.

한다. 미국은 중국의 미국 기업에 대한 기술이전 강요, 중국의 불공정 무역관행, 무역 불균형 해소, 중국의 첨단산업 보조금 지급 중단, 무역전쟁을 촉발한 중국의 지식재산권 절도 논란 등의 해결을 중국에 요구하고 있다.[7]

(6) 공정무역의 요구

미국은 무역전쟁을 통하여 공정무역을 요구한다. 트럼프의 저서 **"TIME TO GET TOUGH"**에서 중국을 보는 견해로 "워싱턴 정치가들이 아무리 달콤한 말들을 해도 중국 지도자들은 미국의 친구가 아니다. 오바마는 세계무대에 중국을 정당한 국가로 등장시켰다. 그러나, 그 대가로 받아 낸 것이 무엇인가?"라고 하며 중국을 WTO에 가입시켰으나 중국이 룰을 무시하고 있다고 비판하고 있다. 미국은 이런 불평등한 구조를 바꾸려 한다. 또한, 미국 철강업체들은 현재 글로벌 철강 생산량의 절반가량을 차지하는 중국의 과잉공급으로 고통을 받고 있고, 북미자유무역협정 이후 자동차업체들이 부품 원산지규정의 빈틈을 이용해 수많은 부품을 역외에서 들여와 멕시코산 자동차에 사용한다며 여러 가지 상황에서 세계무역기구(WTO; World Trade Organization)는 중국의 부상에 대한 대응에서 완벽하게 무능하고 중국의 왜곡되고 차별적인 무역행위를 바로잡는데 실패했다며 트럼프는 글로벌 룰을 바꾸려 한다.[8]

---

7) 조선일보 기사, "상장 연기, 생산 중단... 美中 무역전쟁에 중국 IT 직격탄", 조선일보, 2018.10.25.
8) 한국경제신문 기사, "美·中 무역전쟁 '키맨'은 강경파 라이트하이저", 한국경제신문, 2018.11.21.

(7) 중국의 금융시장 개방

무역전쟁을 통해 미국이 노리는 것은 금융전쟁을 이용한 중국의 금융시장 개방이다. 중국의 과잉생산 시설이 존재하는 상황에서 미국이 대중 수입을 규제한다면 중국은 초과공급으로 인한 디플레이션 압력이 거세져 구조조정을 할 수 밖에 없는 상황이 초래되고 미국은 중국에 금융시장 개방을 요구할 것이다. 즉, 미국이 대중 수입을 규제한다면, 중국 경제에 내재해 있는 디플레이션 압력은 더 커질 것이며, 중국은 초과공급을 해소하기 위해 기업의 구조조정을 시작하고, 이 과정에서 기업의 부실이 늘어나 결국 은행의 부실로 이어지며 자산 가격이 급락할 가능성이 크다. 기업 및 은행의 구조조정에는 대규모의 공적자금이 필요한데, 이때 미국은 중국의 금융시장 개방을 강력하게 요구할 것이고 중국은 외환 및 자본시장을 자유화할 수밖에 없을 것이다. 미국이 무역전쟁으로 중국을 압박하면서 노리는 것은 중국의 완전한 금융개방이다. 중국 내수시장의 성장속도가 더 빨라져 세계의 자본이 중국으로 급속히 모이면 패권 국가 지위를 넘겨줄 가능성이 커지므로 그런 사태만은 어떤 수단을 쓰더라도 막으려 한다.

2. 트럼프의 인식

미국의 무역전쟁은 미국이 무역 상대국으로부터 손해를 보고 있다는 인식에서 비롯되었다. 트럼프 대통령은 무역적자로 미국이

무역 상대국 대비 큰 손해를 보고 있다고 생각하고 있으며, 불공
평한 교역 때문에 미국내 임금이 높고 질 좋은 일자리를 상대국에
게 빼앗기고 있다고 생각하고 있어서, 대통령 뿐 아니라 국민들도
무역에 대한 생각이 여타 국가 대비 부정적으로 생각한다고 여기
고 있다는 것이다. 이에 트럼프가 대중국 무역적자를 줄여 일자리
및 미국의 이익을 보존하려 보호무역을 펼치자, 지지율이 올라가
고 트럼프 대통령은 더욱 강경한 보호무역주의를 펼치고 있는 상
황이다. 최근의 중미간 무역전쟁은 미국과 중국 경제의 성장 방식
의 충돌이다. 세계화가 지난 70년간 진행될 때 중국이 성장하면서
그 과실을 많이 따가자 미국의 불만이 커졌다. 그 때문에 트럼프
는 대미 수출이 많은 중국을 겨냥했다. 트럼프는 현재 미국은 자
유무역이 아닌 보호무역을 하여야 할 상황으로 인식한다. 트럼프
는 자유무역으로 미국은 일자리만 없어진다고 믿는다. 트럼프는
TPP(Trans-Pacific Strategic Economic Partnership; 환태평양경제
동반자협정)도 중국이 아닌 미국이 무역질서를 새로 써야한다며
협정을 폐기하면서, 중국이 WTO에 가입한 이후 미국은 중국과의
무역적자가 2001년-2013년 기간 동안 2,400억 달러로 이르고 미
국의 일자리 320만 개가 중국으로 이전했다고 비판했다.

3. 중국의 무역전쟁

1) 중국 경제 전망

(1) 중국 구조조정

2009년 중국 정부는 기업에 투자를 유도해 고성장을 달성했다. 당시 중국 국내총생산에서 고정투자가 차지하는 비중은 2000년 35%에서 2008년 44%로 급등했다. 세계 평균이 22%인 것을 고려하면, 중국 기업들이 많은 투자를 했는데 문제는 투자 중심으로 성장하는 과정에서 기업부채가 크게 증가한 것이다. 기업부채가 2008년-2017년 사이 GDP의 92%에서 167%로 증가했다. 중국 기업이 주로 간접금융으로 자금 조달했기 때문이다. 기업들이 생산능력을 크게 늘려 놓았는데 무역분쟁으로 인하여 수요가 뒤따르지 못하고 있다. 소비 등 수요가 증가하거나 기업의 구조조정을 통해 생산 능력이 감소해야 디플레이션 압력을 줄일 수 있는데 미국이 무역전쟁을 강화하고 대중 수입을 규제하면서 디플레이션 압력은 더 커질 것으로써 초과공급을 해소하기 위해 기업은 구조조정을 할 수밖에 없다. 미국과의 무역전쟁은 수출을 감소시켜 구조조정을 촉진하게 될 것이다.

(2) 중국 부채위험

중국은 부채 문제로 구조조정이 빨리 올 것이다. 2018년 현재 기준으로 중국 채권 디폴트 규모는 6조 5천억 원으로 그 중 기업부채가 가장 컸다. 중국 비금융 상장기업은 2019년 만기도래 단기부채의 81%만 상환 가능하고 19%는 상환 불능이 예상된다. 상장기업이 이 정도면 비상장기업의 상환 가능성은 매우 낮을 가능성이 높다. 중국의 GDP 대비 총부채비율은 2007년 145%에서 2017년 256%로 국제기구의 경고가 있었고, 중국의 한계기업이 늘어나는 와중에 금리상승으로 어려움이 커지면 미국은 부채 문제가 큰 중국이 성장하지 못하도록 유동성을 줄여 자금경색을 만들 가능성이 크다.

중국은 일본과 달라서 거품을 형성한 후 거품을 제거하기에는 규모가 커서 거품이 안 꺼질 수도 있다. 따라서 거품이 커지기 전에 아예 세력이 확장되기 전에 죽이려고 할 것이다. 따라서 미국은 FED의 대차대조표상 자산을 축소하고 부채(국가의 예금)를 늘려서 달러 유동성을 줄이고 국제 달러시장에서도 달러 유동성을 줄여 중국에 자금경색을 만들려고 할 것이다. 그렇게 되면 부채가 많은 중국이 유동성 부족으로 어려워질 것이다. 벌써부터 중국 부동산 개발업체의 디폴트가 진행 중이고 위험은 더 빠르게 커지고 있다. 중국 부동산 개발업체의 주요 자금조달 수단 중 하나인 달러 표시 채권금리는 11월 초 연 11.2%로 치솟았다. 2018년 초보다 두 배 이상 높아진 것이다. 중국 경제성장에 부동산시장이 큰 역할을 해온 만큼 부동산업계의 디폴트가 현실화하면 중

국 금융시스템에 파장이 크게 될 것이다.9)

2) 중국의 관점과 대응

중국은 지금이 가장 위험한 때의 하나라고 생각한다. 세계에서 가장 강대한 패권국이 공개적으로 중국을 주요 상대로 삼고 무역전쟁으로 중국을 전면적으로 억제, 공격하는 동시에 중국의 발전 과정을 간섭한다고 생각한다. 개혁개방 40년간 중국은 경제학 원리 속에서 시장경제의 중요성을 깨닫고 분업화로 중국 특색의 사회주의 시장경제 시스템을 만들었고 2025년까지 중국 정부가 주도하여 첨단기술산업을 육성한다는 '중국 제조 2025' 정책을 추진하고 있다. 그러나 미국이 중국의 심각한 지적재산권 침해, 외국인 투자기업에 강제 기술이전 요구, 특정산업에 대한 지나친 정부의 보조금 지급 등을 문제로 삼자, 2018년 5월 28일 스위스 제네바에서 열린 WTO 분쟁해결기구(DSB; Dispute Settlement Body) 회의에서 미국이 주장하는 중국의 기술이전 강요는 증거가 없으며, 미국 기업의 기술이전은 정상적인 상업활동과 독립적인 기업 의사결정의 결과라고 반박했다. 중국에서 일어나는 기업 인수합병 활동을 중국 정부에 의한 것이라는 음모론적 시각으로 본다는 미국의 주장도 반박하고 있다. 중국은 경기 방어를 위해 강도 높은 통화·재정 정책 및 인프라 투자를 실시할 것으로 예상된다. 금리인하에 의한 경기 부양과 달리 수출이 막힌 상태에서 위안화 환율

---

9) 한국경제신문 기사, "디폴트 경고금 점점 커지는 中 부동산업계", 한국경제신문, 2018.11.13.

상승은 원자재 가격 상승 등 수입물가 상승으로 이어져 내수에 부담이 되고 외화자금 이탈 가능성이 커지므로 중국 정부는 위안화 가치하락 방어를 위해 개입에 나설 것이다. 지난해 8월 3일 인민은행은 상업은행들의 외환파생상품 거래시 20%의 위험준비금을 예치하는 의무를 재도입했다. 즉 위안화 절하를 막기 위한 조치였다. 중국 정부는 고속철도 등 정부의 비준을 받은 인프라 투자 프로젝트를 증가시키고 있다.

4. 중미 무역전쟁 추이와 전망

중미간 무역 규모의 현황을 보면 그 규모가 과거에 비해 확대되었을 뿐 아니라 현재 양국은 최대 무역 교역국이다. 미국은 전체 무역 중 대중국 규모가 2007년 12.4%에서 2017년 16.3%로 확대되었고, 전체 수출국 중 중국이 수출 규모가 3번째로 큰 국가에 해당된다. 중국의 경우 전체 무역 중 대미 무역 규모는 2017년 기준 14.3%로 가장 큰 교역 대상국이며, 전체 수출국 중 수출 규모가 가장 큰 국가이다. 미국 통상법 301조에 근거하여 관세를 부과하는 중국산 제품의 규모는 약 500억 달러 수준이며 대부분 기계와 전자기계에 집중되어 있다. 미국 무역대표부가 발표한 관세품목은 HS8단위로 1,333개 품목이며, 2017년 기준 미국이 중국으로부터 수입하는 규모가 약 464억 달러이다. 이는 미국의 대중국 총수입액 중 9.2%에 해당 된다. 이들 품목을 산업별로 보면 기계 43.2%, 전자기기 및 장비 31.2%, 정밀기기 13.9%로 순으로 가장 많이 차지한다.

미국의 중국산 수입품 2,000억 달러에 대한 관세율인상 (10%→25%)에 대해 중국이 강하게 반발하면서 미중간 갈등이 다시 격화되고 있다. 미국이 고율의 관세를 상당기간 유지할 경우 중국은 6%의 성장률이 위협받을 가능성과 함께 경상수지 적자전환 압력이 커질 우려가 있다. 미국의 중국산 제품 2,000억 달러에 대한 25% 관세 부과로 금년 중국의 GDP 성장률이 약 0.3% 하락(6.3%→6.0%)하고, 경상수지 흑자도 2018년 490억 달러 흑자를 보이던 것이 600억 달러 가량 감소하였다. 품목별로는 통신장비·컴퓨터회로·가구·자동차 부품 등의 대미수출이 가장 큰 영향을 받고, 향후 추가로 3,000억 달러 이상에 25% 관세율을 부과할 경우 휴대전화·노트북·장난감·TV·플라스틱제품이 큰 타격을 받을 것으로 예상된다.

미국의 대중국 수입 2,000억 달러 관세인상 품목의 절반 이상(전기전자·기계 등)이 '중국 제조 2025'에 해당되며 추가 관세 부과 대상 대부분은 소비재이다. 중국은 경상적자 규모가 커질 경우 자본유출 등 외환시장 불안과 기업 부채, 부동산 버블 등 내재 리스크가 부각되면서 금융 불안도 심화할 가능성이 크다. G2에 의한 글로벌 경기둔화 및 금융 불안 가능성에 유의하면서 중국의 시장개방 확대 등 기회요인도 함께 모색할 필요가 있겠다. G2 갈등은 무역분쟁에 그치지 않고 장기간에 걸쳐 기술·환율·자본시장

개방 등 다양한 분야로 확산될 가능성이 높으므로 수출 및 투자
의 다변화 노력과 함께 비교우위 산업의 진출 기회를 적극 활용
하여야 할 것이다.

Ⅳ. 중미 무역전쟁에 대한 한국의 대응 방안

1. 통상환경 측면에서의 대응 방안

트럼프에 의한 중미 무역전쟁이 세계 경제에 심각한 타격을 가
하면서 한국의 국내 실물경제에 악영향을 미칠 우려도 확산되고
있는 가운데 향후 글로벌 환율전쟁으로 이어질 가능성이 큰 만큼
이에 대한 대비가 필요하다.

첫째, 미국의 보호무역 정책 및 통상 분쟁에 대해 주변 국가와
의 국제공조 등을 통해 효율적으로 대응해야 한다. 외교적 역량을
강화하여 통상마찰을 최소화하고 불공정 무역조치시 신속하게 대
응할 수 있는 시스템을 구축해야 한다. 2002년 철강 세이프가드
적용 당시 중국, EU 등 피해국과의 공동 대응을 통해 세이프가드
가 조기에 철회된 사례는 국제공조를 통한 압박이 보다 효과적임
을 시사하고 있기 때문에 보호무역 조치에 대해 EU, 일본, 중국
등 여타 피해국과의 공동대응을 통해 협상력을 강화해야 할 것이
다. 무역분쟁 발생시 공동으로 대응할 수 있도록 선제적 대응 체
제를 구축 하고 민관 협의체 구성 등을 통해 효율적으로 대응할

수 있도록 대비하여야 한다.

둘째, 미국 환율 압박에 따른 새로운 환율전쟁과 가격 경쟁력 약화에 대비해 외환시장 안정화, 비가격 경쟁력 강화 등이 필요하겠다. 외환 리스크에 상대적으로 취약한 중소·중견 수출입 기업에 대해 무역보험, 유동성 지원 등의 지원을 확대하고 기업은 파생상품, 보험 등을 통한 헷징 전략을 수립하여야 한다. 중장기적으로 품질 등 비가격 경쟁력 강화에 주력하여 수출 경쟁력을 강화해야 할 것이며 생산 효율성 개선, 품질 향상, 브랜드 가치 제고 등에 대해 지속적으로 투자하여 국내 제품의 경쟁력 강화를 유도해야 할 것이다. 기업 투자 및 R&D에 대한 지원을 강화하여 기업이 적극적으로 투자에 나설 수 있도록 해야 한다.

셋째, 미국의 무역전쟁이 세계 경제에 리스크 요인으로 작용할 가능성에 대비하여 위험을 사전에 차단해야 한다. 무역전쟁 이슈 발생시 신속한 대처를 통해 경제주체의 불안심리 확산을 미연에 방지해야 하며 특히, 최근 부각되고 있는 미·중간 무역전쟁 우려에 대한 대비책을 마련하고 시장 참여자의 심리를 안정시켜야 한다. 외환보유액, 단기외채 등 대외건전성 지표에 대한 체계적인 관리를 통해 국내 금융시장의 안정성을 제고, 가계부채 누적, 부동산 시장 불확실성 등 국내 불안요인을 해소하여 국내 경제 체질을 개선하여야 한다. 일부 수출시장 및 수출품목에 과도하게 의존하는 수출구조를 개선하여 대외충격에 대한 적응력을 강화해야 한다. 기업은 미국 및 중국 시장에 대한 과도한 의존에서 탈피하여 인도, 베트남, 브라질 등 성장 잠재력이 높은 신흥시장에 대한 공략을 강화해야 하며 이에 대해 정부 차원에서의 지원이 요구된 다. 수출품목 측면에서도 반도체, 자동차 등 일부 주력품목에 대한 과도한 의존을 완화해야 하며 품질 경쟁력 강화, 신산업 육성 등을 통한 수출품목 다변화가 필요하다.10)

2. 교역 상품 측면에서의 대응 방안

지난해 6월만 해도 중미 양국은 상대국에 대해 수입품에 대해 관세율을 인상하였지만 그 규모가 그다지 크지 않았으나 7-8월에 접어들면서 무역보복이 무역전쟁이라 할 정도로 전혀 다른 양상 으로 전환되었다. 중국과 미국 사이에 벌어지는 무역 분쟁이 무역 전쟁으로 이어지면서 한국은 수혜국이 될 것인가, 아니면 도리어 억울한 피해국으로 전락할 것인가, 한국은 어떤 영향을 받을 것인 가가 하나의 핵심이다. 단순하게 생각하면 미국이 중국산 수입품 에 관세를 부과하게 될 경우 중국과 경쟁 관계에 있는 한국 제품 의 대미국 수출경쟁력이 제고되어 수혜를 입을 수 있을 것으로 예상할 수 있다. 그럼에도 불구하고 중미 무역 분쟁이 격화되는 과정에서 한국 경제는 크게 위축되어 하락 하고 있으며 무역전쟁 우려가 현실화되면서 지속적인 하락세를 이어가고 있다.

중미 무역전쟁이 한국에 미치는 부정적 효과는 다음과 같다.

---

10) 정민·김수형, "과거 미국발 무역전쟁 사례와 시사점", 「경제주평」, 18-20, 현대경제연구원, 2018.5, pp.14-16.

2017년에 한국의 무역의존도는 68.8%로 나타났는데 한국 경제는 무역에 상당히 큰 영향을 받는다. 특히 대중국 수출의존도가 전체 수출의 25%를 넘어설 정도로 중국에 치우쳐 있다. 이런 상황에서 중국의 대미국 수출이 감소할 경우 한국의 대중국 수출은 상당히 타격을 받을 전망이다. 한국의 대중국 수출에서 원부자재나 중간재 등의 수출이 전체 수출의 70% 이상 차지하고 있다. 즉 중국이 한국으로부터 중간재를 수입하여 가공한 후 제3국에 수출하는 가공무역 구조를 형성하고 있다. 이런 상황에서 중국의 대미국 수출 감소는 직접적으로 한국의 대중국 중간재 수출 감소로 이어질 전망이다. 한편 중국에 진출한 한국 기업의 대미국 수출이 감소할 전망이다. 트럼프의 관세 부과대상에 40인치대 액정표시장치(LCD) TV를 포함하면서 삼성과 LG는 생산기지를 동남아로 이전하는 것을 검토하기도 하였다. 중국에 진출한 한국 기업들의 대미 수출이 감소할 경우 마찬가지로 한국으로부터 중간재 수입을 줄일 수밖에 없을 것이다.

중미 무역전쟁이 한국에 미치는 긍정적 효과는 다음과 같다. 중미 무역전쟁이 중국과 경쟁관계에 있는 한국 기업의 일부 품목에 수혜를 가져다주는 것 이외에 중국이 중미 무역전쟁 수습을 위해 시장개방을 약속하면서 한국은 중국 시장개방으로 인한 수혜가 기대된다. 우선 중국의 자동차 관세가 인하될 경우 한국 자동차의 대중국 수출이 증가할 것으로 기대된다. 현재 고급 승용차의 경우 한국에서 생산하여 중국으로 수출하고 있으므로 고급 승용차의 중국 시장 공략을 위한 전략을 수립할 필요가 있을 것이다. 둘째, 중국 정부조달 시장에 진입할 기회가 확대될 전망이다. 중국의 정부조달 시장은 무려 3조 1,000억 위안에 달하는 거대한 시장이므로 이에 대한 체계적인 준비가 필요할 것이다. 셋째, 한국 금융기관들이 중국 내 독자 증권사, 자산운용사 및 생명보험사를 설립함으로써 그 동안 지지부진했던 증권업과 보험업에 대한 진출을 확대할 수 있을 것이다. 기존 중국 로컬 금융기관에 대한 지분 인수 제한도 없어지면서 인수합병을 통한 중국 금융시장 진출도 활기를 띨 수 있게 되었다. 그러나 한편으로는 한국에게만 기회가 주어지는 것이 아니라 다른 나라에게도 시장이 개방되는 것이므로 치열한 경쟁을 피할 수 없게 되었다. 오히려 한중 자유무역 협정 후속 협상이 진행되면서 서비스시장 개방을 확대해가는 가운데, 다른 국가에게도 시장이 개방되는 것은 반드시 긍정적으로만 보기는 어려울 것이다.

한국은 무역구조상 중국의 대응보복 보다는 미국의 대중국 보복조치에 더 민감하게 영향을 받는다. 미국이 30억 달러 규모의 중국산 수입품에 관세를 부과했을 때는 극소수의 중국 진출 기업이 피해를 입는 수준이었으나 500억 달러의 제품에 대해 관세를 부과하면서 관련 업종이 적지 않은 타격을 입을 수 있다. 미국이 2,000억 달러 규모의 중국산 수입품에 대해 관세를 부과할 경우 중국에 진출한 한국 기업은 중국 내수시장을 겨냥한 기업만이 생존하고 수출 관련 기업이나 협력 기업은 동남아 이전을 서둘러야 할 것이다. 한국은 중미 무역전쟁이 장기화되고 대규모화 될 경우를 체계적으로 대비하지 않은 경우 심각한 위기를 겪을 수 있다. 미중 무역전쟁이 미국의 일방적인 승리로 끝나지는 않는다 하더라도 중국은 미국의 요구를 상당 부분 수용할 것으로 기대된다. 한국 기업은 이 기회를 적극적으로 활용할 필요가 있을 것이다. 중국 시장개방의 효과를 극대화하기 위해서는 중국 시장 진출에 대한 체계적인 준비가 선행되어야 할 것이다.[11]

V. 결론

중미간 무역전쟁은 종합적인 평가 측면으로 볼 때 협상 재개 가능성이 남아 있는 것은 긍정적이지만 단기간내 타결을 낙관하기는 어려운 상태이다. 일부 언론의 보도대로 3-4주간 협상시한이 연장되었다고 해도 합의사항 이행을 위한 법률 개정, 보조금 중단 등 산업정책의 변화는 중국이 수용하기 어렵기 때문에 최종 타결을 낙관하기는 어려운 상태이다. 더군다나 트럼프의 대선 전략 차원에서 무역 이슈를 선거전까지 제기할 가능성이 높기 때문에 협상이 타결되더라도 이행 과정도 순탄치 않을 것으로 우려되는 대목이다.

미국의 경우, 경제의 회복세가 확고하지 않아 트럼프도 전면적

---

11) 구기보, "미중 무역전쟁과 한국의 대응", 「성균차이나브리프」, 제6권 제4호, 성균관대학교 성균중국연구소, 2018, pp.161-163.

인 무역전쟁을 원하지는 않을 것으로 보이나 지지여론 확대를 위해서는 단기적으로 위기감을 조장할 가능성도 존재한다고 볼 수 있다. 조만간 중미간에 협상이 타결된다 하더라도 앞으로 수년간 계속될 중국과의 경제적, 전략적 전쟁의 일시적 휴전에 불과할 것으로 예상되며, 이란·북한 등의 지정학적 위험요인, 취약 신흥국 불안 등과 맞물릴 경우에는 국내외 경제적 불안은 더욱 심화될 것으로 예상된다.12)

중미 무역전쟁의 지속은 대중 부가가치 수출 감소 등으로 아시아 경제 전반의 성장세를 위축시키고 위안화 약세요인으로 작용할 것이기에 원화 약세도 확대될 가능성이 크다. 무역전쟁이 해결의 실마리를 찾지 못하고 자동차 관세부과 등으로 이어질 경우 세계경제 전반에 미칠 영향도 커질 것이다. 중장기적으로는 공급체인 교란, 불확실성 확대에 따른 기업·소비심리의 저하, 금융여건 악화 등으로 세계경제의 하강위험은 더 커질 것으로 우려된다. 이에 우리나라는 중미간 무역전쟁으로 인해 미칠 수 있는 영향에 대하여 적극적인 대응이 필요할 것이다.

첫째는 통상환경 측면에서의 대응 방안이다. 여기에는 첫째, 미국의 보호무역 정책 및 통상 분쟁에 대해 주변 국가와의 국제 공조 등을 통한 효율적인 대응이다. 둘째, 미국 환율 압박에 따른 새로운 환율전쟁과 가격 경쟁력 약화에 대비해 외환시장 안정화,

---

12) 김성택·남경옥, "미중 무역분쟁 경과, 해외시각 평가 및 향후 전망", 「Issue Analysis」, 국제금융센터, 2019, p.8.

비가격 경쟁력 강화 등의 필요성이다. 셋째, 미국의 무역전쟁이 세계 경제에 리스크 요인으로 작용할 가능성에 대비하여 위험을 사전에 차단해야 한다는 것이다.

둘째는 교역 상품 측면에서의 대응 방안이다. 그 내용으로는 첫째, 중미 무역전쟁이 한국에 미치는 부정적 효과이다. 중국의 대미 수출 감소는 직접적으로 한국의 대중 중간재 수출 감소로 이어질 것으로 예상된다. 둘째, 중미 무역전쟁이 한국에 미치는 긍정적 효과이다. 그 첫째는 중국이 중미 무역전쟁 수습을 위해 시장개방을 약속하면서 한국은 중국 시장개방으로 인한 수혜가 기대된다. 그 둘째는 중국 정부조달 시장에 진입할 기회가 확대될 전망이다. 그 셋째는 한국 증권업과 보험업의 중국 진출에 대한 기대감이다.

참고문헌

구기보, "미중 무역전쟁과 한국의 대응", 「성균차이나브리프」, 제6권 제4호, 성균관대학교 성균중국연구소, 2018.

김기수, "중국 경제 추락이 美 통상 압력 때문이라고?", 조선일보 시론, 2018.11.12.

신지연, "미중 무역전쟁의 해결: 국제질서의 사회화 효과를 중심으로", 「중소연구」, 제43권 제1호, 한양대학교 아태지역연구센터, 2019.

왕윤종, "미중 통상분쟁이 동북아 통상질서에 미치는 영향과 전망", 「동북아경제연구」, 제31권 제1호, 한국동북아경제학회, 2019.

이치훈·구기보, "중국의 금융위기 가능성에 대한 분석", 「중소연구」, 제42권 제4호, 한양대학교 아테지역연구센터, 2019.

정민·김수형, "과거 미국발 무역전쟁 사례와 시사점", 「경제주평」, 18-20, 현대경제연구원, 2018.5.

정민·홍준표·한재진, "무역전쟁이 중국의 대미 수출에 미치는 영향과 시사점", 「
경제주평」, 18-27, 현대경제연구원, 2018.7.

조선일보 기사, "상장 연기, 생산 중단... 美·中 무역전쟁에 중국 IT 직격탄", 조선일
보, 2018.10.25.

조선일보 기사, "한국 최대시장, 중국 내수도 꺾인다", 조선일보, 2018.11.5.

진정미, "미·중 무역전쟁의 경제적 영향과 중국의 대응 전략 연구", 「경상논총」,
제11권 제2호, 청주대학교 경영경제연구소, 2019.

한국경제신문 기사, "디폴트 경고금 점점 커지는 中 부동산업계", 한국경제신문,
2018.11.13.

한국경제신문 기사, "中 팽창정책에 美 '竹의 장막' 부활 경고", 한국경제신문,
2018.11.14.

한국경제신문 기사, "美·中 무역전쟁 '키맨'은 강경파 라이트하이저", 한국경제신문,
2018.11.21.

Kim, Won-Ho, "Corea del Sur y el impacto de la guerra comercial", 「중남미연구」,
제38권 제1호, 한국외국어대학교 중남미연구소, 2019.

중미 무역전쟁 전망과 투자기회

안유화 (중국증권행정연구원 원장
성균관대 중국대학원 재무론 교수)

1. 중미무역전쟁 배경과 전망

작년 초부터 가열화된 중미양국 무역전쟁은 그 동안 타협과 전쟁을 반복하면서 세계경제와 금융시장에 큰 불확실성을 안겨주고 있다. 10월 10일부터 중미간 무역협상은 다시 시작된다. 전망에 대해 여러 가지 의견이 있다. 낙관론과 비관론이 동시에 존재하는 상황이다. 단기적으로 보았을 때 올해 이내에 양국간 '스몰딜' 협상이 이루어질 수도 있다. 미국의 싱크탱크들에서 무역전쟁 종결을 촉구하고 있고, 또한 무역전쟁으로 미국 경제가 이미 어려워지기 시작했기 때문이다. 중국 또한 미국의 농산품에 대한 구입을 확대하며 우호적인 분위기를 잡아가는 상태이다.

과거 중미간에 하모니를 만들어 올 수 있었던 것은 미국 엘리트집단의 중국에 대한 2가지 '착각'이 있었다고 한다. 하나는 중국이 2010년에 세계경제 4대 강국이 될 것이라고 Zbigniew Brzezinski(1993)가 예견하였지만 중국은 2011년에 일본을 제치고 G2로 부상한다. 다음 미국의 엘리트집단은 닉슨의 70년대 중국과의 수교한 이후 중국이 부유해지고 발전하면 미국식 "민주화"와 자본주의 시장질서 따를 것이라고 자신하였지만(Steve Bannon, 2018), 중국은 늘 '중국 특색'을 강조하고 '사회주의 시장경제'를 실행하여 왔고 일대일로, 위안화 국제화, 중국제조 2025 등 야심 찬 계획으로 세계질서의 재편에 도전해왔다.

트럼프정부의 2017년 <국가안전전략보고서>는 중국을 '전략적 경쟁상대'로 규정하고 있으며, 이런 경쟁관계는 미국으로 하여금 과거 20년 대중정책에 대한 새로운 반성을 요구한다고 지적하고 있다. 미국의 과거정책은 경쟁대상자인 중국과 협력하고 그들을 국제기구와 글로벌무역체계에 편입시키면, 중국은 미국 주도의 세계질서의 우호적인 참여자가 될 것이고, 미국이 신뢰할 수 있는 합작파트너가 될 것이라는 믿음에서 출발한 것이다. 이런 전제는 시대적인 착오적인 판단이라는 것을 오늘의 결과는 증명하고 있다고 보고서는 강조하고 있다. 실제로 오바마정부 시절의 2015년 <국가안전전략보고서>를 보면, 당시 보고서에는 미국은 안정되고 평화적이고 번영하는 중국의 굴기를 환영하며, 미국과 중국간의 발전적인 건설적인 관계를 추구하며, 이는 양국 국민 모두에게 이익을 가져다줄 것이며, 아시아와 세계와 미국의 안전 및 번영을 촉진할 것이라고 적혀 있다. 나아가 미국과 중국은 비록 경쟁관계도 있지만 양국은 서로 대항하는 적대적 관계가 아니라고 적혀 있다. 이처럼 오바마정부 이전의 미국과 트럼프정부 이후의 미국은 중국에 대한 인식이 크게 달라진 것이다.

지난 5월 15일 중미무역협상이 결렬된 이후 중국측 협상대표 류허는 다음과 같은 3가지 사항에 대한 미국측의 이행이 없으면 중미간 무역협상 타결은 있을 수 없다는 원칙이다. 즉 미국이 부여한 모든 관세를 즉시 철폐하고(打消全部加征关税), 미국상품에 대한 수입확대 요구가 합리적 수준을 유지해야 하며(商业采购数字要切合实际), 상대국가의 존엄을 존중하여 협의내용 균등을 실현(改进文本均衡性, 任何国度都有本身的尊严)해야 한다는 요구이다. 반면에 미국은 투명성, 신뢰 및 대등의 3가지를 강조한다. 즉 제도와 법 이행에 대한 투명성과 합의이행에 대한 신뢰 보장 및 국제규범 준수와 시장경쟁의 대등의 관계를 요구하고 있다. 양측은 누군가는 한 가지씩 양보해야 스몰딜 정도로도 결과가 나올 수 있다.

그러나 강조하고 싶은 것은 중미무역전쟁은 정전은 있어도 종전은 없을 것이다. 그것은 중미무역전쟁은 무역전쟁과 기술패권전쟁의 형식으로 진행되고 있지만 그 본질은 다음 5G시대 누가 패권을 잡냐의 문제이기 때문이다. 1450년, 포르투갈은 세계의 대항해 시대를 열었고 세계의 패권자가 되었다. 1530년, 스페인은 항해정신을 물려받아 포르투갈을 제치고 1위 강국이 되었지만, 1640년에 스페인이 혼란에 빠진 틈을 타 네덜란드가 동인도회사 출연 등 최초 자본시장 선두국가로 부상하면서 세계를 재패하였다. 그러나 1720년, 네덜란드가 쇠퇴하고 프랑스가 부상하기 시작하였다. 1815년, 나폴레옹이 워털루에서 대패해 영국은 산업혁명으로 성공하여 해가 지지 않는 제국을 건설하였다. 1919년, 1차 대전이 끝나고 파리 평화협정회의가 열리고 미국은 공식적으로 세계의 패권정상에 올랐다. 그로부터 정확하게 100년이 지난 지금 2019년, 세계는 다음 패권을 두고 싸우고 있다. 누가 미국을 제치고 초연결·초융합 시대 패권제국을 구축할 수 있을 것인가? 역사의 흐름에서 중미간 무역전쟁은 어쩌면 필연일지도 모른다.

유럽과 러시아, 인도 등 세계 주요 대국들이 중국과 미국사이에서 어떤 입장을 취하냐에 따라 세계 질서흐름에 큰 영향을 미치게 될 것이다. 푸틴은 지난 시진핑 방러 당시 <중러공동대응방안>을 체결하였고 화웨이는 러시아 최대통신사 MTS와 5G 공급계약을 체결하였다. 누군가는 유라시아를 장악한 자가 세계를 장악한다고 하였다. 지금이 바로 그런 시점이다. 세계는 역사의 큰 변곡점에 와 있다. 이러한 큰 흐름속에서 한국은 지혜로운 선택을 취하고, 미래 50년, 100년의 한국을 위한 진정한 길이 무엇인지를 진지하게 고민해보아야 할 것이다.

2. 4차산업시대 중국의 투자기회

(1) 4차산업기술혁명과 사회 진화 패러다임의 변화

인류사회는 수렵사회에서 농경사회, 산업사회 및 정보사회를 거쳐 사람중심의 창조융합사회로 진입하고 있다. 이러한 시대변화 뒤에는 기술혁명이 있었는데, 우선 농업기술의 출연으로 농업주도의 농경사회에 진입하였고, 영국 중심의 산업혁명의 성공으로 인류는 공업주도의 산업사회에 진입하였다. 또한 컴퓨터와 인터넷 통신기술의 발달로 정보화 혁명에 기반한 정보사회에 진입하여 페이스북, 아마존, 구글, 애플과 같은 세계적 기업이 출연하였다. 미래사회는 제4차산업혁명에 기반한 모든 것이 융합되고 연결되는 초연결.초융합의 사회에 들어서게 된다. 창조융합사회의 완성은 나라와 산업이 발전하는 것은 물론, 개인적인 만족이 충족될 때 구현된다. 대량생산으로 대표되던 산업사회는 분명 사람들의 개연적 표현과 창조성에 기반해 또 다른 사회로 전환되고 있다는 것이다.

'4차산업혁명'개념 사용에 대해 아직까지 쟁점이 많다. 본문에서는 1차 산업혁명의 기계화, 2차 산업혁명의 대량생산화, 3차 산업혁명을 ICT기술에 기반 정보화 실현이라고 정의한다면 4차 산업혁명은 인공지능, 빅데이터, 가상현실, 블록체인, 로봇공학 및 사물인터넷 등과 같은 혁신기술의 발전과 융합으로 우리가 살고 있는 사회의 경제 및 생활방식이 크게 변화하는 현재 및 미래를

뜻한다. 그것은 산업혁명이 일어나는 당시에는 그 영향력과 파급력을 이해하지 못하는 경우가 대부분이기에 보통 산업혁명은 그 일련의 시기가 지나고 나서 사람들에 의해 다시 평가 받게 된다. 중요한 것은 산업혁명이 일어날 때마다 인류사회는 크게 발전하고 그 전의 시대와는 확연히 다른 삶의 모습이 가능해진다는 것이다. 그리고 1차, 2차, 3차, 4차로 갈수록 산업혁명이 다가오는 시기가 짧아지고 있다. 예를 들면, 놀랍게도 100년 전까지만 해도 미국, 일본 및 일부 유럽 국가에서 90% 인구가 농업에 종사하였지만 현재는 인구의 5% 정도만 농업에 종사하고 있다.

산업혁명이 빠른 진행과정에서 많은 사회적 갈등과 일자리, 정치 및 경제적 문제가 발생한다. [그림 1]에서 세계경제는 실물중심 산업경제(Industrial Economy)에서 정보¥지식 중심 지식경제(Knowledge Economy)로 빠르게 전환되고 지금은 창조융합경제로 진입해 감을 알 수 있다. 노벨 경제학상 수상자 조셉 스티글리츠(Joseph Stiglitz)교수는 미국의 1930년대 경제 대공황(Great Depression)은 농업경제에서 산업경제로, 지금의 세계경제 대침체(Great Stagnation)는 생산.지식경제에서 창조융합경제로 전환하는 패러다임 변화시기라고 말한 바 있다. 이런 의미에서 현재 미국, 한국, 중국 등에서 일어나고 있는 사회적 갈등과 고 실업률, 경제 불황 등 문제는 이런 시대적 구조변화시기에 나타난 필연과정이라고도 볼 수 있다. 2008년 금융위기 이후 세계경제는 지금까지 시대적 큰 구조변화 시점에 와있으며 이 과정에서 모든 국가들은 경기하방압력 환경에 처하게 되었으며, 오직 4차산업혁명을 주도적으로 성공시켜 새로운 성장국면을 선도적으로 만들어내는 국가만이 불경기에서 하루 빨리 벗어날 수 있다.

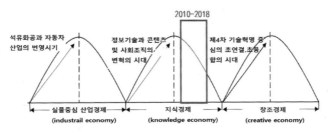

[그림 1] 산업혁명에 기반한 시대적 변화와 경제의 구조적 변화

(2) 4차산업혁명시대 글로벌 경제주기 변곡점은 기회

기술의 변화에 따른 변화하는 사회적 대변혁과 산업의 교체는 거시적으로 흔히 호황-거품-침체-불황-바닥-회복-호황(이후 반복)의 경제적 사이클로 나타나는데 이는 주글라 경제주기(Jugla)로 파악할 수 있다. 즉 자산 배분의 핵심은 산업이며, 설비투자의 변동으로 인해 10년마다 경기가 호황과 불황을 주기적으로 순환 변동한다는 프랑스 경제학자 '주글라 파동'(Juglar's waves) 이론이다. 주도산업 교체는 주글라 경제주기의 본질이다. 매번 주글라 사이클이 시작될 때마다 새로운 주도 산업이 시작되고, 이 산업은 10년의 기술진보와 글로벌 수요 확대에 기반하여 급속하게 성장

하게 되기에, 시대적 주도산업 변화를 우선 파악해야만 투자기회를 남보다 우선 확보할 수 있다. 예를 들면 2차 세계대전 이후 미국의 경제주기 변화를 보면, 60년대 자동차 산업 빅3(제너럴, 포드, 크라이슬러), 70년대의 화공산업 빅3(다우, 듀퐁, 바이엘)와 석유산업의 빅3(Exxon Mobil, Shell, BP Chamber of Resistance), 1980 년대의 소비재 산업 (음식산업에서 펩시, 코카콜라, 맥도날드, 의학산업에서 화이자, 머크 및 일용품산업에서 P&G, 질레트, Nifty Fifty), 90년대의 컴퓨터와 통신산업(Microsoft,Intel, HP, Motorola, AOL 등), 2000년대의 부동산 및 금융 산업; 2010 년대 모바일 인터넷 및 신 에너지 산업 (FAAMG (페이스북 아마존 애플 마이크로소프트 구글(알파벳) ,테슬라 등) 이 있다([그림 2] 참조).

따라서 이런 경제주기 흐름을 이해하고 주도산업을 선정하여 어느 시점에 투자를 하는 것이 유리한지를 파악하는 것이 체계적 투자전략이다. 아래 [표 1]에서 10년 전과 현재 세계를 주도하는 시가총액 상위 10개 기업이 처한 산업의 변화를 알 수 있다. 10년 전까지만 해도 석유천연가스 등 기업이 상당한 수를 차지하였지만 오늘 상위 시가총액 10대 기업은 대부분 하이테크와 인터넷 업체들이다. 만약 10년 전에 이 기업에 대한 투자를 했다면 우리의 투자 수익률은 몇 배, 아니 몇 백배가 될 것이다.

[표 1] 세계 시가총액 TOP 10 기업의 변화

10년전 세계 시가총액 TOP 10			현재 세계 시가총액 TOP 10		
회사명	산업	시가총액 (억달러)	회사명	산업	시가총액 (억달러)
Exxon Mobil Corporation	석유 천연가스	4469	애플	하이테크 와인터넷	5614
General Electric Company	제조	3836	구글	하이테크 와인터넷	5168
마이크로 소프트	하이테크 와인터넷	2935	마이크 로소프트	하이테크 와인터넷	4318
씨티그룹	금융	2737	Berkshire Hathaway Cooperation	금융	3241
Gazprom	석유 천연가스	2715	Exxon Mobil Corporation	석유 천연가스	3225
중국 공상은행	금융	2546	General Electric Company	제조업	3058
TOYOTA MOTOR CORPORATI ON JAPAN	자동차	2412	아마존	하이테크 와인터넷	2966
BOA	금융	2398	페이스북	하이테크 와인터넷	2912
Shell	석유 천연가스	2258	Johnson & ohnson	화공	2778
BP Amoco	석유 천연가스	2186	WELLS FARGO	금융	2650

자료: CASI

중국의 경우 과거 30년 주로 '먹고, 거주하고, 다니는 것'에 투자한 기업들이 크게 성장하였다. 대표적으로 중국의 음료수 WAHAHA 거부 종경후(宗庆后), 중국 부동산 거부 허가인(许家印), 중국 Jili자동차 거부 이수복(李书福) 등이 있다. 미래 30년은 중국인들의 "여행·건강

양로·문화엔터" 및 4차산업영역 등에 투자한 기업들이 세계적 기업으로 성공할 것이다. 아래 [그림 3]에서 우리는 중국 유니콘기업의 산업이 대부분 AI, 로봇공학, 운수 및 물류, 핀테크, 문화스포츠 등에 있음을 알 수 있다.

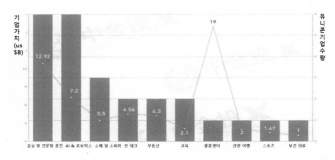

자료: 중국금융투자공사, CSAI

[그림 3] 중국 유니콘 기업의 산업분포

(3) 미래의 애플기업

지금까지 세 차례에 걸친 연결사회가 만들어지면서 우리의 생활방식과 기업의 생산방식은 큰 변화가 있었다. 우선 PC가 서로 연결되면서 전 세계를 연결하는 글로벌 인터넷망이 발전했고, Yahoo, 알리바바, 구글과 같은 기업의 비즈니스 모델을 바꾸는 등 거대 기업이 등장했다. 다음은 모바일이 서로 연결돼 모바일폰이 인터넷과 연결되도록 하면서 사람들의 사교와 생활방식을 바꾸고 WeChat, 우버와 같은 거물기업이 등장했다. 사물인터넷은 3

차 상호연결로 5G기술이 발달로 물리적 세계의 만물이 서로 연결돼 빠르게 전파하면서 기업들의 생산방식과 자원배분방식이 크게 바뀐다. 모바일 인터넷 플랫폼이 애플리케이션 개발, 애플리케이션 배포, 온라인과 오프라인 등 일련의 새로운 산업 고리와 가치를 창출한 것처럼, 현재 사물인터넷 플랫폼 역시 애플리케이션 혁신, 산학융합 등에서 유사한 패러다임을 구현하고 있으며, 앞으로도 많은 새로운 산업을 창출해 나갈 것이다.

지난 30년간 '네트워크'의 주요 키워드는 '연결'이었다. 기차와 비행기의 출연은 사람들간 거리간격을 줄였으며, 인터넷의 출연은 수많은 다양한 사람들을 시공불문 연결시켜 주었다. 디지털기반의 네트워크는 인류로 하여금 시공간의 제약을 넘어서 서로 협력할 수 있게 하였으며, 이제 네트워크에 연결되지 않으면 모든 것이 불가능한 시대가 되었다. 또한 그 속에서 발생되는 창업의 기회는 무궁무진하다. 예를 들면 해외여행을 갈 때 전혀 모르는 현지인의 방을 빌려 쓸 수 있을뿐더러 미국에서 판매하는 한정판 브랜드 상품을 직접 주문할 수 있다. 이러한 시대적 변화를 미리 읽고 그 '연결'을 확장시켜 온 기업들은 모두 세계적 톱 기업이 되었다. 마이크로소프트, 애플, 아마존, 알리바바 등 모두 지구상의 누구와도 연결시키도록 해주었으며 그 속에서 우리 개개인이 수많은 기회를 포착하여 자기 가치를 실현하도록 해주었다.

그럼 미래는 어떤 기업이 세계적 리딩기업이 될까? 미래 모든 것이 연결되는 사회에서 핵심은 신용의 가치전달이다. 인간의 협력방식은 연결이 확장되고, 사회적 신뢰가 증가하는 방향으로 발전해 왔다. 즉 개인들 간의 연결과 신뢰를 증가시키는 기술이 등장할 때마다 인류가 발전해왔다는 뜻이다. 가만히 생각해 보면 인터넷은 지구 반대편에 있는 사람과의 연결은 성사시켜주었지만 우리가 그 사람에 대해 '신뢰'할 수 있도록 해주지는 않는다. 인터넷으로 지구 반대편에 있는 쇼핑몰의 상품을 주문할 때 그 상품이 정말로 제시된 것과 같은 것인지, 또 실제로 있는지 등 우리가 확인할 수 있고 믿을 수 있는 것은 한계가 있다. 즉 다양한 사람들이 인터넷으로 연결은 되었지만 그들을 어떻게 서로 신뢰하게 하겠냐는 아직 해결이 되지 않았으며 그것을 해결하는 기업들은 다음 시대의 애플과 같은 세계적 톱 기업이 될 것이다. 현재 하나의 실마리로 블록체인 기반의 탈중앙화 신뢰체계 구축이다. 많은 기업들이 기존의 산업체계를 블록체인 기반의 신용시스템으로 변경해가고 있다. ([그림 4] 참고)

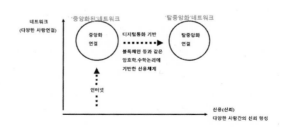

자료: https://brunch.co.kr/@bumgeunsong/53

[그림 4] 다양한 사람을 연결시키는 것보다
그들을 얼마나 서로 신뢰하게 하냐가 핵심

(4) 4차산업 가치 사슬랜 변화에서 중국이 미국보다 우세

과거 산업사회에서는 공장, 생산설비 등의 유형자산과 자본이 기업간 경쟁력의 차별화 역량이었으나, 자본시장의 발달에 따라 유형자산의 차별화는 희석되고, 기업의 가치사슬(Value Chain)은 생산의 전후에 위치하는 연구개발과 마케팅 역량으로 이동하고 있다. 바야흐로 지식경제 중심의 창조경제 시대가 도래한 것이다. 4차산업시대의 창조융합경제에서는 기술도 아웃소싱하는 오픈 이노베이션의 패러다임이 형성되고, 기업의 마케팅 역량도 아웃소싱 대상이 되고 있다. 결국 4차산업시대 기업의 핵심경쟁력은 지재권(IP, Intellectual Property)과 고객관계(CR, Customer Relation)의 보유여부에 의해 결정되는 것이다. 인터넷중심의 정보기술로 연결된 오늘의 초연결.초융합의 사회에서는 기술개발, 제조, 마케팅 전부가 가장 저렴하고 효율적인 국가에서 아웃소싱되기 때문에 기업이 경쟁력을 유지하려면 세상에서 유일한 원천기술(즉 지적재산권)을 갖든지 아니면 자기만의 충성고객(즉 브랜드)을 확보해야 살아남을 수 있다([그림 5] 참조).

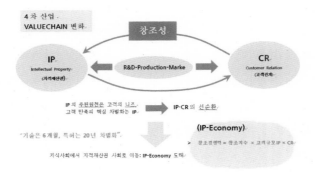

자료: 이민화 KAIST교수, CSAI

[그림 5] 기업의 핵심경쟁력은 지재권(IP)와
시장연결력(CR)에 의해 결정

이러한 가치사슬랜 변화에서 중국은 큰 경쟁력을 갖고 있다. 우
선 IP 창출측면에서 CIPHER가 발표한 보고서에 따르면, 2016년
기준으로 각 국가의 4차 산업혁명 관련 기술별(클라우드, 로보틱
스, 스마트센서, 3D프린팅, RFID 등 5개 기술 분야) 상위 30대 기
업을 대상으로 했을 때 중국 PCT출원이 가장 많다. 국가별로는
중국 7,327건, 미국 3,440건, 일본 2,403건, 한국 1,635건, 독일
649건 순으로 나타났는데, 특히 중국은 미국, 일본, 한국 3국의 합
계와 비슷한 수준이다. 미국은 2012년 이후 특허 수에서 일본을
추월했고, 중국은 2012년을 기점으로 미국, 일본을 동시에 추월한
이후 점점 격차를 벌리고 있다. 중국은 센서와 로보틱스, 미국은
RFID와 클라우드, 일본은 RFID와 로보틱스, 한국 RFID, 독일은
로보틱스 기술 분야에서 각각 강세를 보이고 있다. PCT 출원 상

위 5대 국가의 연평균 증가율(2012~2016년)을 살펴보면, 중국은 23.4%로 PCT 출원 전체의 연평균 증가율 상승을 이끌고 있다. 한 국도 약 7.2%의 높은 연평균 증가율을 기록했으나 미국은 2.2%, 일본은 약 1.0% 증가율에 각각 그친다. 주목할 것은 인공지능분야 에서 중국이 2년 연속 미국을 압도하고 있다는 사실이다. 2016년 에는 중국의 AI 관련 특허출원 건수가 549건인데 비해 미국은 135건에 불과했다. 특히 2017년에는 중국의 특허건수가 무려 1,293건으로 전년 대비 2배 이상 많아진 반면 미국은 231건에 그 쳐 그 격차가 훨씬 더 벌어졌다. AI 분야에서는 중국이 미국을 멀 찌감치 따돌리고 있을 뿐만 아니라 중국 자체적으로도 엄청난 특 허출원 경쟁이 가열되고 있는 것이다. [그림 6]에서 세계적으로 AI 관련 창업기업의 수량 분포를 보여주고 있다. 미국 이외 중국은 2위 를 기록하고 있다. 사실 중국기업 상당수가 미 국 실리콘 밸리 등에서 창업하고 있는 현실을 감안하면 더욱 많을지 도 모른다.

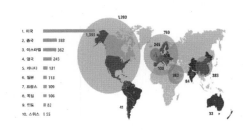

자료 : CSAI, ASGARD"THE GLOBAL ARTIFICIAL INTELLIGENCE LANDSCAPE",2018.5.14.

[그림 6] AI창업기업 세계 각국 분포

또한 중국내 창업비용 하락과 창업환경 규제완화로 대량의 창업회사가 출현하고 있다. 베이징 상하이 선전을 비롯해 항주, 우한, 청두 등 지방 도시 들도 창업중심지로 부상하고 있다. 중국 정부의 인터넷 플러스(+)' 정책은 모바일인터넷과 클라우드컴퓨팅, 빅데이터, 사물 인터넷을 전통 제조업과 융합해 신성장의 밑거름으로 삼는 전략이다. 현재 중국은 "Made in China"에서 "Designed in China" 경제로 옮겨가고 있고, 막대한 내수시장을 경쟁우위로 삼아 글로벌 시장 흐름을 선도하고 있다. [그림 7]에서 도시별 창업수량을 보면 중국 북경이 세계에서 가장 많으며, 상해, 심천, 항주도 이름을 올리고 있다.

[그림 7] 세계 각 도시별 AI창업회사 수량

한마디로 중국 제조기업들은 인테넷으로 연결된 세계에서 부단히 새로운 IP들을 만들어갈 것이고 규모의 경제로 실현한 막대한 자본을 앞세워 글로벌적으로 최고의 IP를 확보해 갈 것이다. 획득한 IP와 14억 인구를 기초로 한 중국의 방대한 내수시장은 결국 중국 제조업의 세계 강자 지위를 확고히 해 줄 것이다. 멀지 않은 미래, 2030년이 되면 세계 제조업의 생태계가 크게 바뀔 것이다.

3. 4차산업시대 정부역할에 관한 소고

오늘 날 세계는 아직도 글로벌 금융위기의 후유증에서 벗어나지 못하고 있으며, 지역적 충돌이 확산되고 있고 무역과 투자는 점점 어려워지고 있다. 이런 국면에서 벗어나고자 각 국은 4차 산업혁명 중심의 혁신발전 개념을 제시하고, 경제구조 전환 및 신성장엔진 구축을 시도하면서 4차산업 발전을 위한 환경과 생태계 마련에 박차를 가하고 있다. 이는 디지털과 물리적 기술 및 바이오 기술의 융합에 기반한 스마트화, 정보화 중심의 사회발전으로 빅데이터, 클라우드 컴퓨팅, 인공지능, 사물인터넷 및 양자통신 등 기술의 발전을 대표로 하고 있다. 이번 다보스 포럼에서 제시한 10대 선진기술영역은 재활용 가능한 바이오플라스틱, 소셜로봇, 금속렌즈, IDPs 타켓약물, 협업 텔레프레즌스, 비료의 스마트화, 고급식품 추적 및 포장기술, 안전한 핵원자로, DNA 데이터 저장, 유틸리티 규모의 신재생 에너지 저장 등이다.

인류의 역사를 보면 신기술이 나올 때마다 경제체제와 사회구조는 큰 변화가 있었다. 약 1만년 전 인류는 동물들을 가축화시킴으로써 채집시대에서 농경시대로 진입하였고, 농업기술의 발전은 가축과 인력의 결합을 가속화함으로써 생산, 운수 및 교통의 발전을 가져왔다. 식량 생산량의 증가는 인구증가와 인구밀집면적의 확대를 촉진하였고 이로 인해 도시가 형성되고 도시화 사회로 진입하였다. 농업혁명 이후 18세기 후반에 발생한 일련의 산업혁명으로 인류의 인지 능력과 생산력은 크게 향상되었다. 오늘날 4차 산업혁명은 다양한 과학기술 발전의 융합체이며, 바이오 기술, 재료과학과 빅데이터, 클라우드 컴퓨팅 및 인공지능 등과 같은 여러 가지 기술이 전례 없는 급속한 발전을 이루면서 인간의 생활방식과 의사소통방식이 크게 변하고 전체 사회구조와 우리의 신분 및 기업과 민간, 정부의 역할이 크게 변화되고 있다. 이러한 변화는 전체 생산, 관리 및 거버넌스 시스템에 매우 광범위하고 심원한 영향을 미치고 있다. 예를 들면 모바일 디바이스 하나로 전 세계 수십억 인구가 연결되고 빅데이터 저장 및 처리기능을 갖출 수 있을뿐만 아니라 사람들에게 지식을 쉽게 엑세스할 수 있도록 하여 전례없는 무한한 가능성을 제공하고 있다. 또 다른 예로 2025년이 되면 역사상 최초로 교통신호등이 없는 인구 5만명을 넘는 스마트 도시가 나타날 것이다.

비록 대부분의 4차산업 기술영역이 아직 혁신의 초기 단계에 있지만, 인류는 이미 새로운 발전의 전환점에 있다. 어쩌면 현재 가장 심각하고 중요한 도전은 바로 우리의 모든 것을 변화시킬 4차 산업혁명과 그 영향에 대해 제대로 이해하는 것이다. 초연계. 초융합을 특징으로 하는 4차산업혁명의 도래는 과거의 전통적인 생산과 라이프 스타일을 완전히 바꿔 놓을 것이며, 거의 모든 국가와 모든 산업의 생태계는 크게 변화될 것이며, 전체 생산체계,

관리 및 정부 통제 시스템은 완전히 바뀔 것이다. 혁명은 막 시작되었고 우리의 삶의 방식, 일과 상호관계를 완전히 파괴되고 있으며, 이런 변화의 규모, 범위 및 복잡성은 인간이 이전에 경험한 모든 변화와 다르며, 그 누구도 어떻게 전개될지 분명하지 않아 예측하기 힘들다. **한 가지 분명한 사실은 모든 사람들과 정부는 이러한 시대적 변화에 대해 실시간으로 자신을 변화시키고 포괄적인 유연한 대응을 해야 한다는 것이다.**

우선 사회안전과 고용측면에서 4차산업혁명은 공급에 미치는 영향이 더욱 크며, 노동의 큰 불평등을 초래할 수 있다. 그것은 자동화 기기가 인력을 대체함에 따라 자본수익과 노동수익 간의 격차가 더욱 커지기 때문이다. 과거 몇 년간 선진국과 한국, 중국을 포함한 대부분의 이머징 국가들에서 노동력이 GDP에 대한 공헌도가 대폭도로 하락하였으며, 이중 절반은 혁신중심의 자본투자로 생산설비의 상대가격이 하락되었으며 이에 노동력이 대체되었기 때문이다. 신기술 발전은 고소득국가에서 대부분의 노동자 소득이 정체 혹은 하락하게 된 주요원인이다. 이는 고기술노동자에 대한 수요가 확대되고 저기술 노동자에 대한 수요가 하락하면서 나타나는 현상이다. 결과적으로 중간 기능의 노동자에 대한 수요는 줄어들고 양 극에 있는 노동자에 대한 수요가 확대될 것이다. 따라서 앞으로 중간소득수준의 인구의 공심화(空心化)가 이루어질 것이며, 사람들의 불안은 가속화되고, 사회에 대한 불만족도가 높아질 것이며, 기회의 불공평 등으로 불안한 사회가 될 확률이 높아지고 있다. 대부분의 국가의 불평등 상황은 가속화되고 있으며, 모든 사람들의 소득이 증가하고 빈곤인구가 감소한 국가에서도 같은 상황이 나타나고 있다. 크레딧스위스은행이 발표한 '2015년 세계부자 보고서'에 의하면 세계 재산의 절반은 가장 부유한 1% 부자 층이 장악하고 있다. OECD 보고서에 의하면 상위 10% 인구의 평균소득은 하위 10% 사람들의 평균소득의 9배에 달한다. 현재 세계는 심각한 불평등을 겪고 있다. 불평등 문제가 커지면서 경제 뿐만 아니라 사회안전까지도 큰 도전에 직면하고 있다. 고도로 상호 연결된 세계에서 사람들은 더 높은 기대치를 가지고 있으며, 사람들이 성공하거나 희망이 없어지면 중요한 사회적 위협이 따르게 된다. 미시간 대 (University of Michigan)의 한 연구팀은 20-30년 전의 대학생과 비교했을 때 오늘날의 대학생들의 공감대가 40% 나 감소했다고 밝혔다.

경제성장측면에서 4차기술혁명은 GDP, 투자, 소비, 고용, 무역 및 물가 상승 등 세계경제에 광범위한 영향을 미친다. 4차산업의 발전으로 새로운 일자리가 생길 것이며 새로운 산업도 부단히 나타날 것이다. 이는 많은 사람들이 새로운 직종으로 자리를 옮겨야 함을 말하며, 상당부분 사람들은 실직하게 될 것이다. 애플의 스티브 잡스가 외부 개발자들에게 아이폰 용 애플리케이션을 개발하게 하면서 이를 통한 수익창출 효과는 1000억달러에 달하며,

이는 이미 1세기 정도 앞선 영화산업보다 높은 수익규모이다.

4차산업혁명은 기술을 적극적으로 도입하는 기업들의 조직구조와 자원배분의 큰 변화를 일으킬 뿐만 아니라 기업의 평균수명도 과거의 60년에서 18년으로 짧아지게 하고 기업의 시장지배지위 유지시간과 수익실현 시간이 점점 짧아지게 한다. 예를 들면 페이스북은 6년만에 매출액 10억달러를 달성하였고 구글은 5년만에 실현하였다. 따라서 앞으로 기업의 리더의 최우선 과제는 자신과 기업의 리더층이 배우고 변화할 수 있는 능력이 있는지, 투자결정을 빠르게 내릴 수 있는지, 기업문화는 혁신과 실패를 용인할 수 있는지 등에 대해 살펴야 한다. 앞으로 기술의 발전에 따라 변화속도는 점점 더 빨라지고 그 폭도 더욱 깊어질 것이다. 따라서 리더는 시장 1위 기업이라 할 지라도 자신과 기업조직을 엄격하게 검토하고 신속하고 유연한 운영능력을 갖추고 있는지 분석해야 한다.

정부는 이러한 변화를 미리 인지하고 하루빨리 기존의 보수적인 역할에서 능동적이고 개방된 자세로 바뀌어야 한다. 우선 정부와 민중의 관계에 대해 보편적 가치와 문화에 기반하여 더욱더 민주적인 자세로 바뀌어야 한다. 4차 산업시대 신기술의 발전은 개인의 주장과 권리가 더욱더 존중받는 사회로, 개인은 플랫폼을 통해 자기 목소리, 자기 생각, 자기 사업을 편하게 표현하거나 실현할 수 있다. 이에 따라 개인과 정부의 관계는 더욱 긴밀하게 실시간으로 발생하게 되는데, 많은 경우 개인의 행위가 공권력의 감독관리체계를 회피해 갈 수 있는 기회가 많이 생기게 된다. 반대로 정부의 입장에서 정부는 신기술을 활용하여 과거보다 더욱 편하게 실시간으로 군중을 감독하고 통제할 수 있게 된다. **정부에 대한 가장 큰 도전은 민중의 정책의사결정 참여이다. 신기술의 출연은 정부의 정책의사결정 중에서의 핵심지위가 점점 소실되게 할 것이며 의사결정권력의 상당부분이 민중에게 재분배되어 점점 탈 중앙화가 가속화될 것이다.**

다음, **정부 시스템의 기능과 공공기관의 적응력은 그들의 생사를 결정할 것이다. 빠르게 변화하는 세계를 받아들일 수 있는 능력을 보여줄 수 있고 자신을 더욱 경쟁력 있게 만들고 더 투명하고 효율적으로 만들 수 있다면 그들은 계속 존재할 것이다.** 정부가 시대적 변화에 맞추어 진화할 수 없다면 그들은 많은 큰 문제를 겪게 될 것이다. 이것은 규제 분야에서 특히 그럴 것이다. 현재의 공공정책 체제와 의사결정은 제2차 공업혁명시대에 만들어진 것으로, 당시 정책 입안자는 적절한 규칙과 규정을 연구하고 대응할 충분한 시간을 가질 수 있기 때문에 전체 프로세스는 선형 및 기계적으로 설계되었으며 엄격한 하향식 접근 방식으로 되어 있다. 그러나 이러한 방법은 더 이상 실현 가능하지 않다. 4차 산업 혁명의 급속한 변화에 따라 입법과 감독규제기관은 전례없는 어려움에 직면하게 될 것이며 대다수의 경우 대처하기가 어려울 것이다.

그렇다면 혁신과 기술 발전을 촉진 할 때 소비자와 대중의 이익을 어떻게 유지할 수 있을까? "유연한" 정부를 수용함으로써 민간 부문에서 소프트웨어 개발 및 비즈니스를 운영하듯이 규제 당국이 끊임없이 변화하는 새로운 환경에 지속적으로 적응하고 철저하게 자신을 변화시켜 그들이 감독해야 하는 것이 무엇인지를 진정으로 이해하는 것이 중요하다. 이를 위해 정부와 규제 당국은 기업 및 시민 사회와 실시간으로 긴밀히 협력해야 한다. **결론적으로 아인슈타인이 '지능을 측정하는 표준은 변하는 능력이다'라고 말했듯이 4차 산업혁명시대를 맞이함에 있어서 정부가 보여주어야 할 가장 스마트한 정책은 우선 정부가 변하는 자세이다. 공권력보다 민권이 더욱 보장되고 강화되어야 하는 진정한 민주주의 시대가 도래하고 있다.**

참고문헌

아주경제 안유화 칼럼, '4차산업시대 정부역할에 관한 소고'
내일신문 안유화 칼럼, 'G20정상회담과 중미무역전쟁 전망'
성균차이나브리프 안유화, '4차산업시대 중국경쟁력에 대한 이해'
Bloomberg piece, "Why China Can't Get Its Economy Moving,"
ASGARD"THE GLOBAL ARTIFICIAL INTELLIGENCE
    LANDSCAPE",2018.5.14.

미중무역전쟁에서 한중경제 및 금융협작,
일대일로 활용방안

박익수 (김앤장법률사무소, 변호사)

1. 미중무역전쟁의 본질

약 3천5백억불의 무역적자를 개선하기 위하여 시작된 것으로 알려졌던 미국의 중국에 대한 관세조치 및 중국의 대응보복 관세조치는, G2 시대 미국과 중국의 기술패권경쟁 및 세계 패권경쟁으로 번지고 있습니다. 그 발생원인과 향후 전망에 대해서는, 전문가들마다 분석과 전망이 엇갈리고 있습니다만, 분쟁의 최종결과에 따라 누가 리더십을 가지고 21세기 전세계를 이끌어 나갈 것일지 결정될 것이라 는 데에는 이견이 없는 듯 합니다.

역사를 살펴보면, 세계의 패권 내지는 지역의 패권은 늘 일정하지 않고 변해왔기에, 미래에도 변할 가능성 은 전혀 없다고 이 야기할 수는 없을 것입니다.

2. 한국의 중간자적 위치

주지하다시피, 한국은 정치, 외교, 군사적으로는 미국과 보폭을 같이하고 있고, 경제적으로는 중국과 보다 밀접한 관계를 맺고 있습니다.

1953년에 맺어진 한미상호방위조약은 한국이 동아시아에서 중국, 일본, 러시아 등의 강대국 틈바구니에서 안전을 보장받으며 경제발전과 민주화를 이룰 수 있는 토대를 제공해주었습니다. 미국과 동맹을 이룬 후 우여곡절은 있었습니다만 한국은 60년만에 아시아에서 경제발전과 민주화를 동시에 이룬 자랑스러운 나라가 되었고, 한국사회는 전근대적인 농경사회에서 근대적인 산업화를 거쳐 초현대적인 정보화시대를 살고 있습니다 (1인당국민소득이 1950년에 $67에서 2018년에는 $31,349달러로증가). 한국의정부, 기업, 전문가 집단 등의 파워엘리트들은 미국유학 또는 근무 등을 통하여 대부분 미국과 직간접적인 인연을 이어오고 있습니다.

한편으로 한국은 수출로 먹고 사는 나라입니다. 부존자원이 워낙 부족하여 다른나라에서 원자재를 사다가 이를 가공하여 외국에 수출하는 것으로 수십 년 간 부를 축적해 왔습니다. 주요한 수출국은 미국, 유럽, 일본 등 이었습니다. 미국의 배려로 최혜국대우 등을 통하여 미국, 유럽 등에 수출하는 것에 큰 혜택을 받아온 것도 사실입니다.

그러다가 1992년 중국과 수교를 한 이후, 한국과 중국 양국은 역사상 유례를 찾아 볼 수 없을 정도로 빠른 시간 내에 서로가 서로에게 경제적으로 도움을 주는 경제적 파트너 관계를 형성하게 되었습니다. 현재는 중국, 홍콩, 마카오 등 중화권에 수출하는 수출액(전체수출액의약 34.4%)이미국, 일본, 유럽을 합친 것(전체수출액의 약 26.5%) 보다 많을 정도로 중국은 한국에게 있어 경제적으로 가장 중요한나라가 되었습니다. 특히나 1997년 IMF 이후 한국이 빠른 시간 내에 위기를 극복하고 다시 재도약하는데 있어 중국이 한국에게 큰 기회를 제공해 주었음을 부정할 수 없을 것입니다.

3. 한중경제 및 금융합작

작년도 기준으로 한국에게 중국은 제1의 수입국이자 수출국입니다. 중국에게 한국은 제1의 수입국이자 제4의수출국입니다. 중국처럼 큰 나라에게 있어 한국이 제1의 수입국이라는 것을 모르는 사람들이 많은데, 이는 정말 놀라운 일이라 아니할 수 없습니다. 중국이 전 세계로부터 수입을 하는데 한국으로부터 수입하는 금액이 다른 모든 나라들을 제치고 가장 많다는 것을 의미합니다.

어쨌거나, 무역이론에 따를 때, 양국은 서로에게 경제적으로 가장 큰 이익을 주고받고 있음을 알 수 있습니다.

또 한가지 놀라운 사실은, 양국이 경제적으로 이렇게 서로 가깝고 지내고 고, 서로에게 도움을 주고 있으면서도, 무역과 경제발전을 가능하게 하는 또 다른 한 축인 양국의 금융기관 사이의 합작이 너무나도 적다는 것입니다. 이는 중국이 그 동안 금융시장 개방에 소극적인 이유가 가장 컸다고 생각합니다. 예컨대 한국계 은행이 중국 내에 지점을 1년에 한곳씩만 개설하도록 허가하고, 한국계은행이중국계은행 1곳에 대해서만 지분투자를 할 수 있도록 제한한 것 등이 있습니다. 최근에 외국인에게 독자적인 증권회사를 세울 수 있게 하는 등 금융시장을 개방 하고 있어 관심 있게 지켜보고 있습니다. 일부이긴 하지만 한국의 금융기관과 중국의 금융기관 사이에 합자회사를 설립하는 등의 합작이 본격적으로 진행될 조짐도 보이고 있어 저희 사무실에서도 철저히 준비를 하고 있습니다.

어쨌거나, 향후 금융분야에서의 한국과 중국의 협력 및 합작은 (중국정부가 시장개방정책을 계속 추진한다면) 급속히 진행되고 발전될 가능성이 매우 높습니다.

4. 일대일로 활용방안

일대일로에 대해서도 한 말씀 드리겠습니다. 한국은 중국의 일대일로 정책을 반대한 적이 없습니다. 오히려 일대일로 정책을 집

행하기 위하여 만들어진 AIIB 설립에 크게 기여하였고 현재도 아
시아국가 중에서는 가장 많은 지분(4.06%)을 참여하고 있습니다.
지난 정부 때는 양국간의 합의를 통하여, 중국의 시장 및 자본과
한국의 기술을 결합하여 협력과 합작의 성공모델을 만들고, 제3
국에 진출 할 때에는 그 성공모델 기업을 앞세워 공통으로 나갈
것을 약속하기도 하였습니다.

주지하다시피, 사드사태로 인하여 양국 정상간의 합의를 포함
한 모든 것은 유야무야되고 말았고, 롯데의 중국철수로 대표되는
중국의 사드보복으로 인하여 한국의 기업오너들에게 중국은 투자
하거나 합작하기에는 위험한 국가로 인식되게 되었습니다. 중국
분들은 사드사태에 대해서 별것이 아닌 것처럼 말씀하시는 분들
도 꽤 있던데, 한국의 기업들은 이로 인하여 중국에 대해서 깊게
다시 생각하게 되었다는 것은 분명히 말씀드릴 수 있습니다.

한편, 현재는 중국의 일대일로정책의 폐해에 대한 주변국들 관
련 뉴스가 한국기업들에게 지속적으로 유포되고 있습니다. 이러한
시점에, 미국과 일본은 중국포위전략으로 보이는 소위 '인도-태평
양전략' 이라는 것에 한국이 동참해 줄 것을 요청하고 있습니다.

이러한 시점에, 일대일로정책에 한국기업이 명시적으로 동참하
기는 현실적으로 매우 어려울 것 같습니다.

따라서, 한국 또는 중국에서 양국기업간에 WIN-WIN 사업모델
을 만들고, 이 기업들을 앞세워 제3국에진출하되, 일대일로 정책

을 앞세우지 아니하고 LOW-KEY로진출하는것이현실적인접근방법이라하겠습니다.

만일, 예를 들어, 중국 또는 한국에서 랜드마크 건물을 짓는데 있어 한국과 중국의 대표기업들이 합작을 통해 공통으로 성공적으로 건물을 만들어내고 두 기업 모두 큰 수익을 올린 후, 제3국에 진출할 때 이 2기업이경쟁관계가 아니라 함께 손을 잡고 진출하여, 제3국의 댐 건설이나 다리, 도로, 도시건설에 참여하여 제3국진출에서도성공모델을만들어낸다면, 이 같은 성공모델을 보고 중국기업과 함께 제3국에 진출할 한국기업들은 저절로 많아질 것이라 생각합니다.

그렇게 되기 위해서는, 시간이 걸리고 힘이 들더라도, 양국 기업과 정부간에 꾸준히 신뢰와 실적이 축적되어 나가야 할 것입니다.

박익수 변호사

소개

김·장 법률사무소의 박익수 변호사는 공정거래 그룹 소속 변호사입니다.

김·장 법률사무소에 합류하기 전, 박 변호사는 서울민사지방법원, 서울지방법원 서부지원, 춘천지방법원 속초지원, 서울지방법원 의정부지원 등 국내 여러 법원에서 판사 직을 역임하였습니다.

박 변호사는 한국공정거래위원회에서 심결지원2팀장, 협력심판담당관 등 관리직을 수행하였으며, 풍부한 공정거래법 관련 지식과 경험을 바탕으로 사법연수원의 공정거래법 강사로 활동한 바 있습니다.

박 변호사는 서울대학교에서 법학사 학위를 수여 받은 후, 대법원 사법연수원을 수료하였습니다. Northwestern University School of Law에서 법학을 공부하였고, 연세대학교 법무대학원에서 석사학위를 수여 받았습니다. 2015년에는 서울대학교 법학 전문대학원에서 전문박사과정을 수료하였습니다.

저서 및 외부활동

공정거래법상 관련시장의 지역적 범위에 관한 연구 (석사논문, 연세대학교 법무대학원, 2006)
공정거래위원회의 전속고발과 고소불가분의 원칙의 관계

중·미 경제무역마찰에 있어서 주목해야 할 몇 가지 문제점들

최 문 (중국연변대학교 경제관리학원 교수)

들어가는 말

최근1년여 동안 미국정부는 중·미간의 경제무역마찰을 일방적으로 부추기고 있으며, 이로써 양국간 경제무역관계에 적지 않은 부정적 영향을 미치고 있다. 나아가 이는 세계경제발전 추이에 불확실성을 지속적으로 증가시키고 있으며, 향후 국제경제관계와 국제경제무역 구도의 크나큰 변화를 예고하고 있다.

현재 중·미 경제무역마찰은 세계 각국이 주목하는 최대의 이슈로 떠올라 있으며, 세계 각국은 이로 인한 여파와 자국에 미치는 이해상충관계 계산에 급급하고 있다. 따라서 중·미 경제무역마찰을 둘러싼 학계의 관점들도 갈수록 다양해질 수밖에 없으며, 더욱 많은 주목을 받을 수밖에 없다고 하겠다. 본문은 이에 대한 저자의 이해를 밝히고자 하며, 중·미 경제무역마찰에서 존재하는 몇가지 본질적 문제점들을 밝히고자 한다.

1. 중·미 경제무역 관계는 "제로섬 게임"인가?

미국의 일부 인사들이 대중국 경제무역마찰을 일으키고자 하는 가장 직접적인 이유는 미국이 미·중 경제무역 관계에서 손해를 많이 입었고, 중국은 미·중 경제무역 관계에서 큰 이익을 얻었으며, 중국의 발전이 미국의 경제안보는 물론 국가안보 전반을 위협하고 있다는 것이다. 이러한 냉전적 편견은 패권주의의 "제로섬 게임"의 사고방식을 반영하고 있다.

중·미 경제무역 관계는 도대체 "제로섬 게임"일가? 아니면 상호 이익에 부합되는 보완관계일가? 이는 우리가 반드시 짚어보고 넘어가야 할 문제점임은 틀림이 없다.

정상적인 경제무역관계는 등가(等價)교환에 기초한 호혜적·상호이익 관계이지, 결코 일방이 실패하고 다른 일방이 이기는 '제로섬 게임'이 아니다. 이는 국제무역의 이론과 실천의 역사에서 많이 입증되어 왔다. 또한 이러한 이론과 실천들이 오늘날의 경제번영과 글로벌 경제협력관계를 구축했다. 중·미 경제무역관계도 이러한 맥락에서 벗어날 수 없다.

1979년 중·미 수교 이래 양국간 쌍무 상품무역액은 초기의 25억 달러 미만에서 2018년의6308억 달러로 252배 증가했는 바, 그중 수출은 4773억 달러를 차지하고, 수입은 1551.2억 달러를 차지하였으며, 중국이 3298억달러의 흑자를 기록하였다. 쌍방향 투자분야에서 미국은 2017년에 중국에 26.5억 달러를 투자하였으며, 1987-2017년의 대중 누적 투자액은 813.6억달러에 달하였다. 그리고 중국의 대미투자액은 2017년에 64.3억달러에 달하였으며, 2009-2017년의 대미 누적 투자액은 673.8억 달러에 달하였다.[1]

현재 중·미 경제무역관계는 양국이 서로 장점을 발양하고 단점을 보완하며, 유무상통하여 양국의 경제발전과 산업구조의 고도화를 이루는 과정을 반영하고 있다. 이 과정을 중국의 대미 무역흑자만을 이유로 중국이 미국에 '손해'를 끼치는 과정이라고 한다면 억지일 수밖에 없다. 나아가 2018년의 중국 대외수출입에서 외국투자기업의 수출입이 차지하는 비중은 무려 42.8%에 달하는 바, 여기에는 물론 많은 미국 투자기업들이 포함되고 있다.[2]

국제가치이론에서 알 수 있듯이 국제시장에서 상품의 가치는 국제사회의 필요한 노동시간에 달려 있고, 상품을 국제가치에 따라 교환하기 때문에 노동 생산성이 더 높은 쪽이 교환에서 우세하고,

---

1) 무역액은 중국해관통계(中国海关统计, http://www.hgsj.com/index.html)에서, 미국의 대중 투자액은 중국상무부가 발표한 "외자 통계공보 2018(中国外资统计公报2018)"에서, 중국의 대미 투자액은 "2017년 중국 대외직접투자 통계공보(2017年度中国对外直接投资统计公报)"에서 인용함.

2) 중국 상무부, "2018년 1-12월 외상투자기업 수출입 상황표(2018年1-12月外商投资企业进出口情况表)"에서 인용함.

더 많은 이익을 창출하게 된다. 현재 미국기업의 노동생산성은 중국보다 훨씬 더 높으며, 글로벌 가치사슬에서의 위상도 더 높고, 국제교환에서의 이익도 더 많다. 중국은 1억 벌의 와이셔츠를 수출해야 미국의 보잉비행기 1대를 수입할 수 있다. 미국은 오랜 기간 통신기술시장 업종 표준 등에서 독점적 권리를 이용하여, 국제무역에서 정상 이익을 초월하는 독점적 이익을 얻었으며, 미국기업과 가계도 중국을 비롯한 개발도상국의 값싸고 풍부한 상품을 소비하며 이익을 챙겨왔다. 물론 중국도 중·미 경제무역에서 많은 이익을 창출하였으며, 이는 또한 중국 국민의 부지런한 두 손과 노동으로 얻은 것이지, 결코 미국 국민의 이익을 가로챈 것은 아니다.

중·미 경제무역 관계에서 미국만 "손해"를 본다고 주장하는 것은 패권주의의 "제로섬 게임"의 사고방식에서 유발된 것이다. 제2차 세계대전이후 미국은 막강한 실력을 앞세워 유럽국가들을 대체하며, 자본주의세계시스템의 중심에 자리매김하였다. 냉전이 끝난 후, 미국은 세계에서 유례가 없는 유일한 초강대국으로 부상하였으며, 패권주의의 사고방식은 적지 않은 미국 인사들의 습관적인 사고방식으로 되었다. 이로하여 중국이 얻는 이득은 곧 미국의 손해로 간주되고, 중국과 미국의 여러 분야에서 기술격차가 줄어드는 것은 곧 미국의 위협으로 간주되는 것이다. 이러한 '제로섬 게임'의 사고방식하에서 어찌 상식에 맞는 중·미 경제무역관계를 이해하고 구축할수 있겠는가?

2. "일방주의"가 세계에서 통할 것인가?

미국의 일부 인사들은 '미국우선주의' 기발아래 일방주의 정책을 펴고 있으며, 미국 국내법을 국제법 위에 올려놓고, 일방적인 수단을 동원해 타국을 억압하고, 경제무역마찰을 조장하고 있다. 다른 한편 여러 다자간 규칙과 다자간 무역체계에서 탈퇴하고 있는바, 예를 들면 "파리기후협정", "이란 핵합의", 유네스코와 인권이사회등에서 탈퇴하고 있는것이다.

"일방주의"는 글로벌화와 다자주의를 버리는 것을 의미한다. 또한 이는 평등 협력의 다자주의가 미국의 손발을 묶어놓아, 미국의 우선주의 전략에 부합되지 않고, 미국의 패권주의에 도움이 되지 않기 때문에 비롯된 것이다. 따라서 "일방주의"를 내세워 국제경쟁에서 자신들의 막강한 실력을 바탕으로, 일방적으로 상대를 압박하고, 각 개 격파하며, '미국우선주의'에 유리한 새로운 글로벌질서를 구축하고자 하는 것이다. 이러한 사고방식의 표현으로 우리는 볼턴 미국 대통령국가안보보좌관의 "오늘 나로 하여금 (유엔)안보리를 다시 만들라고 하면 상임이사국을 하나만 둘 것이다. 이것이야 말로 글로벌 파워의 분포를 진실하게 반영하는 것이다"의 발언을 상기할 수 있다.

오늘날의 세계는 과학기술혁명과 생산력의 끊임없는 발전으로 국제분업이 갈수록 세밀화되고 있으며, 사회적 대규모 생산은 그어느 시대보다 광범위하고 심층적으로 진행되고 있다. 이러한 경제의 글로벌화는 그 어느 나라가, 그 어느 인사가 결코 막을 수 있는 흐름이 아니다. 무역과 투자의 가속화, 그리고 생산요소 흐름의 가속화는 세계경제를 서로 의지하고, 서로 협력하고, 서로 경쟁하는 개방형 국면으로 이끌었다. 경쟁을 거부하고 독점을 지속적으로 유지할 수 있는 나라는 없게 되었으며, 독점이 세계시장에서의 경쟁을 완전히 배제할 수도 없게 되었다. 이는 객관적인 경제법칙이며, 그 어느 나라도 위배할 수 없다.

세계 각국 간의 상호의존관계가 긴밀해지면서 신흥시장국가들과 개발도상국들의 경제성장은 갈수록 두드러지게 되었으며, 국제적 무역구도에 크나큰 변화를 가져와 세계는 점차 다극화와 국제관계의 민주화라는 시대의 흐름을 조성하였다. 국제질서를 독점적으로 관리하겠다는 발상은 시대와 점차 동떨어지고 있으며, 이러한 행동도 점점 성공하기 어려워지게 되었다. 세상만사는 각국이 협의해서 결정할 수밖에 없으며, '우선주의'를 바탕으로 국제규범을 파괴하는 행동은 갈수록 그 위치를 잃어 갈 수밖에 없다. "일방주의"의 길은 갈수록 힘들것이며 이는 또한 국제사회의 기본적인 공감대이기도 하다. 경제의 글로벌화와 더불어 개방적 협력관계를 지속적으로 추진하여야만 더욱 많은 발전기회와 발전공간을 창출해 나갈 수 있는 것이다.

3. 보호무역이 미국 "제조업의 귀환"을 불러올 것인가?

미국정부는 "미국 상품을 사고, 미국 노동자를 고용해야 한다"는 원칙하에 제조업의 귀환을 강조하고 있다. 당근과 채찍을 앞세워 미국 내에 공장을 설립하는 기업에 한해서 특혜정책을 취하고, 미국내 공장을 폐쇄하고 해외에 공장을 설립하는 회사에 대해서는 관세를 문제로 삼아 미국으로의 귀환을 강요하고 있다. 그러나 이러한 보호무역주의 조치가 과연 미국 제조업의 귀환을 불러올 것인가?

'제조업의 귀환'의 가능 여부를 분석함에 있어서, 우선 미국 제조업 이전의 원인을 알아 보아야 한다. 미국경제를 놓고 볼 때, 제조업의 이전은 경제의 운행법칙에 의해 결정된 것이다. 글로벌 경제발전 과정에서 미국의 다국적 기업들은 최대한의 이익을 창출해내기 위해 많은 산업을 개발도상국으로 이전하였다. 다국적 기업들이 산업을 이전하고, 원가를 절감하며, 시장을 확대하고, 자본의 이득 공간을 넓힌 것은 결코 어제와 오늘의 일이 아니다. 미국의 많은 자본이 채산성이 낮은 실물경제 부문을 포기하고, 금융부문에 집중하고, 국제금융 투기활동에 열중하여, 미국경제의 공동화와 가상화를 만든 것도 결코 어제와 오늘의 일이 아니다.

국제경제의 시각으로 볼 경우, 미국의 제조업 이전은 국제경제의 운행법칙에 의해 결정된 것이다. 현재의 국제경제시스템에서 달러는 세계통화로 되어 있으며, 이를 바탕으로 미국은 달러를 공급하고, 기타 국가들 특히 중국을 비롯한 개발도상국들은 값싼 물질적 상품을 공급하고 있다. 미국은 물질적 상품의 대량 수입으로 무역적자를 내고 있으며, 기타 국가들은 물질적 상품수출을 증가하면서 무역흑자를 기록하고 있다. 미국 제조업의 귀환을 통하여 무역적자를 해소하는 조치는 오히려 달러화의 패권적 지위를 뒤흔들 수 있다. 현재 미국의 제조업이 GDP에서 차지하는 비중은 매우 미미하며, 금융과 보험등 서비스산업이 GDP에서 절대적 비중 적어도 2/3이상을 차지하고 있다. 또한 이러한 특징이 발달한 국가들의 공통적 특징이 아니인가? 미국으로의 제조업 귀환은 이루기 힘든 구상임은 틀림이 없다고 하겠다.

제조업의 글로벌 분업은 생산의 사회화가 세계적으로 이루어지고 있고, 생산력이 발전한 필연적인 결과이다. 이러한 추세는 설사 일부 국가의 정책적 간섭에도 불구하고 결코 역전될 수 없는 것이다. 미국의 현 정부가 관세 부과와 높은 무역장벽으로 미국계 다국적 기업의 귀환을 요구하더라도 현실은 그 기대를 만족하기 어려울 것이다. 나아가 이는 글로벌 가치사슬을 파괴하고, 전 세계 범위에서의 자원배분의 최적화를 파괴할것이며, 이는 글로벌 경제의 운영효율성을 저하시킬 것이다.

4. 경제무역마찰이 미국경제의 번영을
   촉진할 수 있는가?

  2019년 이래 미국의 취업률과 주식시장은 새로운 호황을 이룩하고 있으며, 미국 상무부는 1분기 실질 GDP가 전기 대비 3.2% 성장하였다고 발표하였다.[3] 그렇다면 미국경제의 호황은 과연 언제까지 지속될 것인가? 여기에는 객관적인 분석과 평가가 필요하다.

  미·중 경제무역마찰의 장기화는 미국 기업과 소비자에 부담을 안겨줄 것이며, 이는 미국 경기 확장세의 걸림돌로 작용할 것이다. 2019년 5월 13일 중국이 미국의 관세징수에 대한 대응조치를 발표한 이후, 뉴욕 증시의 3대 주가는 큰 폭으로 하락하였는 바, S&P 지수가 2.4%, 다우지수가 2.38%, 나스닥 지수가 3.41% 급락하였다.[4]

  몇몇 경제지표로 볼 때, 미국경제는 상승하고 있지만, 지속 여부에는 우려의 목소리가 나오고 있다. 왜냐하면 "쌍둥이 적자 확대"의 빨간불이 켜졌기 때문이다. 미국 상무부가 2019년 3월 6일에 밝힌데 의하면, 지난해 무역적자(상품과 서비스 수지)는 6210억달러에 달하였으며, 이는 전년 대비 12.4% 늘어난 것이며, 금융위기 당시인 2008년이후 최대치를 기록한 것이다. 재정적자는 더욱 심각한 바, 월스트리트저널에 의하면 2019년도(2018년 10

---

3) "美 1분기 성장률 3.2% 'V자 반등'…경기둔화 우려 일단 벗어나", <한국경제>, 2019년 4월 27일, https://www.hankyung.com/international/article/2019042693691.

4) "중국의 반격…미중 관세전쟁 새 국면 진입", <프레시안>, 2019년 7월 10일, http://www.pressian.com/news/article/?no=240747&utm_source=naver&utm_medium=search

월-2019년 9월)가 시작된 뒤 4개월 간 누적된 연방정부 재정적자
는 3100억달러로 전년 동기 대비 77%나 늘었다.[5] 보호무역 압력
에도 불구하고 수입 증가율이 수출 증가율을 지속적으로 압도하
고 있으며, 달러 강세와 감세정책으로 인해 소비 지출도 계속 늘
어나고 있다.

미국은 감세정책으로 경제성장을 견인하고자 하지만 효과는 제
한적이며, 재정에 주는 압력은 오히려 막심한 것이다. 따라서 누
적된 재정적자의 급속한 증가는 피면할 수 없는 딜레마로 된 것
이다. 따라서 미국의 일부 인사들도 미국경제의 성장은 빚의 성장
일 뿐이라고 직언하고 있으며, 미국의 지불능력을 의심하기 시작
하는 치명적인 순간이 다가올 수 있으며, '치명적인 순간'은 미중
경제무역마찰이 고조되면서 가속화될 수 있다고 우려하고 있다.

중·미 경제무역마찰은 결국 미국경제에 심각한 충격을 줄 것
이며, 크나큰 부담을 안겨 줄 것이다. 생산적 측면에서 볼 경우,
중·미 제조업의 상호의존도는 매우 높은 바, 많은 미국 기업들이
중국의 원자재와 중간제품에 의존하며, 상호관세의 과도한 부과
조치는 미국기업의 생산원가를 높이고, 기업이익을 하락시키고
있다. 또한 소비의 관점에서 볼 경우, 관세의 추가징수는 미국내
의 물가수준을 상승시키고, 소비자들은 동등한 양의 상품을 위해
더욱 많은 지출을 감내해야 한다. 나아가 더욱 많은 지출은 기존

---

5) "쌍둥이 적자 키운 트럼프 호황", <한국일보>, 2019년 3월 7일,
   https://www.hankookilbo.com/News/Read/201902181638722322,,

소득수준이 유지될 경우, 필연적으로 수요의 감소를 유발할 수밖에 없다. 수출입의 관점에서 볼 경우, 중·미 상호관세의 추가적 부과는 직접적으로 미국의 대중국 수출의 하락을 야기할 것이며, 동시에 미국기업의 생산원가 향상으로 미국제품의 국제경쟁력 저하와 국제시장에의 수출 감소로 이어질 것이다.

글로벌경제시대에서 보호무역주의는 결코 좋은 처방이 될 수 없으며, 경제무역마찰에서 절대적 승자는 없으며, 남을 다치게 하면 기필코 자신도 다치게 되는 것이다.

5. 관세의 추가 징수는 미국 국민의 이익에 부합되는가?

미국정부가 경제무역마찰을 부추길 때, 일종의 자아기만적인 황당한 논조는 바로 '관세추가 부과가 미국에 유리하다'는 것이다. 추가 관세가 미국의 재정에 기여할 것이며, 미국에 더욱 많은 재부를 가져올 것이라는 것이다. 그러나 이는 경제학 상식에 위배되는 논리이며, 무역마찰의 부정적 작용을 기만하는 어구에 불과한 것이다.

관세의 추가 징수는 결국 미국 노동자들과 소비자의 이익을 해치게 될 것이다. 보호무역주의는 다른 나라의 이익을 해치는 동시에 미국국민의 이익도 해치게 되며, 오직 소수의 독점자본에만 유리할 뿐이다. 중국의 대미 수출상품중의 대부분은 일반 소비품이며, 수요의 탄력성이 적어, 미국이 중국상품에 관세를 추가 징수할 경우, 이는 결국 미국소비자에게 돌아가게 된다. 미국 정부가 지난해 중국 상품에 추가 관세를 부과한 이후, 중국 수출업자들의 미국시장에서의 가격 상승으로 결국 관세 원가가 미국 기업과 소비자들에게 전가되었으며, 소비재 가격이 올랐다는 연구보고서가 골드먼삭스에서 제출된 바 있다.

경제무역마찰은 미국 노동자의 취업에도 불리하다. 관세 추가 징수는 미국의 노동력재생산의 원가 증가를 초래하고, 기업의 노동력에 대한 수요를 약화하고, 고용 증가를 약화할 수 있다. 미국 기업들도 더 높은 원자재 가격을 감내할 수밖에 없고, 일부 자원이 추가 과세 징수 분야로 이전될 수밖에 없어, 상기 분야의 자원 배분 효율은 떨어질 수밖에 없다.

잃는 것이 있으면 얻는 것도 있듯이 관세의 추가 징수로 이익을 얻는 세력도 있기 마련이다. 그러나 이러한 세력은 미국의 일반 국민들일 수 없으며, 주로 미국의 소수 대독점 자본에 속할 것이다. 이들은 감세를 적극적으로 추진하여, 독점을 확대하고 제조업을 노동력의 원가가 중국보다 저렴한 다른 나라에 아웃소싱할 수 있는 바, 그러나 이들은 극히 소수에 불과한 것이다. 대부분 미국 국민들은 결국 무역마찰에서 손해를 보게 된다.

6. 중·미 경제무역마찰이 중국경제를 짓누를 수 있는가?

　미국이 중·미 경제무역마찰을 지속적으로 격상시키고, 중국경제에 여러 봉쇄정책과 압박을 가함으로써 중국기업의 생산경영과 소비자들의 소비에 부정적 영향을 미치고, 중국 경제의 위축을 강화하고 있는 것은 분명한 사실이다. 그러나 중국정부는 단기적 경제파동에 얽매이지 않고 있으며, 일시적 이해득실에도 연연하지 않고 있다. 전체적 국면과 장기적 안목으로 냉철하고 객관적으로 경제현실에 접근하고 있으며, 중국 국민들도 역시 마찬가지이다. 따라서 중국경제의 발전추세는 변하지 않게 될 것이며 중국경제가 가지고 있는 기초체질도 결코 약화되지 않을 것이다.

　2018년 중국의 수출의존도는 18.1%에 불과했으며[6], 수출이 중국 경제성장에 미치는 영향도 지속적으로 줄어들고 있고, 내수의 영향력이 지속적으로 강화되고 있다. 올해 들어 세계 경제성장과 국제교역이 둔화되고 있음에도 불구하고, 중국경제는 상대적으로 양호한 모습을 보이고 있다. 2019년 제1분기의 경제성장률은 6.4%에 달하는 등[7] 중국의 주요 경제지표는 상대적으로 합리한 수치를 기록하고 있으며, 경제구조도 더욱 최적화되고, 발전방식도 효율적으로 변화하고 있다.

---

6) 중국국가통계국에서 발표한 자료에 의하면 2018년 중국의 대외수출상품총액은 2.48조 달러에 달하였으며, GDP총액은 13.7조달러에 달하였음.

7) "1분기 국민경제의 출발은 안정적이며, 적극적인 요소들이 점차 증가하고 있다(一季度国民经济开局平稳 积极因素逐渐增多)", 중국국가통계국, http://www.stats.gov.cn/.

중국정부는2018년이후 안정적인 취업, 안정적인 금융, 안정적인 대외무역과 투자등 일련의 정책조치들에 방점을 두고 있다. 중국정부는 다양한 정책수단과 세계에서 유례가 없는30여년의 고속성장과 경제기적을 이룬 성공경험들을 지니고 있다. 미국은 경제무역마찰에 대비한 중국정부의 정책수단과 활용능력을 절대 과소평가하지 말아야 할 것이다. 중·미 경제무역마찰이 중국경제발전에 새로운 변수를 추가할 수는 있지만, 결코 중국경제의 기본체질은 바꿀수 없으며, 지속적인 성장을 이루고 있는 중국경제의 기반과 여건도 바꿀수는 없다.

　　현재 중국경제는 안정적이고 지속 가능한 발전을 위한 네 가지 '힘'을 보유하고 있다. 첫째는 자원잠재력으로, 14억 인구, 9억 노동력, 1억7000만 명의 고등교육과 기능을 갖춘 인재자원, 세계 최대 규모의 중등소득층을 보유하고 있다. 둘째는 내생동력으로 중국의 경제성장은 주로 내수에 의거하며, 2018년 내수의 경제성장 기여율은 108.6%에 달하며, 이 중 최종소비 기여율은 76.2%에 달한다. 셋째는 중국의 연구개발(R&D) 투자는 세계 제2위로써 경제규모의 2.18%에 달하며, 전략적 신흥산업과 공유경제 등 새로운 성장동력 산업이 급속히 발전하고 있다. 넷째는 경제조정능력으로써 중국은 거시적 경기 조정경험과 충분한 정책공간을 갖추고 있으며, 충분하고 다양하게 각종 리스크와 도전에 대응할 능력과 신심을 지니고 있다.[8]

---

[8] "중국경제의 전망은 어떠한가? 시진핑이 하나의 대추세와 네 가지 힘을 제시하다(中国经济前景如何？习近平提到一个大趋势和四个力)", http://www.cctv.com/, 2019년 6월 5일.

7. 중·미 경제무역마찰이 한국경제에 미치는 영향은 어떠한가?

　중·미 경제무역마찰이 한국경제발전에 미치는 영향은 어떠하며, 한국은 어떻게 대응하는 것이 바람직한가? 이를 위하여 중·미 경제무역마찰이 한국경제에 주는 부정적 효과와 긍정적 효과 및 향후 발전추이에 대한 전망 등으로 살펴 보고자 한다.

　첫째, 부정적 효과로는 한국은 다자주의체제 기반하에서 세계 각국과의 활발한 수출입무역을 통해 "한강의 기적"을 창조하였으며, 급속한 경제발전을 이루어 왔다. 현재 한국의 대외무역의존도는 70%를 초과하고 하고 있으며, 경제발전이 과도하게 대외무역의 영향을 받고 있다. 특히 대중국 수출은 전체 수출의 30%에 달한다. 이런 상황에서 중국의 대미국 수출이 감소할 경우, 한국의 대중국 수출은 상당한 타격을 받게 된다. 그리고 한국의 대중국 수출에서 원부자재와 중간재등 수출이 전체 수출의 70%이상을 차지하고 있다. 즉 중국은 한국의 중간재를 수입하여 가공한 후 다시 미국에 수출하고 있는 것이다. 이런 상황에서 중국의 대미국 수출감소는 직접적으로 한국의 대중국 중간재 수출 감소로 이어지게 된다. 이는 한국경제에 매우 큰 충격과 타격을 줄 것이다. 나아가 중·미 경제무역마찰이 장기화 될 경우, 이는 세계적인 보호무역주의의 확산으로 이어지게 될 것이며, 이는 한국경제발전에 재앙이 도래하는 것과 다름이 없게 된다.

둘째, 중·미 경제무역마찰은 중국과 경쟁관계에 있는 한국기업의 일부 산업과 품목에 수혜를 가져다주게 된다. 그리고 중·미 경제무역마찰과정에서도 중국은 지속적으로 개혁개방을 심화하고 있으며, 국내시장의 추가적 개방을 적극 추진하고 있다. 특히 2018년에 이미 은행업에 대한 외국자본의 지분제한 조치를 취소하였으며, 내년 즉2020년부터는 증권·펀드·보험회사 등 모든 금융시장에서의 외국자본의 보유지분 제한 규정을 취소하게 된다.9) 이로써 한국 금융기관들이 중국내 독자은행이나 독자증권사 그리고 생명보험사의 설립이 모두 적극 추진될 수 있게 되었다. 이는 활기가 부족하던 한국의 은행업과 증권업 그리고 보험업에 새로운 활로를 열어 놓았으며, 새로운 성장동력을 부여하였다.

셋째, 중·미 경제무역마찰 배경하에서 한국은 어떻게 대처하여야 할 것인가? 이를 위해서는 중·미 경제무역마찰의 발전 추이에 대한 냉정한 분석이 필요하다. 저자는 중·미 경제무역마찰이 얼마 후 극적 타협으로 마무리 될 것이라 본다. 그 이유는 경제무역마찰이 경제무역전쟁으로 치닫고 장기화될 경우, 미국이 패하게 될 수밖에 없기 때문이다. 그 이유는 우선 상기에서 서술하였듯이 중·미 경제무역마찰 혹은 경제무역전쟁에서 미국은 명분이 없는 억지 주장을 펴고 있으며, 이는 경제법칙과 경제무역의 발전 흐름에도 위배된다. 경제법칙과 시대의 흐름은 그 어떤 나라

---

9) "리커창: 중국은 2020년에 금융영역의 외국자본의 지분제한을 취소할 것이다(李克强:中国将于2020年取消金融领域外资股比限制)", <21재경>, 2019년 7월 3일,
http://www.gov.cn/xinwen/2019-07/08/content_5407387.htm.

나 그 어떤 사람이 거스를 수 있는 것이 아니다. 다음으로 중국은 공산당의 영도하에 일관되고 지속적인 경제발전정책과 조치를 관철할 수 있으며, 경제무역전쟁에 대비한 많은 정책적 공간과 조정 경험을 보유하고 있다. 그러나 미국은 대통령임기의 제한으로 4년마다 전략이 바뀌게 되어 있으며, 따라서 경제무역전쟁이 장기화 될 경우 국면은 중국에 유리한 방향으로 전개되게 되어 있다. 마지막으로 중국은 공산당을 중심으로 국민들이 일심단결 할 수 있으며, 중국 국민들은 경제무역전쟁으로 인한 크나큰 피해를 감당할 수 있는 인내력이 매우 강하다. 반면에 미국은 경제무역전쟁으로 인한 피해가 커질 경우, 국민들의 반감과 인내력 한계로 단기간에 국내의 분열사태가 도래될 수 있다. 장기전은 일시적인 힘으로 치르는 것이 아니라 인내력과 정책적 지혜로 치르는 것이다.

상기 분석에서 저자는 중·미 경제무역마찰이 한국에 미치는 영향을 간략히 서술하였으며, 향후 발전추이에 대하여도 전망하였다. 저자는 중·미 경제무역마찰에서 한국이 중국과 미국간의 관계를 바람직하게 처리할 것이라고 확신한다. 다만 요즘 한·일 경제무역전쟁이 대두되는 배경하에서 한국사회가 정치·경제·사회 등 면에서의 분열국면을 해소하고, 국가대통령을 중심으로 전체 국민이 일심단결하기를 간곡히 바라는 바이다. 이럴 경우 그 어떤 압력과 난관도 한국의 발전의 길을 가로막지 못할 것이다.

맺음말

1979년 중・미 수교 이후, 양국 관계는 전반적으로 발전적이며, 경제무역 협력도 빠르게 추진되었으며, 이는 상호보완적이며 호혜적인 무역관계에서 비롯되었다. 나아가 현재 세계의 양대(兩大) 경제대국으로서의 중・미 경제무역관계의 안정 여부는 중・미 쌍방은 물론 세계의 경제발전과도 직결되어 있다. 미국의 일부 인사들이 미・중 간 무역 불균형을 '중국 측의 불공정한 방법'과 미국의 '손해'로 인식하는 것은 일방적이고 단순한 견해임에는 틀림이 없다고 하겠다.

미국의 무역적자는 무역과 관계없이 내부 경제구조 문제에서 야기되었다고 해도 과언이 아니다. 설사 무역파트너 중에 중국이 없다 할지라도 그 전체 무역은 적자일 것이며, 이는 미국의 비교우위와 국제분업의 현실적인 내용에서 비롯되었기 때문이다. 또한 가지 무시 못할 이유는 미국의 장기적인 대중 첨단기술(하이테크)제품 수출규제로 인하여, 중국시장에서 미국제품의 경쟁력이 강하지 못한 것과도 연관되어 있다. 중국과 미국은 세계 최대 개발도상국과 선진국으로써 자원부존 조건과 발전단계 그리고 산업구조 등 여러 분야에서 위상이 결코 같을 수가 없다. 양자의 경제무역관계에서 경쟁성이 이전보다 높아졌음에도 불구하고 상호보완성 위주의 기본 구도는 절대 바뀌지 않았다.

산업경쟁력으로 볼 경우, 미국은 서비스산업 경쟁력이 강하며 양자 서비스 무역 분야에서 대규모 흑자를 이루고 있고, 중국은 제조업 대국으로써 물질상품 무역에서 대규모의 흑자를 이루고 있는 것이다. 기술수준에서 볼 경우, 미국기업들은 첨단기술산업에서 강한 경쟁력을 지니고 있으며, 따라서 미국정부가 첨단기술제품 수출 제한 조치를 없애거나 줄이면, 중국시장에서의 미국제품의 점유율은 급격히 상승할 수 있다. 중국의 대미 수출품은 대부분이 여전히 노동집약적인 저기술 품목에 불과하다.

지금 세계는 백년이래 볼 수 없었던 급격한 변화 국면을 맞이하고 있다. 중·미 경제무역마찰의 심각한 도전에 직면한 중국은 세계 최대의 개발도상국으로서 여전히 세계무역기구의 규칙을 확고히 준수하고 옹호하고 있으며, 개방·투명·포용·비차별적인 다자간 무역체제를 적극 지지하고 있다. 중국은 향후 개혁개방을 더욱 심화할 것이며, 더 넓은 영역에서 외국자본의 진입을 수용할 것이며, 지적재산권 보호도 더욱 강화할 것이다. 더욱 개방적인 중국은 세계 각국과 더욱 양호한 관계를 유지할 것이며, 더욱 발전적이고 번영하는 중국과 세계를 위해 중국 국민들은 최선을 다할 것이다.

참고문헌

"중국경제의 전망은 어떠한가? 시진핑이 하나의 대추세와 네 가지 힘을 제시하다
(中 国 经 济 前 景 如 何 ？ 习 近 平 提 到 一 个 大 趋 势 和 四 个 力) ",
  http://www.cctv.com/, 2019년 6월 5일.

"리커창: 중국은 2020년에 금융영역의 외국자본의 지분제한을 취소할 것이다(李克
  强:中国将于2020年取消金融领域外资股比限制)",
  <21재경>, 2019년 7월 3일, http://www.gov.cn/xinwen/2019-07/08.

"1분기 국민경제의 출발은 안정적이며, 적극적인 요소들이 점차 증가하고 있다(一
  季度国民经济开局平稳 积极因素逐渐增多)", 중국국가통계국,
  http://www.stats.gov.cn/.

"美 1분기 성장률 3.2% 'V자 반등'——경기둔화 우려 일단 벗어나", <한국경제>,
  2019년 4월 27일,
  https://www.hankyung.com/international/article/2019042693691.

"중국의 반격——미중 관세전쟁 새 국면 진입", <프레시안>, 2019년 7월 10일,
  http://www.pressian.com.

"쌍둥이 적자 키운 트럼프 호황", <한국일보>, 2019년 3월 7일,
  https://www.hankookilbo.com.

중국 상무부, "외자 통계공보 2018(中国外资统计公报2018)"

중국 상무부, "2017년 중국 대외직접투자 통계공보(2017年度中国对外直接投资统计
  公报)".

중국 상무부, "2018년 1-12월 외상투자기업 수출입 상황표(2018年1-12月外商投资
  企业进出口情况表".

중국해관통계(中国海关统计, http://www.hgsj.com/index.html)/.

제3섹션 ICT분야

미중 무역전쟁이 한중관계에 미치는
영향과 대응방안모색-ICT분야

전병서 (중국경제금융연구소장)

Ⅰ. 미국과 중국의 충돌, 금권과 패권의 충돌

"장사 9단"과 "정치 9단"의 대결

"정치 9단"과 "장사 9단"이 한판 붙으면 누가 이길까? G1의 "워싱턴의 나비의 날개 짓"이 태평양, 대서양을 건너 전세계에 허리케인급 태풍으로 불어오고 있다. 트럼프의 미국 대통령 당선 이후 유럽은 물론이고 아시아도 패닉이다. 종잡을 수 없는 트럼프의 말과 정책은 온 세계를 헷갈리게 한다

중국에서 상인은 특이한 존재다. 중국의 부자는 북경에서 멀리

떨어질수록 돈이 많다. 황제의 세금의 굴레에서 벗어 날 수 있었기 때문이다. 중국의 부자가 가장 많은 곳은 북경이 아니라 저장성과 광동이다. 중국의 상인들은 관리로부터, 황제로부터 손볼 놈으로 낙인 찍혀 2000년간 당했지만 정작 상인은 관리나 정치인 알기를 우습게 안다.

중국 상인의 고장인 남방에서 "공부 안 하면 공무원 된다"는 우스갯 소리가 있다. 중국 속담에 "돈이 있으면 귀신에게도 맷돌을 돌리게 할 수 있다"는 말도 있다. 귀신도 돈으로 사는데 하물며 하찮은 지방 공무원이야 돈으로 간단히 해결할 수 있다는 것이다. 중국의 역대부자들은 황제를 상대로 돈놀이를 하던 사람들이다. 재정이 거덜난 황실에 황제를 담보로 돈을 빌려주는 간 큰 인물들이 중국 상인들이다.

그런데 미국에도 역사상 처음으로 "상인종(商人種), 대통령"이 등장했다. 바로 미국의 45대 대통령 트럼프다. 음모와 술수, 모략과 전략, 사기와 협잡이 판치는 정치판에 정치를 모르는 상인이기나 제대로 펼까 의구심이 있었지만 상인 트럼프의 수는 정치꾼보다 한 수 위라는 것을 보여주었다.

유세기간 중에서도, 당선 이후에도 거침이 없었고 기존 정치인들의 뒤통수를 수시로 쳤다. G1, G2가 지금 대결 중이다. 지금 정치인 집안에서 성장한 정치꾼 시진핑과 장사꾼 출신 트럼프의 한판 승부가 벌어질 판이다.

<표 1> 미중의 역대 지도자 비교

연도	당파	중국 총서기	연도	미국 정당	대통령	중국 GDP	미국 GDP	중국/미국 (%)
1949		모택동	1953	공화당	아이젠하워			
			1961	민주당	존F케네디			
			1963	민주당	린드존슨			
			1969	공화당	리처드닉슨			
			1974	민주당	제럴드포드			
1976		화국봉	1974	민주당	제럴드포드			
			1977	민주당	지미카터			
1978		등소평	1977	민주당	지미카터	0.2	2.4	9%
			1981	공화당	로널드레이건	0.3	3.2	9%
1989	상해방	장쩌민	1989	공화당	조지부시	0.5	5.7	8%
			1993	민주당	빌클린턴	0.6	6.9	9%
			2001	공화당	조지부시2세	1.3	10.6	13%
2002	공청단	후진타오	2002	공화당	조지부시2세	1.3	10.6	13%
			2009	민주당	오바마	5.1	14.4	35%
2012	태자당	시진핑	2012	민주당	오바마	8.5	16.2	52%
			2017	공화당	트럼프	12.2	19.3	63%

자료: 중국경제금융연구소

트럼프 대통령, 트윗터와 기자회견을 통해 절묘하게 민심을 움직이고 "기가 막힌 표정 연기"를 한다. 과장된 쇼업이 상대를 혼란스럽게 만든다. 적을 끌어안고, 동지를 내치는 전략으로 상대를 당황하게 하는 "성동격서(聲東擊西)"전략도 기가 막히게 쓴다.

미국과 중국, 미국과 일본, 미국과 러시아, 미국과 유럽의 기존의 관계를 홀랑 뒤집어 소위 "트럼프 스타일"로 길들이기를 하고 있다. 중국, 영국, 러시아, 독일 등 주요국의 정치지도자들도 당혹스럽다. 이런 트럼프 같은 밀당의 고수는 처음 마주친 때문이다. 트럼프, 브렉시트로 EU를 뛰쳐나간 영국의 메이 총리와 미국의 영원한 라이벌인 러시아의 푸틴에게 미소 짓고, 앙겔라 독일 총리와 시진핑 중국 주석에게 냉소를 보낸다.

기성정치인들이 이해 못하는 초보 대통령 트럼프의 행태, 민간기업 CEO라며 할 수 있는 일이다. 기업인들이 기업을 장악할 때 100일 안에 끝낸다는 말을 한다. 민간기업에 부임한 CEO 100일 안에 인사, 조직, 재무, 전략을 장악 못하면 사장임기 내내 당한다. 기득권 세력에 휘둘린다.

트럼프 대통령을 보면 민간 기업 CEO의 "회사 장악 100일 작전"처럼 보인다. 전광석화처럼 허를 찌른 발탁인사, 카리스마 보이기, 단기성과 만들기를 일사천리로 하고 있다. 기존 정치권에 빚진 것이 없고, 어두운 돈의 조정을 받지 않은 부자, 트럼프가 기득권의 반발에 신경 안 쓰는 이유다.

투키디데스 트랩을 놓친 미국의 후회

1등이 가장 두려워하는 것은 추격해 오는 2등이다. 스파르타가 가만 있는 아테네에 전쟁을 걸었다. 1등은 2등이 성장해 1등의 자리가 위협받을 가능성이 있으면 어떤 핑계를 대서라도 2등을 죽이거나 좌절시킨다. 바로 "투키디데스 트랩(Tuchididdes Trap)"이다.

투키디데스 트랩(Tuchididdes Trap)은 펠로폰네소스 전쟁에서 나온 말로 빠르게 부상하는 신흥 강국이 기존의 세력판도를 뒤흔들 조짐이 보이면 패권국이 신흥국을 무력으로 좌초 시키려는 유혹이다. 모든 강자들은 투키디데스 트랩을 사용한다.

최근 100년 세계의 패권은 영국에서 미국으로 넘어왔다. 미국이 "해가 지지 않는 나라", 팍스 브리테니카를 제치고 팍스 아메리카를 건설했다. 작은 섬나라 영국이 팍스 브리테니카를 건설한 방법은 무자비한 무력통치를 통한 식민지 건설이었다. 그러나 미국은 전세계 어디에도 식민지를 건설하지 않고 세계를 장악했다.

"석유를 장악하면 모든 국가를 지배하고, 식량을 장악하면 인류를 지배하며, 화폐를 장악하면 전 세계를 지배한다"는 헨리 키신저 박사의 말대로 미국은 석유, 식량, 금융패권을 통해 식민지를 건설하지 않고도 세계를 통치해 왔다.

미국은 최근 100년간 G2를 다루는 룰이 있었다. 바로 "40%룰(rule)"이다. G2의 GDP가 미국GDP의 40%를 넘어가면 미국은 예외 없이 G2를 좌초시켰다. 미국은 부상하는 2위 신흥대국을 경제와 금융을 무기로 해체 또는 무장해제 시켰다. 소련과 일본이 거기에 당했다. 소련을 자유무역을 도입해 붕괴시켰고, 일본의 부상을 플라자합의를 통해 엔고를 만들어 30년간 G2 일본을 제로 성장하게 만들었다. 바로 "투키디데스 트랩"을 쓴 것이다.

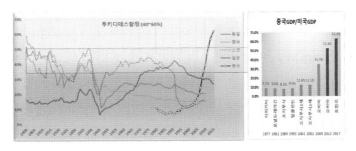

자료: 중국경제금융연구소

〈그림 1〉 미국의 투키디데스 트랩과 중국 GDP성장

그런데 문제는 중국이다. 미국의 역대 G2의 관리기준으로 보면 중국이 미국 GDP의 35%선이었던 오바마 1기 정부에 중국을 손봤어야 했다. 그러나 2008년 금융위기 이후 미국은 제 앞가림하기에 급급해서 중국을 돌아볼 여유가 없었다.

오바마 2기 정부 들어 중국의 GDP는 미국GDP의 52%로 높아졌고 2016년에는 61%에 달했다. 트럼프 시대인 2018년에는 65%대까지 높아졌다. G2를 잡는 트랩에서 중국은 미국이 아차 하는 순간에 벗어난 것이다.

중국이 미국의 GDP 50%대를 넘어선 2012년이후 최근 5년간 세계무대에서 중국의 발언권은 정치, 경제, 금융, 외교문제에서 더 강해졌고 사사건건 미국의 정책에 시비를 걸 정도다. 중국의 부상, 미국으로서는 후회막급이지만 이미 차는 떠났다.

3. 금권과 패권의 충돌, 21세기 가장 위험한 충돌

오바마 시대 8년간 부드러웠던 중국과 미국의 관계가 2017년 트럼프 집권 이후 충돌 일보직전이다. OX(Obama-Xijinping)시대와 TX(Trump-Xijinping)시대의 변화를 보면 경쟁의 구도가 다르다. 트럼프 대통령은 장사꾼 출신이다, 트럼프는 이미 100년간의 세계 패권국의 왕이기 때문에 4년짜리 왕권은 별 관심이 없다. 패권은 단지 장식품이고 장사꾼답게 '금권(金權)'에 관심이 집중되어 있다. 시진핑 주석은 정치꾼이다. G2국가의 왕이기 때문에 당연히 목표는 G1의 패권에 관심이 많다. 시진핑에게는 금권은 장식품이고 패권(覇權)이 중요하다.

자료: 중국경제금융연구소

〈그림 2〉 미중의 금권과 패권의 충돌

트럼프의 정치적 배경인 공화당은 애초부터 첨단산업을 좋아하는 당(黨)도 아니고 트럼프 자신도 부동산업자 출신으로 첨단산업을 잘 모른다. 미국 공화당의 지지세력의 배경은 방산, 석유, 부동산, 제조업이고 미국 민주당은 월스트리트, 실리콘밸리, 헐리우드이다.

중국의 시진핑 주석도 내수확대를 통한 경기활성화에 관심 많고 부정부패 단속과 국유개혁을 통한 기업의 군기잡기에 능하다. TX시대에 미국과 중국에 케인즈가 살아 돌아왔다. G2의 대규모 SOC투자가 시작된 것이다. 트럼프 집권, 시진핑 2기 정부 시작이 2017년인데 미국 1조달러 SOC투자를 발표한다. 중국도 공급측

개혁, PPP투자, 일대일로 투자를 벌였다. 도시화율 82%인 나라 미국과 59%인 나라 중국에서 케인즈의 이론이 누구에게 더 적합할 지는 두고 봐야 한다.

투키디데스 함정을 벗어난 중국을 잡는 트럼프의 카드는 무엇일까? 한 놈만 세게 패라는 것이 금권을 탐내는 트럼프의 전략이다. 거대한 무역적자, 재정적자 그리고 실업률을 안고 있는 미국을 되살리려면 희생양이 필요하다.

그러나 어중이 떠중이 다 잡아넣으려면 힘도 빠지고 끝도 없다. 조폭들의 싸움에서도 고수 한 놈만 죽이면 전쟁 끝이다. 젤 센 놈 한 놈만 시범케이스로 손보면 나머지는 줄줄이 알아서 긴다. 트럼프 G2중국을 손볼 상대 1순위로 정했다.

여기서 트럼프 정치인생 결판난다. 중국을 넉다운시키면 만사형통이다. 일본, 독일, 영국, 러시아, 프랑스 한방에 다 굴복시킬 수 있다. 그래서 중국에 맨 먼저 시비 걸고 협박하고 있다. 고수다운 수법이다.

Ⅱ. 미중의 전쟁은 무역이 아니라 기술전쟁, 금융전쟁이다

미중 무역전쟁 1년의 성적표는?

미국의 "2인자 죽이기"는 이번이 소련과 일본에 이은 세 번째다. 미국은 각각 2개의 전쟁, 즉 4개의 전쟁을 통해 소련과 일본을 무너뜨렸다. 미국은 1980년대 "우주전쟁"과 "감세전쟁"을 통해 힘을 길러 11년만인 1991년에 소련을 붕괴시켰다. 일본에 대해서는 1985년부터 1995년까지 10년에 걸친 "기술(반도체)전쟁"과 "환율전쟁"을 통해 일본을 좌초시켰다.

그런데 미국은 이번에는 1985년 이후 33년만에 소련과 일본보다 월등히 강한 적수, 중국을 만났다. 트럼프 대통령은 이번에는 6개의 전쟁을 동시에 시작했다. "우주전쟁, 감세전쟁, 무역전쟁, 환율전쟁, 기술전쟁, 금융전쟁"이 바로 그것이다. 우주군을 창설하고 대대적인 감세 정책을 쓰고 5500억달러 규모의 대중 수입품에 보복관세를 부과하고, 환율조작국 지정을 하고, "중국제조 2025"에 제재를 가하고 중국의 금융시장 개방 압력을 넣고 있다.

지금 트럼프 대통령의 대중전쟁은 무역전쟁에서 전쟁터를 옮겨가고 있다. 2018년에 시작한 500억달러와 2000억달러의 수입품목에 대한 보복관세는 중국경제에 별다른 치명상을 입히지 못했다. 2018년 4월부터 시작된 무역전쟁은 7월와 8월에 본격적인 관세부과가 시작되었지만 11월까지 중국은 수출이 감소하기는 커녕 여전히 5~15%대의 성장을 지속했다.

2018년 7월부터 2019년 7월까지 지난 1년간 미중 무역전쟁의 결과를 보면 승부가 선명하다. 이 기간 중 미국의 대중수출은 -18%였고 중국의 대미수출은 +4%였다. 그리고 미중 무역전쟁의 시작 당시 미국의 요구사항은 대미무역흑자 1000억달러를 축소하라는 것이었다.

하지만 미 중의 무역전쟁 난타전 1년간 미국의 대중 무역적자는 줄어들기는 커녕 16%증가했다. 이유는 1인당소득이 6.2만달러의 나라에서 보복관세 25% 때린다고 30-40년전에 해외로 나간 전통제조업이 돌아올 수 없기 때문이다.

중국의 총수출은 미국과의 무역전쟁에도 불구하고 7%, 수입도 8% 증가했다. 중국의 대미수출비중은 18%선에 불과하고 여타 82%지역의 수출이 늘었기 때문이다.

〈표 2〉 미중 무역전쟁 1년간의 성적표

		중국무역 (억$)			대미무역 (억$)			중국무역 증가율			대미무역 증가율			미국비중		
		수출	수입	무역흑자	대미수출	대미수입	무역흑자	수출	수입	무역흑자	대미수출	대미수입	무역흑자	수출	수입	무역흑자
2018	7	2,156	1,875	281	415	134	281	11%	28%	-40%	11%	11%	11%	19%	7%	100%
	8	2,174	1,895	279	444	133	311	9%	21%	-34%	13%	2%	19%	20%	7%	111%
	9	2,267	1,950	317	467	126	341	14%	15%	11%	14%	-1%	21%	21%	6%	108%
	10	2,173	1,833	340	427	109	318	15%	22%	-11%	13%	-2%	19%	20%	6%	93%
	11	2,274	1,827	447	462	107	355	5%	3%	11%	10%	-25%	28%	20%	6%	79%
	12	2,212	1,642	571	403	104	299	-5%	-7%	4%	-4%	-36%	17%	18%	6%	52%
2019	1	2,176	1,784	392	365	92	273	9%	-1%	93%	-3%	-41%	25%	17%	5%	70%
	2	1,352	1,311	41	227	79	147	-21%	-5%	-88%	-29%		-30%	17%	6%	358%
	3	1,987	1,660	326	318	113	205	14%	-7%	-755%	4%	-26%	33%	16%	7%	63%
	4	1,935	1,797	138	314	103	210	-3%	5%	-52%	-13%	-26%	-5%	16%	6%	152%
	5	2,138	1,722	417	377	108	269	0%	-8%	67%	-4%	-27%	9%	18%	6%	65%
	6	2,128	1,619	510	393	94	299	-2%	-8%	22%	-8%	-31%	3%	18%	6%	59%
	7	2,215	1,765	451	389	109	280	3%	-6%	61%	-6%	-19%	0%	18%	6%	62%
2018.7~2019.7		27,188	22,679	4,509	5,000	1,412	3,588	18%	6%	80%				18%	6%	80%
2017.7~2018.7		25,436	20,938	4,498	4,812	1,723	3,088	19%	8%	69%						
증가율		7%	8%	0%	4%	-18%	16%									

자료: 중국해관통계, 중국경제금융연구소

미중 전쟁은 무역이 아닌 기술전쟁, 금융전쟁

미국의 대중 통상문제를 다루는 미국무역대표부 대표 로버트 라이트하이저나 백악관 무역정책국장 피터 나바로, 상무장관 윌버로스 같은 핵심 3인방은 모두 70대들이고 로버트 라이트하이저는 과거 일본을 좌초시킬 때 통상협상에 직접 나섰던 인물이고 윌버로스는 일본통이기도 하다. 그래서 1980년대 미일간의 무역전쟁을 돌아보면 지금의 미중전쟁의 단계와 방향을 알 수 있다.

1980년 들어 미국은 보호무역주의를 강화했고, 1981년~85년까지 일본의 무역 관련 청문회가 231차례나 열렸다. 1985년들어 일본을 겨냥한 대량의 제재법안(Japan Bashing)이 통과되었고 1984년부터 불공정무역보복 조치인 301조, 슈퍼301조 등을 동원해 1988년까지 일본을 압박했다.

미국의 일본에 대한 주요 산업별 무역규제를 보면 1981년 자동차수입규제를 시작으로 1986년에는 미일반도체협정을 체결해 일본의 첨단산업의 발목에 족쇄를 채웠다. 또한 1985년에는 MOSS(Market Oftened Sector Selective)담판을 통해 통신, 제약 의료기기. 전기전자, 목재산업의 개방을 확대했고, 1989년에는 SII(Structural Impedments Initiative)담판을 통해 저축과 투자방식, 유통산업, 배타적 상관습, 기업계열제도, 토지정책에 관한 일본의 양보를 끌어 냈고 위성구매, 슈퍼컴퓨터규매 등에 제재를 가했다. 1985년에는 플라자합의를 통해 엔고를 만들어 무역흑자를 축소하고 일본기업의 수출경쟁력을 약화시켰다.

결과적으로 미국이 일본을 죽인 것은 1986년에 체결된 반도체 협정 즉 기술전쟁과 1985년 체결된 엔고-플라자합의를 통한 금융전쟁이었다. 그래서 미국이 이번 중국과의 전쟁에서도 최종적으로 노리는 것은 기술전쟁과 금융전쟁에서 승리다.

미국이 중국을 일본처럼 길들이기 어려운 9가지 이유

일본은 미국의 무역제재에 따른 수출과 성장둔화에 대응해 재할인율 인하, 통화량 증대 등 통화정책을 완화해 내수를 확대 자극했고 87~88년에 소득세율과 법인세율 인하를 감행했다. 또한 관세인하와 비관세장벽의 철폐를 확대했다.

엔화강세로 일본은 1985~1990년 사이에 해외직접투자가 급증했고, 이는 과거 30년간의 해외투자규모를 넘어서는 수준이었다. 경쟁력이 없어진 제조업의 일본탈출이 줄을 이어 일본의 전통제조업의 쇠퇴를 가져왔고 결과적으로 일본의 잃어버린 30년을 만들었다.

미국의 대중 통상을 담당하는 핵심 3인방과 과거일본의 제재과정을 보면 그 스토리가 매우 유사하다는 것을 알 수 있다. 미국의 무역제재가 과거 일본처럼 효과를 낼 수 있을까? 결론은 그럴 가능성이 낮다는 것이다.

이유는 현재 중국과 1985년의 일본의 상황이 9가지 측면에서 다르기 때문이다

1985년 일본의 대미수출의존도는 37%였고 대미무역흑자는 전체 무역흑자의 86%를 차지했다. 2017년 중국의 대미수출의존도

는 19%였고 대미무역흑자는 전체 무역흑자의 66%를 차지했다.

일본은 1985년 1인당 소득 1만달러대의 1.3억명의 인구를 가진 시장이지만 중국은 2019년에 1인당 소득 1만달러대의 13.8억명의 인구를 가진, 과거 1985년 일본의 10배가 넘는 시장이자 공장이다. 중국의 공산품 대미수출의 75%는 임가공으로 중국은 미국의 공장이자 시장으로 경제의 상호의존성이 높아져 있다. 미국이 수입을 줄이면 중국의 고용이 타격 받지만 미국의 소비도 바로 타격을 받는 구조다.

과거 일본의 경우 무역제재의 경우 1985년부터 시작했지만 큰 효과를 보지 못했다. 당시 세계 최강이었던 일본제조업의 경쟁력을 미국제조업이 꺾을 순 없었다. 그리고 플라자합의 이후에도 미국의 무역적자는 줄어들기는커녕 오히려 더 확대되었고 1985년부터 2018년까지 미국의 대일무역적자는 누계로 2조1천억달러에 달했다.

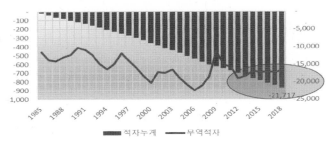

미국의 연도별 對일본 무역적자

자료: 미상무부, 중국경제금융연구소

〈그림 3〉 미국의 1985년이후 대일무역적자 추이

미국이 일본을 죽인 것은 환율전쟁이지 무역전쟁이 아니었다. 10년에 걸쳐 69%가까이 절상시킨 엔화가 일본수출제조업의 몰락을 불러왔다. 미국이 일본을 좌초시킨 것은 "무역의 창(槍)"이 아니라 "환율의 창(槍)"이었다.

그런데 환율전쟁에서 중국이 일본과 다른 점은 환율제도와 외교, 국방의 3가지 측면이다. 일본은 미국과 동맹이지만 실질적으로 미국의 핵우산의 보호를 받는 국방과 외교에서 종속적인 관계였기 때문에 미국의 환율절상 요구를 거절할 능력이 없었다. 또한 일본은 핵무기의 보유가 원천적으로 불가능했다. 그래서 프랑스, 서독, 일본, 미국, 영국의 5개국의 플라자합의를 통한 환율절상이 가능했다.

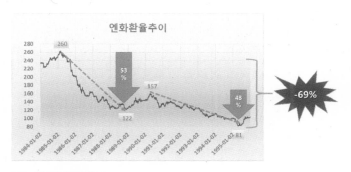

자료: 중국경제금융연구소

〈그림 4〉 플라자합의 이후 엔화환율 추이

중국은 핵 보유국이고 미국에 국방측면에서 빚진 것이 없다.

또한 환율자체도 표면상으로는 관리변동환율제이지만 실제로는 "전일종가+복수통화스켓의 가중치+경기대응요인"의 3가지를 통해 환율을 결정하는 방식이다. 중국 정부는 복수통화바스켓의 가중치를 조정하거나 경기대응요인의 조절로 얼마든지 환율을 중국 마음대로 조정할 수 있다.

그리고 독일, 프랑스, 영국은 과거 1985년 같은 끈끈한 미국과 동맹관계가 아니라는 점에서 문제가 있다. "제2의 플라자합의"를 이끌어 내려면 유럽국가의 합의와 중국의 동의가 필요한데 EU의 맹주 독일과 프랑스는 EU출범이래 미국과 계속 부딪치고 있다.

영국은 브렉시트로 유럽에서 왕따를 당하고 있는 상황이어서 중국과의 교역이 유럽에서 고립을 탈피할 기회다. 독일과 프랑스도 미국의 독주가 부담스럽고 중국이 미국 다음 거대시장으로 부상하고 있어 영국, 독일, 프랑스 모두가 중국과 등지는 일을 하기 쉽지 않은 상황이다.

또한 중국이 미국과 경제적 측면에서 다른 점은 1) 일본은 미국에 종속적으로 매우 협조적 위치에 있었지만 지금 중국은 경쟁관계다 2) 중국의 금융시장은 미 개방 상태이고 은행업무, 국가채무, 자산의 해외유출, 부동산가격이 모두 엄격히 관리되고 있고 3) 주식시장은 완전 개방되어 있지 않고 정책적 목적과 기업의 자금모집 시장으로 성격이 강하다.

	분야별	일본 (1985)	중국 (2017)
1	대미수출의존도	38.8%	18.9%
2	대미무역흑자비중	98.9%	65.5%
3	인구	1.3억	13.8억
4	경제상호의존성	중간(공장)	강함(공장+시장)
5	환율제도	변동환율	관리변동환율
6	환율-국제적합의	Plaza합의	없음
7	국제적무역분쟁조정기구	GATT	WTO
8	핵무기	없음	있음
9	외교	미일동맹-주종관계	없음
GDP	1인당GDP($)	11,580	8,643
	GDP(조$)	1.4	12.0
	미국대비 GDP규모	32%	62%

자료: 중국경제금융연구소

Ⅲ. 기술에서 "B급 강국", 중국의 한계와 한국의 ICT 산업에서 기회

미국과 비교해 본 중국의 실력

대국이 가는 길은 정해져 있다. 제조대국으로 일어서고 무역대국으로 융성하고, 모든 무역대국은 반드시 군사대국이 되고 군사대국 다음은 금융대국이 되고 금융대국 단계에서 쓰러진다. 모든 무역대국은 반드시 군사대국이 되는 이유는 외국과의 교역에서 확실한 수금 방법은 군대를 보내는 것이다. 지금 어느 누구라도 전세계 다른 나라 돈은 떼먹을 수 있을지 몰라도 미국 돈은 못 떼먹는다.

미국은 전세계 59개 나라와 영토에 군기지를 가지고 있고 135개국에 820개 부대 20만5천명의 군대를 주둔시키고 있으며, 170

개 나라에서 매년 미군이 참여하는 군사 훈련을 실시하고 있다. 이렇게 돈 벌어 금융대국이 되고, 소비대국이 되는 것이다.

지금 대국이 가는 4단계 길에서 보면 중국은 이미 제조대국, 무역대국에서 미국을 제쳤고 이젠 군사대국과 금융대국에서 충돌할 단계다. 미중의 충돌이 불안한 것은 군사력의 충돌과 금융의 충돌 가능성이다. 군권과 금권이 충돌하면 제조와 무역의 충돌과는 차원이 다르다. 모든 대국의 패망을 보면 무역전쟁에서 져서 망한 경우는 없다. 결국 전쟁이고 기축통화의 이전으로 패권의 이전이 일어난다.

2018년 기준 미중의 실력을 보면 중국은 제조업에서는 미국의 164%, 무역에서는 108%로 미국을 제쳤다. 대국의 가는 길에서 보면 다음은 사력과 금융력에서 충돌이다. 그러나 중국은 군사력에서는 미국의 39%, 금융력에서는 3%에 못 미친다. 그래서 중국은 강국은 맞지만 미국의 힘에 비교해 보면 기술과 금융에서는 여전히 "B급 강국"이다.

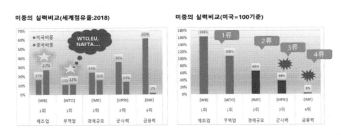

자료 : **WB, IMF,SIPRI** 자료로 중국경제금융연구소 작성

〈그림 5〉 미중의 실력비교

미국, 무역에서 기술전쟁으로 전쟁터 이전 중

제조업에서 최강인 중국, 무역전쟁에서는 미국에 꿇릴 게 없지만 기술과 금융에서는 여전히 "B급 강국"에 불과하고 미국과 맞붙으면 결과는 불 보듯 뻔하다.

미국은 무역전쟁으로 중국에 시비 걸고, 기술전쟁으로 목을 조르고 금융전쟁으로 돈 털어가는 전략이다. 중국은 그래서 서둘러 무역협상을 마무리 짓고 싶어하지만 장사꾼 미국은 기술전쟁에서 중국을 잡았다 풀어주었다 하면서 돈을 챙긴다.

2018년부터 시작된 미중의 전쟁은 지금 무역전쟁에서 기술전쟁으로 전쟁터를 옮겨가고 있다. 미국이 중국에 대해 1000억달러의 무역수지 흑자를 축소하라는 것이 트럼프의 처음 요구사항이었다. 그런데 중국이 향후 6년간 1조2000억달러 어치의 수입을 통해 무역수지 흑자를 제로로 만들겠다는 약속을 했지만 미중의 무역전쟁은 끝나지 않고 있다. 애초부터 미국은 무역전쟁에 관심이 있었던 것이 아니었기 때문이다. 미국은 무역전쟁으로 시비 걸고, 기술전쟁으로 중국의 목을 조르고, 금융전쟁에서 중국의 돈을 털어가는 것이 목적이었기 때문이다.

미국이 2500억달러 어치의 수입품에 대해 25% 보복관세를 때렸지만 중국은 항복은커녕 항전의 의지를 더 불태웠다. 열 받은 미국은 화웨이가 이란과 불법거래를 한 혐의를 잡고 세컨더리 보이콧 위반으로 기술전쟁을 시작했다. 미국산 반도체를 화웨이에 팔지 못하게 한 것이다. 세계 스마트폰 2위, 통신장비 1위인 화웨이가 절대 절명의 위기를 맞았다. 중국으로선 발등에 불이 떨어졌다.

미중의 기술전쟁에서 미국의 무기는 바로 반도체다. 미국은 중국의 통신장비회사 ZTE에 반도체 판매를 금지했다가 10억달러 벌금을 받고 풀어주었고, 화웨이에 반도체판매를 금지했다가 농산물 대량 구매와 맞바꾸었다. 그리고 다시 중국1위의 슈퍼컴퓨터 제작사인 중커슈광에 반도체판매를 중단시켰다.

트럼프 기술전쟁에서 제갈량의 "칠종칠금(七縱七擒)"전략을?

반도체 없는 중국, 제갈량이 남만의 맹획을 7번 잡았다 7번 풀어준 "칠종칠금(七縱七擒)" 신세다. '칠종칠금(七縱七擒)'이란 말이 삼국지에 나온다. 『삼국지』에서 제갈량은 남만의 왕인 맹획을 7번 사로잡은 후 7번 풀어주는 소위 '칠종칠금(七縱七擒)'의 아량을 베푼다. 맹획은 잡힐 때마다 핑계를 대자 제갈량은 7번이나 잡았다 맹획을 풀어준다. 뛰어봐야 벼룩이라는 것이다.

결론은 7전7패를 한 남만의 왕인 맹획이 제갈량의 신출귀몰하는 재주와 아량에 감복하여 촉나라에 복종한다는 것이다. 트럼프 중국과의 기술전쟁에서 "칠종칠금"전략을 쓰고 있는 것일까? IT기기의 두뇌인 반도체를 못 만드는 중국 뛰어봐야 벼룩이고, 미국은 중국을 풀어 줄때마다 돈 챙기는 것이다.

2019년 7월 G20오사카 미중정상회담이 끝났다. 후속협상 중이지만 G20정상화담 전에 트럼프 대통령은 기술분야에서 제재를 또 하나 했다. 바로 5개 중국의 슈퍼컴퓨터 관련 첨단기술 회사에 대한 추가제재다. 2018년 상반기의 통신장비 회사 중싱통신(ZTE)의 제재에 이어, 하반기에는 5G통신회사 화웨이를 제재했고 2019년에는 슈퍼컴퓨터회사인 중커슈광(中科曙光)의 제재를 시작한 것이다.

미국의 트럼트 대통령 화웨이를 잡아먹을 것처럼 난리 법석 치더니 오사카 G20정상회담 끝나고 묘한 발언을 했다. 화웨이의 제재를 풀겠다는 것이다. 이는 선거 유권자표와 미국의 반도체를 맞바꾼 것이다. 중국이 화웨이의 제재해제를 요구하자 트럼프의 표밭인 팜벨트지역 농산물의 대규모 추가 구매를 약속 받고 화웨이에 대한 미국기업의 거래를 허용하는 쪽으로 방향을 틀었다.

이는 2018년4월 ZTE제재사건과 스토리 진행이 너무 비슷하다. 제재 4주만에 10억 달러의 벌금을 내고 임원을 교체하는 조건으로 제재를 풀었다. 그리고 새로운 모드의 기술전쟁을 시작했다. 바로 화웨이제재였고 이번에는 화웨이 제재를 풀면서 그 다음이 중커슈광 (中科曙光)이다. 미국, 중커슈광이라는 일반인들에게는 잘 알려지지 않은 회사를 포함 5개회사에 대한 제재리스트를 발표하면서 새로운 단계의 기술제재에 들어 갔다.

중커슈광은 도대체 뭐하는 회사일까?

슈퍼컴퓨터에서 미국에 맞서는 중국업체가 바로 중커슈광 (中科曙光)이다. 서방세계는 중국을 핸드폰도 잘 못 만드는 기술 짝퉁의 나라라고 비웃지만 중국은 세계슈퍼컴퓨터 시장에서 세계최정상의 처리속도를 가진 슈퍼컴퓨터를 운영하는 나라이고, 슈퍼컴퓨터 보유량으로는 미국을 제치고 세계 1위다(44%점유율).

중국은 2010년에 이미 세계1위의 성능을 가진 슈퍼컴퓨터 티엔허(天河-1)을 만들었고, 2013년부터 2017년까지 내리 5년간 미국을 제치고 세계슈퍼컴퓨터 성능 1위제품을 만들었다. 2018년, 2019년에는 미국에게 1-2위자리를 내주었지만 2019년에도 여전히 3-4위자리를 지키고 있다.

〈표 4〉 전세계 수퍼컴퓨터 성능별 보유국 순위

전세계 Top10 슈퍼컴 보유국 추이   2013~2017 중국, 2018~미국

순위	기종	2019 국가	2019 국가	2018 국가	2017 국가	2016 국가	2015 국가	2014 국가	2013 국가	2012 국가	2011 국가	2010 국가	2009 국가
1	Summit	미국	미국	중국	중국	중국	중국	중국	미국	일본	미국	중국	미국
2	Sierra	미국	미국	중국	중국	미국	미국	미국	미국	중국	미국	미국	
3	Sunway TaihuLight	중국	중국	스위스	미국	미국	미국	미국	일본	미국	중국	미국	
4	Tianhe-2A	중국	중국	중국	일본	미국	일본	일본	미국	미국	미국	독일	
5	Frontera	미국	스위스	미국	미국	미국	미국	미국	독일	일본	미국	중국	
6	Piz Daint	스위스	미국	미국	일본	미국	스위스	스위스	독일	미국	프랑스	미국	
7	Trinity	미국	일본	스위스	일본	스위스	미국	미국	미국	미국	미국	미국	
8	ABCI	일본	독일	독일	스위스	독일	독일	독일	중국	미국	미국	미국	
9	Super MUC	독일	미국	일본	미국	사우디	미국	미국	이태리	프랑스	독일	미국	
10	Lassen	미국	미국	일본	미국	미국	미국	독일	미국	미국	미국	미국	

자료: www.top500.org/jl.sts

슈퍼컴퓨터의 연산성능은 1초에 연산하는 속도인 플롭스(FLOPS, FLoating point OPerations per Second)로 측정한다. 1초에 1000조 회의 연산속도를 말하는 페타플롭스(pflops)단계에서 이젠 1초당 100경의 연산처리를 하는 엑사(exa)플롭스급으로 진화하고 있는데 여기에 미국의 AMD와 정부는 엑사급인 "프론티어"개발을 서두르고 있고 중국도 2020~22년에 엑사급 수퍼컴퓨터를 개발 설치할 계획이다.

미국이 이번에 추가제재 리스트에 올린 5개회사는 모두 슈퍼컴퓨터 관련회사다. 슈퍼컴퓨터는 인공지능, 4차산업혁명에 핵심적인 역할을 한다. 수천명, 수만명의 군사보다 더 유용한 군사작전을 할 수 있는 것도 슈퍼 컴퓨터이고, 4차산업혁명에 핵심두뇌다.

그런데 여기에 들어가는 칩은 인텔과 AMD가 주로 공급했는데 AMD가 인텔에 밀려 쇠퇴하면서 그 기술을 중국의 중커슈광에 넘겨준 것이다. 그래서 슈퍼컴퓨터에서 중국의 굴기를 막기위한 미국의 고육책이 바로 중국의 슈퍼컴퓨터회사에 대한 반도체 공급을 중단시키는 것이다.

세계3위의 슈퍼컴이 선웨(神威)이인데 이것을 중커슈광이, 4위의 티엔허(天河)를 우시강남 (无锡江南计算)이 만든다. 그리고 중커슈광의 자회사가 텐진해광(天津海光), 성도해광IC, 성도해광 마이크로이고 이 3개회사가 미국의 AMD와 합작으로 기술도입을 통해 슈퍼컴 관련 칩을 개발한다.

중국의 슈퍼컴에서 굴기를 막고 2차산업혁명에서 두뇌역할을 못하게 하려고 미국은 인텔, AMD,엔비디아 등이 중국으로 반도체 수출을 금하는 것이다.

4. 미중의 전쟁속에서 한국 ICT산업의 기회

기술은 죽었다 깨어나도 시장을 못 이긴다. 파는 놈이 아니라 사는 놈이 갑이다. 4차혁명의 기술도 중요하지만 한국 같이 중규모 나라는 기술개발도 시장을 계산하고 해야 한다. 한국에서만 적용될 기술에 박 터지게 경쟁하고 개발해 봐야 시장포화로 3년 못 간다. 세계시장을 노려야 하고, 세계시장에 먹힐 비즈니스 모델을 멋지게 만들어야 한국이 산다.

3차산업혁명까지는 미국이 1등이지만 4차산업혁명에서는 미국과 중국이 치열하게 맞붙고 있다. 15.7억대의 핸드폰을 가진 정보화된 중국이 빅데이타의 세계최대 생산국이고 이를 기반으로 IP를 뽑아내고 있고 이를 AI에 적용하고 있기 때문이다.

그러나 미중의 기술전쟁에서 중국의 치명적 결함이 반도체다. 중국은 전세계반도체 소비의 59%를 차지한다. 전세계 노트북의 90%, 스마트폰의 70%를 중국이 생산하기 때문이다. 그러나 중국의 반도체 국산화율은 12%선에 그치고 있다.

중국은 스마트폰이고 통신장비고 슈퍼컴이고 간에 제품을 조립할 수는 있어도 핵심부품인 반도체는 수입에 의존한다. 중국의 치명적 결함을 아는 미국 하나 하나씩 중국의 아킬레스 건을 찌르고 위협하고 있다

미국이 한번씩 찌를 때마다 중국은 비명이고 제재를 해제 할 때 마다 수업료를 톡톡하게 내고 있다. 통신장비, 5G장비에 이은 Supercomputer에서 미국이 요구할 수업료는 얼마나 될지 모른다. 중국의 반도체산업은 중국의 대국굴기, 중국제조업 굴기, 중국4차산업혁명의 굴기에서 치명적인 아킬레스건이다. 중국의 반도체 국산화전략의 성공여부가 중국의 명운을 좌우한다.

미국이 중국에 반도체 판매를 금지하겠다는 발표를 하자 사드 사태 때 그렇게 우리가 만나자고 해도 콧방귀도 안 뀌던 중국이 바로 차관급 고위관리 3명을 한국에 파견했고, 중국 외교부는 한국의 삼성과 하이닉스를 불러 반도체 공급을 중단하지 말 것을 요청했다.

일본이 잘 나갔을 때 일본의 모 총리가 일본은 "신의 나라"라고 떠들었지만 일본이 제조업에서 경쟁력을 잃자 조용해졌다. 한국은 지금 "반도체의 나라"다. 반도체가 한국의 수출을, 경제성장을 좌우하고 있다. 지난 25년간 중국과의 제조업경쟁에서 이제 한국이 중국보다 잘하는 것 이라고는 반도체 하나 밖에는 없다. 36년전 반도체의 미래를 꿰뚫어 본 할아버지의 혜안이 손자를 행복하게 하고 삼성을 행복하게 하고 대한민국을 행복하게 했다.

사드 사태의 아픈 기억을 가진 한국은 미중 기술전쟁에 새우등 터지는 상상을 하면서 반도체에서 한국의 피해를 우려하지만 기우다. 세계 메모리반도체의 74%를 한국이 공급하고 24%를 미국이, 2%를 대만이 각각 공급하는데 24% 공급하는 미국이 중국으로 메모리반도체 수출을 중단하면 기댈 곳은 한국 외에는 없다. 전세계 반도체 소비의 59%를 중국이 소비하고 있는데 중국의 반도체 자급율은 12%에도 못 미친다. 미국과 중국이 갖지 못한 핵심기술을 가지면, 그것은 압력이 아니라 부탁이다.

전세계 노트북의 90%, 스마트폰의 70%를 생산하는 중국에 있어 한국의 메모리반도체 공급이 없으면 노트북과 스마트폰 공장은 문닫아야 할 지경에 이른다. 미중의 싸움에 새우등 터질까 걱정이 많지만 화웨이 사태의 최대 수혜자는 한국의 삼성과 하이닉스다. 세계 1위의 통신장비업체이고 세계 2위의 스마트폰업체인 화웨이가 반도체 공급이 안 되서 생산차질이 생기면 수혜자는 한국이다.

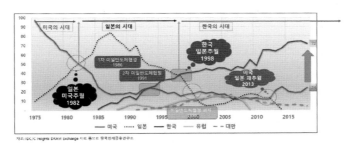

〈그림 6〉 세계 DRAM반도체시장에서 한국의 점유율 추이

군사력과 외교력이 약한 작은 나라가 믿을 것은 기술력 밖에는 없다. 미국에도 없는 기술, 중국도 따라오지 못하는 기술을 가지면 미국이든 중국이든 두려워할 이유가 없다. 그러나 대국이 서로 싸워 피를 흘리는 데 소국이 '어부지리 했다고 좋아했다'가는 터진다. 한국은 중요한 능력은 숨겨야 한다. 그리고 조용히 실리를 챙기는 것이 중요하다.

언론에서는 미국의 트럼프 대통령을 조폭처럼 묘사도 하지만 잘 생각해 보면 트럼프는 한국의 제품과 기술이 모조리 중국으로 빨려 들어가는 절묘한 시점에 중국의 목을 조른 것이다. 중국은 더 이상 첨단기술을 베끼지도, 훔치지도, 사지도 못하는 상황에 이르렀다. 중국은 이젠 미국 이외의 나라와 첨단기술에서 협력의 파트너를 해야 할 절실한 상황에 봉착했다.

ICT 기술에서 세계 1위는 누가 뭐라고 해도 미국이지만 미국을 제외하면 예전에는 일본, 지금은 한국이다. 미중이 싸우면 전통산업에 대한 중간재 수출이 대중수출의 79%를 차지하는 한국이 피해를 보는 것은 피할 수 없다. 그러나 기술전쟁에서는 새로운 기회가 생겼다.

지금 세상은 3차 산업혁명시대의 끝에 서서 4차 산업혁명의 거대한 소용돌이를 맞고 있다. 승부는 항상 커브길에서 나는 법인데 우리는 3차혁명과 4차혁명의 교체기의 커브길에서 필수부품인 반도체산업을 더 키우고 육성하면 중국과 미국의 전쟁에서 제대로 어부지리 할 수 있다

상황이 나빠지면 낙관론자는 비행기를 만들고 비관론자는 낙하산을 만든다고 한다. 미국의 첨단기술 봉쇄조치로 중국의 첨단산업 발전은 적어도 3~5년은 지연되게 생겼다. 한국으로선 미국의 심사를 건드리지 않으면서 중국에서 낙하산이 아니라 비행기를 어떻게 만들지 고민할 때다.

한국, 메모리반도체에서 세계최강의 강점을 잘 살려가야 한다. 인공지능시대에 필요한 반도체, 자율주행차에 필요한 반도체로 제대로 영역을 넓혀가면 4차산업혁명에서 중국에 당당하게 맞설 수 있고 중국과 협력하는 데 최고의 수단이자 한국의 "최종병기 활"이 될 수 있다.

전병서 중국경제금융연구소 소장

- 경희대 **China MBA**, 중앙대 **MBA** / 객원교수
- 중국 상해 푸단대 경영학 / 박사
- 중국 북경 칭화대 경영학 / 석사

경력

韩国 外换银行
韩国 대우경제연구소 / 수석연구위원
韩国 대우증권 리서치본부장 /상무
中国 上海韩华投资咨询有限公司 / 投资顾问
中国 上海中国经济金融研究中心 / 招聘 研究委員

저서

≪시진핑의 새로운 시대-중국 정치,외교,경제,문화를 말한다 : 2018≫
≪중국 100년의 꿈, 한국 10년의 부 : 2016≫
≪중국의 대전환, 한국의 대기회 : 2015≫
≪한국의 신국부론, 중국에 있다 : 2014≫
≪5년후 중국 : 2012≫,
≪금융대국 중국의 탄생 : 2010≫,
≪중국 금융산업지도 : 2011≫

중·미 무역 전쟁이 한국경제 관계에 미치는 영향과 대응 방안 모색:
ICT 산업분야를 중심으로

이남철 (경제학 박사, 한국직업능력개발원 명예연구원,
선임연구위원 서울사이버대학교 초빙교수)

　이 논문은 중·미 무역 전쟁이 한국경제 관계에 미치는 영향을 분석하고 정책적 대응 방안 제시하였다. 이를 위해서 ICT 및 AI 산업 분류 등에 대한 개념 정의와 미국과 중국의 ICT 신기술 AI 산업 동향과 전략을 분석하였다. 미국과 중국의 무역전쟁과 국내 ICT 업계 영향을 분석과 미국과 중국의 ICT 시장 점유율, 영업 이익률 및 매출액을 살펴보았다. 마지막으로 향후 ICT 산업의 경쟁력 강화를 위한 한국의 대응 전략 방안을 제시하였다.

　이 연구는 주로 각종 국내외 문헌 자료와 세미나에서 논의 된 내용을 중심으로 이루어졌다.

머리말

도널드 트럼프 미국 대통령은 2019년 8월 30일(현지시간) 9월 1일 오전 0시 1 (한국시간 오후 1시 1부)부터 중국 수입품 약 1,120억 달러에 대한 15% 추가관세를 예정대로 부과한다고 밝혔다. 미국 세관국경단속국(CBP)과 무역대표부(USTR)도 이날 중국 수입품에 부과하는 제재관세를 지체 없이 시행한다고 관보를 통해 정식 통고했다.

중국은 지난 2019년 8월 23일 750억 달러 규모의 미국산 제품에 5%와 10%의 추가 관세를 9월 1일과 12월 15일로 나눠 부과한다고 발표했다. 트럼프 대통령은 이에 대한 보복으로 3000억 달러 규모의 중국산 수입품에 15%의 관세를 두 차례에 나눠 추가로 물리겠다고 응수했다.

미국과 중국이 보복관세를 부과하면서 시작된 양국 간의 무역전쟁이다. 미국-중국 무역 전쟁이 기술전쟁으로 격화하고 있다며, 세계화로 발전해 왔던 전 세계 기술력이 미국과 중국 진영으로 나누어지는 양상을 띠고 있다.

수출 의존도가 높은 한국은 이 무역전쟁으로 인한 타격이 불가피하고 다른 국가들과 마찬가지로 비상이 걸렸다. 다만 얼마나 영향이 있을 것인가에 대해서는 전문가, 연구기관 및 정부 담당 부처 마다 추측만 무성해서 확정하기 어려운 측면이 있다. 그러나

2019년 상반기는 미중 무역 전쟁의 영향으로 수출에 심각한 악영향을 끼쳤다는 분석이 나왔다.

이 논문은 중·미 무역 전쟁이 한국경제 관계에 미치는 영향과 대응 방안을 모색하였다. 향후 4차 산업혁명 시대에 우리 국가 경쟁력을 강화하기 위해서는 인프라 산업인 ICT 산업의 전반적인 경쟁력 강화가 필요하다. 따라서 ICT 산업분야에 초점을 맞추어 미국과 중국의 무역 전쟁이 우리 경제에 미치는 영향을 분석하고 대응 전략을 제시하였다.

제2장에서는 정보통신기술 (ICT: Information and Communication Technology)개념 정의와 OECD의 산업 분류에 대하여 설명하였다.

제3장에서는 4차 산업혁명 시대에 있어서 가장 중요한 기술로 인공지능(AI)을 꼽고 있다. 따라서 이 장에서는 AI의 개념 및 산업 분류 등에 대하여 살펴보았다. 또한 미국과 중국의 ICT 신기술 AI 산업 동향과 전략을 분석하였다. 이를 위해서 인공지능(AI: Artificial Intelligence)의 개념 및 의의, 중국과 미국의 ICT 신기술 AI 개발 동향, 인공지능 정책, 최근 동향 및 미국과 중국의 ICT 신기술 AI 패권 경쟁 실태를 파악하였다.

제4장에서는 미국과 중국의 무역전쟁과 국내 ICT 업계 영향을 분석하기 위해서 미·중 무역 전쟁, 미국의 전략, 중국의 대응 및 우리나라 시장에 미치는 영향을 알아보았다. 제 5 장에서는 미국과 중국의 ICT 시장 점유율, 영업 이익률 및 매출액을 분석하였

다. 이를 위해서 미국의 최근 경제 동향, 시장점유율, 영업이익률 및 매출액을 살펴보았다.

제 6 장에서는 향후 ICT 산업의 경쟁력 강화를 위한 한국의 대응 전략 방안을 모색하였다. 전략 방안으로 장단기적인 정세 분석, 객관적이고 균형감 있는 대응과 공조체제 강화, ICT 산업의 다변화와 전반적인 경쟁력 강화 및 ICT 교육 및 인적자원 개발 강화를 제시하였다. 마지막 장은 이 논문의 결론 부분이다.

I. ICT 개념과 산업 분류

1. 개념

정보통신기술

(ICT: Information and Communication Technology)은 정보기술 (Information Technology)과 통신 기술(Communication Technology) 을 합한 말이다. ICT는 정보 기기의 하드웨어, 운영, 정보 관리에 필요한 소프트웨어 기술과 이들 기술을 이용하여 정보를 수집, 생산, 가공, 보존, 전달, 활용하는 모든 방법으로서, 자기에서 필요한 자료를 수집하고, 가공하고, 재창출하기 위해서 필요한 과학적 지식을 강조하는 개념이다.

1998년 OECD ICT 산업 정의를 하였으나 ICT 산업을 선별하는 원칙과 원칙의 해석에 대한 논쟁이 있은 후 2007년 다음과 같이 정의하였다. ICT 산업에 포함될 후보 산업의 상품들은 주로 전자적 수단을 통해 전송 및 표시를 포함한 정보의 처리 및 통신 기능을 실현시키거나 가능하게 해야 한다(OECD, 2007).

2. OECD 산업 분류

OECD는 ICT의 주요 구성요소로서 정보기술장비(컴퓨터와 관련 하드웨어), 통신장비 및 소프트웨어(OECD, 2017). Digital Economy Outlook 2017.

<표>는 ICT 산업 세부 업종 분류 기준을 설명한 것이다 (<표 1> 참조).

〈표 1〉 ICT 산업 세부 업종 분류 기준

세부업종	내용
반도체	반도체, 반도체 관련 장비 및 서비스
인터넷	인터넷 소프트웨어(브라우저, 포털, 검색엔진, 플러그인, e-commerce 등) 온라인 서비스 (호스팅, B2B 커머스, 도메인, EDI, ISP, 메세징 서비스 등)
IT 서비스	데이터 처리 및 관리(ERP, 클라우드 등), 온라인 결제, IT 컨설팅
소프트웨어	기업용 소프트웨어, 교육용 소프트웨어, 멀티미디어, 게임 등
통신 장비	네트워크 장비(LAN, WAN 등), RFID, 위성장치, 유선통신장치 등
IT 기기	저장장치, 컴퓨터, 무선통신기기 등
전자부품	전자부품(안테나, 커넥터, LCD 등), 측정 및 연산장치 등

주 : Capital IQ의 세부산업 분류기준에 따름.

Ⅱ. 미국과 중국의 ICT 신기술 AI 산업 동향과 전략

많은 정보통신기술(ICT) 업계 종사자와 전문가들은 가장 주목해야 할 기술로 인공지능(AI)을 꼽고 있다. 인공지능에 대한 시장 잠재력이 높이 평가되면서 각 국가 및 기업들은 인공지능 관련 분야에 대한 투자를 집중적으로 강화· 미국, 유럽 등 선진국들은 시장선점을 위해 인공지능 생태계 구성에 주력하고 있으며 다양한 산업에 인공지능 기술을 접목하고 있다. 2000년대 이후 구글, IBM 등과 같은 글로벌 IT 업체들은 장기간 확보한 빅데이터와 패턴학습(머신러닝 및 딥러닝)기술을 접목하여 인공지능 기술의 상용화에 박차를 가하고 있다.

국내 주요 ICT 업체들은 기계학습, 언어/시각 지능 등 범용 적으로 사용가능한 인공지능 플랫폼을 출시하고 있으며 본격적인 시장 공략 개시하고 있다. 삼성은 대용량 데이터 분석 플랫폼인 Bright AI를 개발하여 자연어로 대화하며 고객이 요청하는 업무를 지원하고 수행하는 언어 지능 플랫폼인 'Brity' 를 출시하였다.

1. 인공지능(AI: Artificial Intelligence)의 개념 및 의의

가. 개념

인공지능은 인지, 학습 등 인간의 지적 능력(지능)의 일부 또는 전체를 '컴퓨터를 이용해 구현하는 지능'을 의미한다. 즉 인공지능은 여러 학문이 연계된 융합 분야이며 기술적 관점에서 인간의 인지, 학습, 추론 등 지적능력을 기계(컴퓨터)로 구현하는 기술로 정의한다. AI 용어는 1956년 영국 디트머스 회의에서 컴퓨터 및 인지과학자인 존 매카시에 의해 처음 사용되었으며, 이후 용어와 정의는 연구자에 따라 다양하게 정의되고 있다(Wikipedia, 2018.10.24).

나. 의의

AI는 단순 신기술이 아닌 4차 산업혁명을 촉발하는 핵심 동력이다. 증기기관, 전기 등과 유사한 범용기술로서의 특성은 다른 분야로 급속히 확산, 지속적 개선 가능, 혁신을 유발하여 경제사회에 큰 파급효과를 미치는 것이다. 파괴적 기술혁신을 통해 산업구조의 변화를 야기하고, 사회 제도의 변화까지 유발할 것으로 전망이다.

인공지능 서비스는 모바일 등을 통한 데이터(이미지, 텍스트 등) 획득, 데이터 가공, 반복 학습을 통한 AI 모델(알고리즘) 생성 과정을 통해 최종적으로 서비스로 제공한다. AI기술은 학습방법인 머신러닝, 인간의 인지지능에 해당하는 시각 언어 청각지능, 인공비서 역할을 하는 지능형 에이전트 등으로 구분한다.

2. 중국과 미국의 ICT 신기술 AI 개발 동향

가. 중국 AI 분야 동향

1) AI 원천기술 확보

'AI 원천기술 확보' 방안에 해서 중국과 미국 정부 정책을 비교 설명한다.

가) 중국

첫째, AI융합을 강조, 기술 全분야 정부주도) 정부주도 기술혁신, 시장 창출중국은 2020년까지 AI분야에서 독보적인 상품을 만들어 글로벌 선도국가가 되겠다는 내용의 차세대 AI 산업발전 3개년 행동 계획('17.12) 발표하였다. 의료, 교통, 농업, 금융, 물류, 교육, 문화, 여행 등 영역별 애플리케이션을 집중적으로 개발하며, 구체적인 달성 수치까지 정부가 제시하였다.

둘째, 대기업의 적극적 역할) BAT를 중심으로 IT 대기업들이 기술개발 선도 중국 기술개발의 또 다른 특징은 바이두(자율주행차), 알리바바(스마트도시), 텐센트(의료/헬스), 아이플라이텍(음성) 등 중국의 대표적 대기업들이 전문분야를 중심으로 기술개발을 선도하고 있다.

셋째, 연구센터 설립과 유치(BAT와 글로벌 기업들의 AI 연구센터 설립 텐센트 선진 AI 연구센터, 바이두 텐진 AI 연

구센터, 구글과 퀠컴, MS의 베이징 AI 연구센터 등 BAT
와 글로벌 기업들의 AI 연구센터 설립과 유치를 하였다.

나) 미국
미국 정부는 민간이 투자할 가능성이 낮은 분야를 정부주도로
7대 AI R & D 분야 선정하였다.

첫째, 장기투자(데이터분석, 지각, 이론적 한계, 범용AI, 인간형
        AI, HW 등)
둘째, 인간-AI 협업 (인간인지AI, 인간증강, 자연어 처리, 인터
        페이스 시각화)
셋째, 윤리·법적 사회적 영향,
넷째, 안전과 보안,
다섯째, 데이터셋 및 환경,
여섯째, 기준 및 벤치마크,
일곱째, 인력수요 연구 등이다

2) AI 인력 양성

'AI 인력 양성' 방안에 해서 중국과 미국 정부 정책을 비교 설
명한다.

가) 중국

첫째, 국가가 주도적으로 AI 기술 관련 인재 배양 계획 추진

중국은 AI 인력 양성을 全국민 스마트 교육 프로젝트 실시 및 초중등교육 단계에서 AI 관련표준 교육과정 신설·운영한다. 중-미 대학 AI 교육 및 과학 연구 교류 협력을 통해 중국 대학 인재육성 능력 수준 향상, AI 학과 체계 확립하였다. 베이징 대학 등 AI복합전공과정을 신설하여 교수, 학생 육성 프로그램 추진하고 있다.

중국은 초중등 학교의 낙후된 HW/SW 설비 등 환경적 제약으로 SW 교육 후발 주자였으나, AI 기술 선제 도입을 기점으로 대규모 투자 및 인재 육성 정책 추진을 통해 글로벌 AI 기술 선도국으로 도약 중이다.

나) 미국

첫째, 마이크로소프트사, 구글 등 글로벌 선도 기업의 AI기술 대중화기업 주도 AI 관련 기술 개방(Tensor Flow) 및 온라인(MOOC방식)을 통해 인공지능 주요 기술 무료 교육 과정을 운영한다. MS는 내부 임직원들 위해 제공해온 AI 교육프로그램을 일반인 대상으로 공개, 온라인 공개 수업인 MOOC 방식으로 진행되며 AI를 위한 윤리가 기본과정으로 포함되어 있다.

인공지능 기술의 발달에 따라 예상되는 부정적 효과(선도

기업 정보 독점, 사생활 보호 문제 등 윤리적 문제) 해결 방안으로 사회-감성능력에 대한 교육을 강조하고 있다. 미국은 대학원 수준에서는 주로 인공지능 연구 및 교육, 지원을 주로 진행하고 있고, 초·중등교육 단계에서는 수학, 과학, 기술, 공학 교육(STEM)의 강화 등 창의적·융합적 인재 양성에 초점을 두고 있으며, 기업 수준에서는 인공지능 기술의 발전과 상용화를 주도하고 있다.

3) 인공지능 정책

'인공지능 정책'에 해서 중국과 미국 정부 정책을 비교 설명한다.

가) 중국

첫째, AI를 국가 전략산업으로 인식, 정부 주도의 대규모 투자를 하고 있다. 인력양성을 추진하는 한편, 선도기업을 지정, 특화플랫폼을 육성하고 있다. 민관협력 '차세대 AI발전계획위원회'을 설립('17.11), 3년간 1,000억 위안(약 18조원) 투입하였다. 중·미 대학 공동 AI인력양성을 포함한 '중국 대학 인공지능 인재 국제육성계획' 발표('18.4)하였다.'

30년까지 AI 핵심 산업 1조 위안(약 180조원), 연관 산업 10조 위안 규모의 시장 육성을 목표로 국가 AI 기술혁신에 집중 투자할 예정이다. 주요 추진 사업은 '인터넷 플러스 AI 3년 협동 실시 방안('16)', '차세대 인공지능 발전

계획('17.7)' 등이다. 중국은 AI 분야에서 세계 1위 선도 국가로 도약할 수 있는 환경과 능력 보유하고 있다고 Forbes(2017)는 발표하였다.

둘째, AI 융합을 강조, '20년까지 AI 적용 제품(커넥티드카, 로봇, 드론, 의료영상 진단시스템, 영상 식별, 음성 인식 번역, 가전) 응용범위를 확대하고, AI 전반의 핵심기술(스마트 센서 제품 개발, 신경망 칩 양산, 개방형 플랫폼 구축) 향상을 도모, 글로벌 시장 선점에 주력하고 있다. 이와 같이 중국은 국가 의 대규모 선행투자 로 AI 핵심기술 확보와 시장 확대를 도모할 예정이다.

나) 미국

첫째, AI 암흑기에도 지속적인 장기 투자를 통해 뇌과학 등 기초 원천기술을 확보('90, NIH; Decade of the Brain, '96, NSF; Learning and Intelligence System, '04, OSD; Joint Robotics Program: Master plan 2004, '08, DARPA; SyNAPSE, '13.4, Whitehouse; Brain Initiative)하였다.

둘째, 정부는 AI 기술 혁신가로서 원천기술 개발 후 민간에 이양, 혁신적 제품 서비스(국방부 CALO 프로젝트; '03 ~ '08, 2억 달러 투자) 중 '음성개인비서 연구 부문'을 독립시켜 벤처기업 Siri 설립하였다('07.12). 애플이 2억 달러 인수 후 아이폰 4S에 탑재('11.10) 상용화를 견인하며 시장주도의 원동력 역할을 수행하였다.

셋째, 개방 경쟁형 기술개발 방식(Challenge)을 선제적으로 도입, 선도적AI 기술 경쟁력 확보에 정책적 역량을 집중한다. Challenge방식은 정부가 도전형 과제를 제시하고 민간 은 챌린지 방식으로 경쟁, 자율 주행차 이미지 인식 알고리 즘 개발 등 총 819개 해결('12〜'18.2), DARPA Challenge 자율주행차('04〜'05), 로보틱스('07), 사이버해킹('16) 등 사업을 추진하였다. 미국은 '정부의 장기 선제적 투자'를 통해 '민간의 경쟁력 제고' 유도 정책을 추진하였다.

4) 최근 동향

가) 중국

중국은 AI 분야에서 G2 국가로 부상하고 있으며, 중국 정부는 AI를 4차 산업 혁명의 핵심기술로 지정하고, 전략적 목표와 장기 적인 계획을 제시하고 있다. 중국 정부는 2017년 7월, 2030년까 지 AI의 이론·기술·응용 등 모든 방면에서 세계선도 국가가 되겠 다는 목표를 내세운 "차세대 인공지능 발전 계획"을 발표하였다.

이 계획에 따르면, 1단계로 2020년까지 인공지능 핵심 산업 규 모 1,500억 위안, 연관 산업 규모 1조 위안 달성, 2단계로 2025년 까지 인공지능 핵심 산업 규모 4,000 억 위안, 연관 산업 규모 5 조 위안 달성, 3단계로 2030년까지 인공지능 핵심 산업 규모 1조 위안, 연관 산업 규모 10조 위안 달성을 목표로 하고 있다.

중국은 "차세대 인공지능 계획"에서 "인공지능 인력양성 백년대계"를 제시하고 초등학교 교과과정에 과학 수업 및 인공지능 커리큘럼을 도입하기로 하였다.

대학의 인공지능 단과대학 설립, 인공지능 전문 석·박사 과정 개설 및 확대, "인공지능+X" 형식의 융·복합 전공을 확대하고 있다. 인공지능 연구역량·산업경쟁력 확보를 위한 세계주요국 간 경쟁이 치열한 가운데 미국과 중국은 명실상부 선도그룹으로 자리매김하고 있다.

맥킨지 보고서(2018)는 인공지능 기술역량, 산업투자 등을 고려하여 인공지능 준비 정도에 따라 세계41개국을 4그룹으로 분류하였는데 중국과 미국을 제1 그룹 (AI글로벌 선도그룹)으로 분류하였다.

나) 미국

인공지능 연구역량 측면에서 주요국 대비 중국과 미국은 절대적으로 많은 논문을 발표하고 있으며, 중국은 양적인 측면에서 미국을 앞서기 시작했다. 논문의 질적 수준을 드러내는 지표들은 여전히 중국대비 미국의 상대적 강세를 보이고 있다. Elsevier DB 기준, 2013-2017년 누적 인공지능 논문 피인용수는 미국이 128,653건으로 1위, 뒤를 이어 중국이 80,059건으로 2위를 차지했다.

3. 미국과 중국의 ICT 신기술 AI 패권 경쟁

가. 중국의 노력

중국은 장기 ICT 육성 정책으로 '국가정보화 발전전략(2006~2020)'이 발표됐으며, 여기에는 국가 경제 정보화 촉진, 전자정부 활성화, 선진 인터넷 문화 구축 등 9가지의 핵심 전략이 담겨졌다. 장기 전략을 바탕으로 중국은 국가 차원에서 ICT 산업 부흥을 위한 노력을 기울였으며, 후일 이러한 시책들이 '중국 IT 굴기'라는 이름으로 뭉뚱그려져 불리기 시작했다.

그리고 모바일 퍼스트 시대를 맞은 현재의 시점에서, 중국은 ICT 시장의 선두에 서며 IT 굴기를 위한 노력의 과실을 취하고 있는 단계를 맞고 있다.

중국 제조 2025, 인터넷 플러스 등을 통해 미래 핵심기술 분야에 대한 강도 높은 산업정책과 투자를 바탕으로 세계의 생산기지에서 첨단제조 국가로 도약을 준비 중이다. ICT 융합을 통한 제조업의 고부가가치화를 핵심전략으로 삼고 있는 중국은 슈퍼컴퓨터, 인공지능으로 대표되는 ICT신기술에 대한 독자적인 기술역량을 확보하여 첨단산업을 육성하고 있다.

나. 미국의 대응

중국제조2025가 제조업의 기술혁신과 고도화를 추진하는 기술굴기가 아니라 국가 차원의 기술탈취라는 일관된 메시지를 전달

하고 있다. 중국의 기술선점을 봉쇄하기 위해 통상법 301조, 대미
투자제한, 개별기업 수입제재 등 일련의 조치들을 취하고 있다.

미·중 간 통상 분쟁이 기술패권 경쟁의 성격을 지니고 있기 때문
에 장기화 될 가능성이 높으며, 미국의 지속적인 제재와 견제로 중
국의 중국제조2025는 예상보다 지연될 가능성이 있다.

국<표 2>는 미국, 유럽, 일본, 중국 및 한국의 세부 인공지능
기술 수준을 비교 설명한 것이다. 한국무역협회 국제무역연구원
이 발표한 4차 산업혁명의 대표 기술인 인공지능(AI) 기술 수준
이 주요 선진국에 뒤처진다는 분석이 나왔다. 2016년 한국의 인
공지능 분야 기술 수준은 미국을 100으로 할 때 73.9로 나타났다.

세부적으로는 미국(100 기준)에 비해 사업화(73.4) 부문에서
가장 큰 기술 격차가 있으며, 기초연구(73.6), 응용 및 개발(74.4)
순으로 차이가 있는 것으로 나타났다. 현재 우리나라는 단순 상
담, 상품 안내 등의 특정 서비스 사업에만 한정되어 인공지능이
도입된 상태이다.

정보통신기술진흥센터에 따르면, 2017년 미국의 AI 기술 수준을
기준으로 보면 유럽(88.2%), 일본(83.0%), 중국(81.9%), 한국(78.1%)
순으로 나타났다. AI 기술 수준을 2014년과 2017년 비교 중 특이 사
항은 일본은 감소한 반면 중국은 큰 증가를 보였다.

<표 2> 세부 인공지능 기술 수준(미국=100)

	기초연구	응용 및 개발	사업화	인공지능 전체
유럽	86.5	86.5	85.7	86.3
일본	82.0	82.1	81.5	81.9
한국	73.6	74.4	73.4	73.9
중국	71.3	72.2	71.7	71.8

주 : 2016년 기준.
자료 : 한국무역협회 국제무역연구원(2018). 우리 기업의 인공지능(AI)을 활용한 비즈니스 모델.
Trade Focus 2018년 3호. 재인용. P.5.

Ⅲ. 미국과 중국의 무역전쟁과 국내 ICT 업계 영향

1. 미 · 중 무역 전쟁

많은 전문가들은 미-중 무역 분쟁의 본질은 양국의 패권전쟁이라는 분석이 많다. 세계 패권을 두고 벌이는 미국과 중국의 주도권 대결이라는 것이다. 미국과 중국의 국내정치 및 국제정치의 복합적이고 다차원적 복합게임인 만큼 근본적인 해결이 어렵고 장기화할 가능성이 크다.

2. 미국의 전략

가. 개요

미국의 중국에 대한 압박 동기로는 경제적인 동기로 미국의 중국에 대한 막대한 무역적자를 해소하고자 하는 것이다. 미국의 무역적자 규모는 1990년 약 1천억 달러수준에서 2007년 약 8천억 달러수준으로 8배 이상 증가하였다가 금융위기 시 급감한 후 반등하여 2017년에 7,960억 달러를 기록했다. 미국의 중국과의 상품교역은 기하급수적으로 증가하여 2017년 전체 상품교역의 16.4%를 차지하고 있으며, 전체 무역적자 대비 對중국 무역적자가 차지하는 비중은 47.1%로 나타났다.

전체 무역적자 중 對중국 무역적자 비중은 2000년 이후 꾸준히 증가하다 2013년 이후 정체되었으나 19.2%(2000년), 45.1%(2009년), 47.1%(2017년)로 증가했다.

전략적인 동기로는 중국의 기술추격을 봉쇄하고자 하는 것이다. 중국이 경제 규모 면에서 미국을 추월하는 것은 어쩔 수 없지만 기술 혁신이 핵심인 질적인 측면에서는 선도적 지위를 놓치기 싫은 것이다. 그러나 중국과 미국의 경쟁의 숨겨진 본질은 기술패권을 둘러싼 경쟁이다. 정치적인 동기로 오는 2019년 11월의 미 중간선거에서 집권당의 승리를 위해 중국에 대한 압박 카드를 사용하고 있다는 판단이다.

나 현황

19.6월 현재 미국은 중국산 수입품 2,500억 달러, 중국은 미국산 수입품1,100억 달러에 대해 최대 25% 관세 부과 중이다. 미국은 2,500억 달러 중국산수입품에 대한 관세 외 추가적으로 3,250

억 달러 규모의 중국산 수입품에 대해서 관세부과 가능성을 시사하였다. 중국은 '18년도 미국산 수입액은 1,550억 달러 수준으로 추가적으로 450억 달러에 대해서만 관세인상이 가능하여 관세 대결만으로는 한계에 직면한 상황이며, 희토류 무기화, 미국기업 제재 등을 고려 중이다.

19년 5월 10일 열린 제11차 미·중 무역협상에서 합의점을 찾지 못하고 결렬되었으며, 직후인 5월 16일 미국 상무부는 '화웨이와 68개 계열사에 대한 거래 제한 조치' 시행하였다. 동 거래제한 조치는 화웨이의 미국向 수출금지 뿐만 아니라, 미국업체 등으로 부터의 부품 구매도 제한하였다.

이번 화웨이 제재로 미국업체, 미국 부품·기술의 가치가 전체 제품원가의 25% 이상인 업체, 미국에 R&D 센터를 보유한 업체들은 미국 정부의 규제에 따라야 하며, 미국의 Google, Qualcomm 등과 영국의 ARM 등이 동 제재에 동참하였다.

미국의 제재로 인하여 화웨이는 생산·영업의 차질이 불가피할 것으로 보이며, 업종별로 국내 ICT 업계에 상이한 영향력을 미칠 전망이다. 경쟁 관계에 있는 통신장비, 스마트폰 및 부품 분야는 반사이익 기대, 반도체는 화웨이 제재로 피해를 입을 가능성이 크다(<표 3> 참조).

<표 3> 국내 ICT 업계에 대한 영향

업 종	영향도	영향성 분석 내용
통신장비	⇧	시장점유율 흡수 예상 • 5G 상용화와 화웨이 제재가 맞물려, 국내 유·무선 통신 장비 업계
스마트폰	⇧	
반도체	⇩	간접수혜 • 프리미엄 스마트폰은 삼성, 애플이, 보급형은 Xiaomi 등 중국 로컬
스마트폰	=	
디스플레이	⇧	업체 반사이익 전망 • 화웨이 제재에 직접적 영향을 받으며, 미·중 양국의 거센 압박, 메모리 반도체 가격 하락 가능성 등의 부정적 환경에 노출
부품		
기타 부품		• 화웨이 공급망에서 차지하는 비중이 적어, 디스플레이 업계에 미치는 영향은 낮음 • 삼성, Apple 등 경쟁 스마트폰 제조사의 반사 이익에 따른 간접수혜 가능성

주 : ⇧ (긍정적), ⇩ (부정적), = (중립적).
자료 : 김세원(2019). 재인용. p.2.

3. 중국의 대응

미국의 전략에 대해 중국은 다음과 같은 대응 전략을 가진 것으로 보인다.

첫째는 협상을 통한 해결이다. 중국은 미·중 경제관계의 안정이 양국 관계의 평형석(ballast)이라는 판단 아래 협상을 통해 문제를 해결한다는 기본 입장을 견지하고 있다. 이러한 입장에서 중국은 미국이 경제적 동기에서 압박을 가하는 사안에 대해선 미국의 요구를 수용하려는 태도를 보인다.

둘째는 개혁·개방 40주년을 맞이한 중국은 국내 시장의 개방을 통해 개혁을 촉진하는 동시에 미국의 통상 압박도 잠재 우겠다는 계산이다. 중국은 최근 자동차, 소비재, 의약 품 등의 관세를 대폭 인하했다. 또 금융시장 개방 일정 을 밝혔으며 외국인투자 제한 분야를 대폭 축소하는 조 치를 취했다. 다만 중국의 개방에는 다소 시간이 걸리 는 만큼 미국이 인내심을 갖고 지켜봐 달라는 것이다. 물론 미국은 그 속도를 가속하라고 다그치고 있는 게 현 상황이다. 그 일례로 미국은 2020년 7월까지는 중국 의 관세 수준을 현재 미국의 수준 정도로 낮출 것을 요 구하고 있다.

셋째는 중국의 부상을 견제하려는 미국의 전략적 동기에 근거 한 제재에 대해선 강경하게 대응한다는 것이다. 이런 입장에서 중국은 '중국제조 2025' 전략을 저지하려는 미국의 압력에 대해 강력하게 반발하고 있다. 더욱이 무역 문제가 대만과 남중국해 문제로 비화하는 것과 여 타 다른 나라들과 미국이 공조해 중국의 핵심전략을 저 지하려는 기도를 사전적으로 예방하는 차원에서도 강 경하게 대응하고 있다(중앙일보, 2018.07.31., 양평섭).

4. 우리니라 시장에 영향

우리나라 ICT산업의 수출은 중간재 수출이 대부분이며, 현지법인 매출 및 매입 비중의 미국과 중국에 대한 의존도가 낮아 직접적인 영향은 제한적일 것으로 판단된다(고동환, 2018). 우리나라 對중국 수출(2014년 기준)이 미국으로 재수출되는 비율은 5%에 불과하고 이에 대한 ICT비중(71.5%)을 고려할 때 對 중국 총 수출의 3.6% 수준이다.

한국의 對中 수출은 최종재(31.3%)와 중간재(68.7%)로 구성, 중간재의 최종 귀착지는 중국(43.8%), 미국(5%), EU(4.3%), 일본(2%), 한국(0.8%), 제3국 24.1%로 나타났다(권태현 외, 2016). 對中 중간재 수출품의 미국으로 재수출 비중은 2009년 8.8%에서 2014년 5.0%로 점차 감소하는 추세이다.

미·중 현지 법인 기업의 매출은 대부분 현지 혹은 한국으로의 수출을 통해 발생, 양국 간의 무역 분쟁에 의한 직접적인 영향은 제한적일 것으로 전망된다. 전기전자 부문 해외 진출기업의 매출 중 제3국으로의 수출 비중은 약 12%(2016년 기준)에 불과하다. 다만, 무역갈등의 고조로 중국 거시경제가 침체되거나 세계교역량이 유의하게 하락하게 된다면 간접적 영향을 받을 수 있다.

미국과 중국의 무역전쟁은 어떤 경우에도 세계 경제는 물론 우리 경제에도

도움이 되지 않는다. 미국과 중국이 우리 수출의 36.7%를, 해외투자의 38.1%를 차지하고 있기 때문이다. 미국과 중국의 무역전쟁으로 인해 우리 기계부품과 전기전자부품 업종의 경우 대 중국 수출에 어려움이 따른다.

Ⅳ. 미국과 중국의 ICT 시장 점유율, 영업 이익률 및 매출액

1. 미국의 최근 경제 동향

미국은 중국에서 생산기지를 이전하였다. 신발업체 크록스, 맥주 냉장기기 업체 예티, 진공청소기 제조사 룸바, 카메라 업체 고프로 등이 중국에서 다른 나라로 생산기지를 옮겼다. 미국의 간판 다국적기업인 스마트폰 제조업체 애플은 최종 조립 공장을 중국에서 철수하는 방안을 검토하고 있다. 가구제조업체 러브색은 2019년 초 제품 75%를 중국에서 만들었으나 그 비중이 현재 60%로 줄었다(WSJ, 2019, 6.14).

미국 상무부 통계국에 따르면 미국의 대 중국 상품수입은 작년 같은 시기보다 12% 줄었다. 이는 10년 전 글로벌 금융위기 이후 최대 감소 폭으로 기록되었으며, 기업들의 중국에서 생산기지 이전으로 이득 보는 국가는 베트남, 인도, 대만, 말레이시아 등 생산비가 저렴한 아시아 국가들이 주목하고 있다. 최고 수혜국으로 꼽히는 베트남의 경우 2019년 미국의 대 베트남 수입액이 648억 달러로 2018년 보다 무려 36% 증가할 것으로 예상된다.

2. 시장점유율

IT기기, IT 서비스, SW, 반도체. 인터넷, 전자부품, 통신장비의 미국과 한중일 3개국이 전체 매출의 70% 가량을 장악하고 있고, 미국은 35% 대의 점유율을 꾸준히 유지하는 가운데, 한중일의 점유율은 변화를 보였다.

한국의 시장점유율은 2008년 6.2%에서 2017년 9.7%로 상승하였으나 미국, 중국, 일본과 비교에서 최하위를 기록하였다.

3. 영업이익률

미국이 10% 중후반의 영업이익률을 꾸준히 기록하며 다른 국가와 격차가 큰 편이며 한중일 3개국은 평균 5~10% 대의 영업이익률을 보였다. 한국의 영업이익률은 2010년부터 일본과 중국을 제치고 미국 다음으로 높은 수준을 유지하였고, 2017년에는 반도체 업종 호황에 따른 최대 수혜국이 되면서 16.2%까지 상승하였다(S&P Capital IQ DB).

4. 매출액

매출규모 10억 달러 이상의 기업 비율은 미국이 22.8%로 가장 높은 반면, 중국은 13.0%은 상대적으로 비중이 매우 낮다. 미국은 매출규모 10억 달러 이상 기업의 수익성이 높은 반면 10억 달러 미만 기업의 영업 이익률은 마이너스를 기록하고 있어, 영업이익률이 고른 중국과 대조적이다.

미국은 신생 기업들의 치열한 경쟁 속에 승리한 일부 기업만이 매출액 10억 달러 이상의 기업으로 성장하는 기업생태계를 보이고 있음을 시사하고 있다.

V. 향후 ICT 산업의 경쟁력 강화를 위한 한국의 대응 전략

미·중 무역전쟁은 이 두 국가가 한국의 위 교역 상대국이라는 점과 한국처럼 대외의존도가 높은 국가에게는 치명적이다. 미·중 무역 전쟁이 단기적으로 한국에 미치는 영향은 상대적으로 제한적이나 미·중 무역전쟁의 전선이 확대되고 장기화되는 경우 실물 부문의 영향은 물론이고 금융부문으로 확대될 가능성이 있다.

향후 ICT 산업의 경쟁력 강화를 위한 한국의 대응 전략은 다음과 같다.

1. 장단기적인 정세 분석

단기적인 미·중 무역 전쟁에 대한 영향을 정확한 정세 분석하는 노력과 함께 보다 장기적인 관점에서 이 문제를 바라보는 시각을 가질 필요가 있다. 미·중 무역전쟁은 단기간에 끝나지는 않을 것으로 보인다. 이 경우 세계무역질서와 밸류체인 변화가 촉발될 것이다. 특히 미국의 중국에 대한 보호무역조치가 대부분 우리나라에도 해당됨에 따라 한국과 미국과의 통상마찰 증가에 장단기 정세 분석 및 대비가 필요하다. 또한 對미국 ICT 주요수출 품목(통신 및 녹음기기)에 대한 비관세장벽에 대응해 국제적인 기준에 부합하는 자체 검열시스템 강화가 필요하다.

2. 객관적이고 균형감 있는 대응과 공조체제 강화

소극적 대응을 탈피하여 하나 기존 통상협정에 기초하여 당당한 원칙적 대응 객관적이고 균형감 있는 대응을 해야 한다. 뜻을 같이 하는 우방 국가들과 공조체제를 강화할 필요가 있다. 또한 우리 정부는 이제 미·중 무역 분쟁을 변수가 아닌 상수로 놓고 경제정책을 펼 때다. 정부와 기업이 긴밀한 공조를 통해 수출 부진을 타개해야 한다.

3. ICT 산업의 다변화와 전반적인 경쟁력 강화

향후 4차 산업혁명을 성공적으로 이끌기 위해서는 인프라 산업인 ICT 산업의 전반적인 경쟁력 강화가 필요하다. 이를 위해서 주력 업종 다양화 및 서비스업 육성: 영업이익률 측면에서 경쟁력이 있으나 시장점유율이 낮은 SW 산업과 같은 서비스 업종을 집중 육성해야 한다.

ICT 분야 스타트업 생태계 활성화: 경쟁력 있는 신규 ICT 스타트업이 엔젤 펀드 등 고위험 벤처 투자를 적극적으로 유치하고, 이를 바탕으로 글로벌 경쟁력을 갖춘 대기업으로 성장할 수 있도록 ICT 스타트업 생태계 활성화와 성장 사다리 구축이 필요하다.

중장기적으로는 ICT 시장을 다변화하고 제품 경쟁력을 높여 미국과 중국에 대한 지나친 수출 의존도를 줄여야 한다. 근본적으로는 우리 경제가 대외 여건 악화에 쉽게 흔들리지 않도록 내수 확대 등 체질 개선을 일관되게 추진하는 게 무엇보다 중요하다.

4. ICT 교육 및 인적자원 개발 강화

미·중 무역전쟁의 밑바탕에는 'ICT 패권국 미국'이 있다고 해도 과언이 아니다. 중국의 '스마트제조'가 ICT 대국 굴기를 중심으로 삼아 기지개를 켜며 미국의 ICT 패권국 지위를 흔들고 있음을 주목할 필요가 있다. 중국의 확장정책과 미국의 보호 무역주의가 충돌하면서 발생하는 마찰음의 내면에는 두 초강국이 절대로 포기할 수 없는 'ICT 패권'의 향방이 걸려있다. 미국과 중국 모두 ICT 기술을 포기할 수 없는 이유다.

이와 같은 점을 고려한다면 장기적인 측면에서 ICT 교육 및 인적자원 개발을 강화하여야 한다.

미래 인재 경쟁력 제고를 위한 정부·학교의 전 방위 ICT 교육 대책 마련이 시급하다. 우리나라의 4차 산업혁명 관련 특허가 중국의 절반 수준에도 미치지 못하는 것으로 나타났다.

이를 위해서 해서 산학연관(産學硏官)이 협력하여 AI 기술과 산업발전을 위해 체계적인 대응 전략을 세워야 한다. 한국의 대학을 비롯한 교육기관들은 변화에 매우 둔감하고 대응도 소극적이다. 4차 산업혁명에 적극적으로 대응하는 학교를 찾아보기가 어렵다.

VI. 결론

4차 산업혁명 시대의 ICT 산업은 혁신을 촉진하는 기반 산업으로서, 한국은 OECD 국가 중 가장 높은 ICT 산업 비중을 보이며 4차 산업 혁명을 선도할 수 있는 잠재력을 가지고 있다. 더불어 지난 10년(2008~17년) 간 한국 ICT 산업의 시장점유율과 영업이익률도 전반적으로 향상되었다. 그러나 제조 관련 업종에 편중된 경쟁력, 매출 규모에 따른 큰 경쟁력 격차, 신규 창업 및 4차 산업혁명 관련 기업 비율저조에 따른 혁신성의 저하라는 문제점도 동시에 노정 되었다. 향후 ICT 산업의 경쟁력 강화를 위해서는 주력 업종 다양화 및 서비스업 육성, ICT 관련 스타트업 생태계 및 성장사다리 구축 강화가 필요하다.

특히 장기적인 측면에서 4차 산업혁명 시대에 핵심적인 기술로 출현한 AI 분야에 대한 인력양성 및 활용에 심혈을 기울여야 한다. 이를 위해서 개인은 물론 기업, 정부 및 NGO 등이 공동으로 적극적인 노력이 필요하다. 이것이 국제 무역 전쟁에서 살아갈 수 있는 전략이고 국가 경쟁력을 증진할 수 있는 최선의 방법이다. (끝).

참고문헌

고동환(2018). 미·중 무역 분쟁의 배경과 그 영향. 정보통신정책연구원.
김세원(2019.6.24).미·중 무역전쟁에 따른 국내 ICT 업계 영향. Weekly
    KDB Report.
중앙일보(2018.7.31.). '무역전쟁' 미국의 세 가지 노림수, 중국의 세 가지
    대응책.
한국무역협회 국제무역연구원(2018). 우리 기업의 인공지능(AI)을 활용한
    비즈니 스 모델. Trade Focus 2018년 3호.
OECD(2017).Information Economy. Sector Definitions Based on the International
    Standard Industry Classification. Wikipedia(2018.10.24.

PART III

자유논단 – 美中 무역전쟁에 관하여

중미무역갈등해소, 지구촌 공동념원
– 중미경제무역협상 10월 재가동에 세계가 주목

정 동

미중 무역전쟁에 대한 현황분석

2019년 9월 5일 오전, 중국의 류허부총리가 라이트 하이저(Light hizer)와 그리고 스티븐 므누신(Steven Mnuchin)과 전화통화를 하였다. 중국측 소식에 의하면 쌍방은 10월 초순부터 워싱턴에서 13차 중미경제무역 고위급협의회를 개최하기로 합의를 보았으며 그 전까지 쌍방 모두 긴밀한 연계를 유지하기로 했다. 고위급 협상이 실질적인 진전을 가져올 수 있도록 하기 위하여 사업층에서는 9월 중순부터 협의회 진행을 위한 진지한 준비작업에 투입될 것으로 알려졌다. 소식통은 또 쌍방 모두의 공동 한 노력과 실제적인 행동으로 협상을 위해 양호한 조건을 마련할 것이라고 전했다.

중미수뇌가 지난 6월에 오사카협의를 달성한 이래 7월에 쌍방은 상해에서 12차 고위급회담을 진행했다. 그 뒤 미국측에서 뜬금없이 새로이 관세 징수를 선포하는 바람에 중국측에서도 그에 상응하는 조치를 취하게 되었고 그로 인해 무역전쟁도 진일보 교착상태에 빠진 것이다. 긴장된 중미경제무역관계는 전 세계시장에 막대한 영향을 미쳤고 미국 증권시장도 그로 인해 불안에 휩싸여야 했다.

지난 9월 3일 미국 손님들과의 회담장소에서 류허 부총리가 한 말대로 이번 미중무역전쟁은 중국이나 미국뿐만 아니라 전 세계 어디에도 득 될 것 없는 일이었던 것이다.

여기에서 주목할 점은 이번 소식에서 중미쌍방이 오는 10월에 새로운 고위급협상 진행소식 외에 협상을 진행하기 위한 진지한 준비작업이 있을 것이며 이는 10월 초순에 있을 13차 고위급협상에서 "실질적인 진전을 가져오기 위함"이라고까지 강조했다는 점이다. 아직 협상이 시작되기도 전에 "실질적인 진전"을 언급하는 것은 전례 없는 보기 드문 일이라고 하겠다.

그럼 과연 중미 쌍방 모두가 경제무역협상을 이루어낼 의지가 있기는 한가? 물론 있다. 하지만 아직도 서로 간에 꽤 큰 입장차이가 존재하고 있는 것도 사실이다. 과거 수차 있은 격렬한 마찰에서도 보여주었다시피 쌍방간의 문제는 어떤 구체적으로 주고받는 세부적인 과정보다는 각자의 기본태도문제로 인해 상호간에 타협점을 찾아내지 못했던 것으로 보인다. 미국측에서는 자기들의 실력적 우세라면 아무리 불합리한 요구를 들고 나오더라도 문제없을 것이라고 생각했던 반면 중국측에서는 담판은 반드시 서로를 존중하는 원칙을 전제로 평등하게 진행되어야 하며 상호 윈윈의 결과를 가져와야 한다고 주장했던 것이다.

실상 세인이 주지하다시피 중국측은 시종일관 "윈윈하면서 공평 대등한 것만이 유일한 출로"라고 거듭 강조하여 왔다. 일찍 왕치산 중국 국가부주석은 올해 1월 23일(현지시간) 다보스포럼에 참석해 "중국과 미국의 경제는 상호 불가결한 상태"라며 양국 경제협력의 중요성을 강조했다고 CNBC 등이 보도했다. "중국과 미국의 경제는 상호 불가결한 상태"라며 양국 경제협력의 중요성을 강조한 것으로 풀이된다. 지금 상황은 미국과 중국이 치열한 무역전쟁 끝에 무역협상에 돌입한 것이다.

왕치산 부주석은 "(중국과 미국은) 어느 한 쪽도 다른 한 쪽이 없어선 안 된다. 이것은 현실"이라며 "결론은 (중국과 미국 사이에) 상호 이익이 있어야 하며, (양국 관계가) 윈윈해야 한다는 것"이라고 했다. 왕 부주석은 그러면서도 도널드 트럼프 미국 대통령의 '미국 우선주의(America-first)'를 거론, "많은 나라들이 정책을 만들 때 내부(사정)를 바라본다"고 우회 비판하기도 했다. 그는 "국제무역 및 투자에 대한 장벽이 늘고 있다. 일방주의와 보호주의, 포퓰리즘이 전세계로 퍼져나가고 있다"며 "이 모든 것들은 국제 질서에 심각하게 도전하고 있다"고 했다. 그는 "우리가 해야 할 일은 파이를 키우면서 이를 보다 공평하게 나누는 방법을 찾는 것"이라며 "파이를 만드는 것을 중단하고 어떻게 나눌지 헛된 토론을 하는 데 사로잡히는 것은 우리가 가장 마지막에 해야 할 일"이라고 했다.

왕 부주석은 아울러 최근 커지고 있는 중국 경제성장 둔화 우려에 대해서는 "(경제성장률이) 전혀 낮지 않다"고 했다. 앞서 중국 국가통계국은 지난 21일 중국의 2018년 경제성장률을 6.6%로 발표한 바 있다. 왕 부주석은 "명확한 것은 중국의 성장이 계속되고 지속 가능하다는 것"이라고 했다. 그는 "어떤 이들은 중국이 성장의 막바지에 다가가고 있거나 이미 도달했다고 말한다"며 "만약 우리에게 (중국의 경제에 대해) 묻는다면, 우리는 아직 끝에 도달하지 않았다고 믿는다"고 했다. 그는 "우리는 보다 지속 가능한 성장을 추구한다"고 강조했다. 한편 아베 신조 일본 총리도 이날 국제무역 신뢰를 재건해야 한다며 미중 무역갈등 해소를 촉구했다.

지난 1년8개월 넘게 지속된 무역전쟁을 회고해 보면 이로 인하여 쌍방 모두 막대한 손실을 입은 것은 사실이다. 중국측은 이를 기탄없이 승인하고 나왔지만 미국측에서는 무역전쟁으로 인한 자신들의 피해는 승인하지 않고 있다. 오히려 높은 관세로 인해 전반 미국경제가 득을 봤다고 주장하고 있는데 이 같은 눈 감고 야옹 하는 식의 주장은 결코 오래가지는 못하는 법이다. 결국 쌍방은 서로 손해 될 것밖에 없는 소모전을 계속하느냐, 아니면 타협점을 찾아내서 상호협의를 이루어내느냐는 갈림길에 마주서게 된 것이다.

지난 한 동안 쌍방은 엇갈아 관세를 올려가며 무역전쟁에서 버텨내야 했고 버텨내기 위해서는 지속적인 자원투입이 필요했다. 비록 무역전쟁을 일으킨 장본인이 미국측이고 실력적으로 일정한 우세를 차지했다고는 하나 무역전쟁을 지속해나가려면 집정자가 자신의 정치이익을 희생해야 하는 것으로서 미국체제내에서는 어쩔 수 없는 상황에 놓이게 된 것이다.

그렇게 무역전쟁은 말 그대로 교착상태에 들어갔고 미국측이 경제적으로 우세한 반면에 중국측은 정치적 우세가 두드러졌던 것이다. 한편 사람들은 어떤 알 수 없는 불안감에 휩싸였다. 쌍방 모두가 양보하지 않는다면 무역전쟁이 장기화될 수밖에 없는데 쌍방 모두가 그 교착상태에서 헤어날 수 없을 지경이 되어 있다. 결국 둘 다 만신창이가 되면 어쩌는가 말이다. 오늘날 전반 미국 경제가 쇠락하는 조짐이 뚜렷해짐과 아울러 사람들은 문제의 심각성을 깨닫게 된 것이다.

중국은 줄곧 투쟁으로 공존 모색

미중 무역전쟁이 발발하여 지금까지 중국은 줄곧 투쟁으로 공존 모색하면서 장기적이고 총체적인 지구전을 각오하고 있었다. 지금도 마찬가지이다. 중국은 최악의 상황에 대해서도 준비하면서 비기기만 해도 이기는 전쟁이라고 판단하고 있다.

중국 국내 및 국제 정세로 볼 때 이번 무역 전은 벌써부터 예견된 것이라고 볼 수 있다. 엎드려 있던 중국은 이미 꼿꼿이 일어섰고, 부자가 됐다. 중국은 여기에 머물지 않고 강해지려 하고 있는데, 무역 전은 중국의 이런 변화에 하나의 상징적인 사건이라고 할 수 있다. 미국은 자국 일방에게 유리한 국제 경제 정치 규칙을 만들려는 야심을 보이고 있다. 미국의 종합 국력은 세계에서 따라올 나라가 없다. 하지만 중국은 그렇지 못하다. 공산당 19대 보고에서 언급했듯 중국은 여전히 또 앞으로도 장시간 (생산력이 충분히 발전하지 못한) '사회주의 초급단계'를 밟을 것이다. 따라서 중국은 무역전에서 총체전과 지구전의 각오를 가다듬어야 한다. 또한 극단적인 상황에도 대비해 언제나 주어진 상황에서 최상의 성과를 쟁취해야 한다.

결과적으로 중국의 지속발전이 중단만 안되면 중국의 성장 속도는 여전히 미국 등 서방 주요 대국들보다 빠르고 중국이 국제 경제체제에서 차지하는 비중도 지속적으로 확대될 것이다. 중국의 산업은 계속 업그레이드 되고, 중국은 미국이 일으킨 이번 무역전쟁을 격파한다는 목표를 능히 실현할 수 있을 것이다. 이번 무역전쟁의 승패를 평가 판정하는데 있어 과정 중의 사소한 이해득실에 연연해할 필요가 없다. 글로벌 경제체제에 있어서의 중국 지위가 미국과 이번 무역전쟁을 치르고 난 뒤에 몰라보게 달라질 것이라는 사실만 주목하면 된다.

미국은 무역전쟁이 발발한 이후 지금까지 줄곧 주도권을 잡은 듯 기세등등하게 중국을 압박해 왔다. 하지만 모든 일에는 양면성이 있게 마련이다. 트럼프 대통령이 큰 소리로 중국의 기세를 제압하려 하지만 이는 자신을 곤경으로 몰아가는 것일 수 있다. 이번 무역전쟁에 있어 중국은 지지 않고, 최소한 비기기만 해도 이기는 것이지만, 미국은 이기지 못하면 지는 것이다.

오늘날 전반 국세는 갈수록 분명해 지고 있다. 이에 임하여 미중 쌍방이 하루빨리 협의를 이루어냈으면 하는 것이 지구촌의 공동한 염원으로서 날로 증가되어 가고 있는 것도 부인할 수 없다. 실상 협의달성에 대하여 중국측에 비해 미국측의 바램이 더 컸을 것이지만 그 와중에도 미국은 자신들의 이익을 최대화하기 위해 이번 무역전쟁에서 중국측의 마지노선을 탐지하기 위해 무등 애쓰기도 했다. 그런데 수차 교접해본 결과 중국측이 결코 호락호락하게 물러설 상대가 아니라는 점을 점차 의식하게 되었고 쌍방 모두 서로에 대해 진일보 요해하게 된 것이다.

미중 쌍방 모두가 담판을 진행할 충분한 조건을 갖추었다지만 그런다고 곧바로 13차 경제무역고위급회담협상에서 어떤 중대한 돌파를 가져와 실질적인 진전을 가져온다는 보장은 어디에도 없다. 미중 담판의 실제효율을 결정할 수 있는 요인은 허다하다. 비록 날이 갈수록 대체적인 윤곽이 뚜렷해진다고는 하나 수시로 발생 가능한 사태의 개연성 또한 무시할 수 없는 상황이다. 미국의 어떠한 구체적인 경제수치, 어떤 긴박한 정치적의제의 변경 등과 같은 가능성도 배제할 수 없는 것이다.

이번 담판에 중국측은 진지하고 적극적인 태도로 임할 것이며 자신의 원칙도 고수할 것이라 믿는다. 한편 가히 "산전수전" 다 겪었다고 할 수 있는 중국 대중들은 계속하여 평상심을 유지하는 것이 중요하다. 새로운 협상이 좋은 성과를 이룩한다면 물론 좋은 일이겠지만 그렇지 않을 경우라 해도 대수로울 것 없다. 중국경제 는 지금 한창 무역전쟁에 적응하고 제어하는 능력을 구비하고 있 는 중이라는 것 정도는 누구나 알아차렸을 것이다. 그리고 중국의 경제가 활력을 더해가고 시장규모가 커질수록 미중경제무역협의 또한 일찍이 자기들한테로 다가올 것이라고 믿는다.

공평 대등한 합의가 최종 이루어지길 기대

지난 시기에 대한 총체적인 평가는 "중미간에 합의가 이루어진 다면, 그것은 공평하고 대등한 것일 수밖에 없다"는 것이다. 지난 일곱 번째 중미 간 고위급 무역협상이 끝난 지난 3월 22일 언론 에서는 며칠 동안 양국이 6건의 양해각서 체결을 준비 중이라는 보도를 내보내기도 하였다. 당시 여전한 이견에도 불구하고 중미 가 이미 본격적인 무역 합의를 이루는 길에 서 있음은 일반적인 예측이 되고 있는 것이다.

지금까지 미중 양국 여론에서 자국이 "너무 많이 양보할 것"이 라는 우려가 제기돼 온 것은 이해할 만하다. 그러나 미중 같은 무 역대국은 압력과 저항에 맞닥뜨렸다고 쉽게 양보하지 않는다. 1 년 7개월 가까이 계속된 무역전은 양국의 최대한의 결의와 의지를 보여주는 것이었는데 무역전쟁을 종식시킬 수 있는 유일한 원칙은 공평 대등한 무역을 극대화하는 상호타협 뿐이다. 중국사회로 말하자면 자기 스스로와 중미 협상의 기본 형세를 이해하면서 더 나아가 큰 배경 속에서 중미가 아마도 도달하게 될 무역 합의에 대해 인식하는 것이 필요하다.

미국의 지난해 전 세계적 무역전쟁을 일으킨 이래의 기본상황을 회고하여 보고 최신동향을 분석하건대 미국은 대외적으로 몇 가지 압박 방향을 부각시켰다. 그 중에서도 중국에 대해 가장 강하게 압력을 가하였다. 그리고 이를 이겨내려는 중국의 반격 역시도 가장 강했다. 미국측 핵심부는 중국의 보복이 이처럼 단호하고 후속 반격능력이 이처럼 강하리라고는 미처 생각지 못했을 것이다. 중국경제는 비록 손실이 있었지만 통제불능의 조짐은 전혀 보이지 않았다. 중국이 지금까지 미국의 무역전쟁에 주눅 들지 않고 함께 따라가는 능력을 보여준 것은 양측 협상심리에서 중요한 저울추 중 하나였다.

무역전쟁은 시작되고부터 오늘까지 1년 7개월이 된다. 미국이 다급해 하는 것은 미국의 다음 대선 시기가 가까워지고 있는 것이다. **동시에** 미국 경제성장의 예상되는 주기적 전환점도 다가오고 있다. 이 때문에 워싱턴이 어떤 주저함도 없이 대외압박을 가할 수 있는 시간대는 급속히 좁아지고 있는 중이다. 이러한 변화도 미중이 대등한 협상을 벌이는데 유리하게 작용하였다.

중국은 자체가 초대형 시장이고 자신의 개혁개방 계획은 꾸준히 추진되고 완성되어가고 있으며 미국 기업에 대한 유인력이 나날이 커지고 있다. 이 때문에 중국과 협력을 통해 문제를 해결하는 것과 중국과 무역전을 벌이는 것과의 양자 이해득실은 더 이상 비례하지 않게 되었으며 중미가 상호타협으로 대등한 무역을 이룰 확률도 높아졌다.

결론적으로 만약 중미가 최종 합의를 이룬다면 그것은 중국이 미국과의 협상을 통해 이루어낸 것일 뿐만 아니라 중국이 미국 측의 압박에 단호히 대처하고 세계 최대규모의 반격 조치를 전개함과 함께 중국시장의 흡인력을 방출하는 것들을 종합함으로써 만들어 낸 결과라는것이 전문가들의 보편적인 지론이다.

미중 간에 협상하다가는 싸우고 싸우다가는 또 협상하면서 지나 온 지난 1년 7개월동안 중국은 줄곧 미국을 향해 공정하고 대등한 방식으로 무역전을 종결 짓기를 요구하고 또 협상은 양측의 관심사를 배려하는 것이 되어야 하며 서로 타협하는 과정이길 요구한 그런 최대한의 능력을 보여준 국가였다. 중국의 이런 능력은 많은 중소 경제체가 지니지 못한 것이라 할 수 있다.

상술한 미중무역협상의 큰 배경을 이성적으로 고찰한다면 앞으로 양측이 도달할 합의에 대해서도 기본적인 예측이 가능하다. 그리하면 일부 미국 급진 인사들이 트럼프 행정부에 "많이 양보했다"고 비난하거나 중국의 일부 급진인사들이 우리 측이 "항복했다"고 비난하는 그런 소리에 미혹되거나 주요한 사실을 벗어난 인식이 생겨날 수는 없을 것이다.

중미 무역전쟁은 "장기전 지구전"
- 최신언론에 나타난 반응들 보며

중국 현존의 정치체제에 변화가 발생하지 않는 한, 중국이 주동적으로
백기를 들고 나가는 일은 절대 없을 것이다.

김 견

중미무역전쟁 둘러싸고 지구촌 최신반응 뜨겁다.

2019년 7월 17일, 미국 ≪월가일보≫는 트럼프가 당일 저녁 무렵 2000억 달러 상당의 중국 제품들에 대한 관세 추가 징수를 선포할 것이라고 보도했다. 다만 그 징수률이 25%가 아닌 10%였다는 것.

트럼프는 지난 7월 10일 2000억 달러 상당의 중국 제품들에 25%의 관세를 징수할 것이라는 계획을 선포한 뒤, 8월 30일부터 공중자문을 진행했다. 그리고 그 무렵, 미국정부는 재차 중국과의 담판을 요청해왔다. 중국측에서는 물론 흔쾌히 수락했다. 담판하

는 게 싸우기보다 나으니까. 해서 그 며칠 동안 중국 정부측과 매체들에선 국무원 부총리 류학(刘鹤)이 일간 워싱턴으로 가서 미국 재정부장 스티븐 므누신(Steven Mnuchin)과 9월 27일과 28일 새로운 무역담판을 하게 될 것이라고 공개했다.

그런데 17일, 미국 ≪월가일보≫가 트럼프가 당일 저녁 무렵, 2000억 달러에 달하는 중국 제품들에 대한 관세 추가 징수를 선포할 것이라고 보도한 것이다. 다만 그 징수율이 25%가 아닌 10%였다는 것.

언제는 담판하자고 사람을 요청해 놓고, 담판을 시작하기도 전에 한편으론 관세를 추가징수한다 하고, 이건 대체 무슨 도깨비감투인지? 이건 담판 기간에 무력행사를 하는 거나 다름없는 일, 무슨 꿍꿍이 속인지, 트럼프가 중국을 상대로 또 무슨 장난을 치려는 건지 알다가도 모를 일이다.

중국이라고 이 같은 "장난"을 반길 리 없다.

"장난"이라는 말은 중국에서 부정적인 측면으로 쓰이는 경우가 많다. 그 장난의 상대가 왕왕 억울하게 당하거나 조롱의 상대가 되기 때문이다. 그런데 그 장난을 치는 자를 가만 관찰해보면 대개 심리상태가 건전치 못하거니 깡패, 건달인 경우가 대부분이다. 트럼프가 중미무역전쟁을 도발한 이래로 보여준 이런저런 작태들을 보면 전자는 분명 아닌 것 같고, 그렇다면 후자에 가까운, 그러니까 깡패, 건달이나 다름없다는 얘기다!

애초에, 중미무역전쟁이 발발할 무렵, 2018년 5월 3일과 4일, 트럼프는 스티븐 므누신(Steven Mnuchin) 등 7인으로 구성된 무역대표단을 중국에 파견하여 북경에서 중국정부와 담판을 가졌었다. 그리고 5월 17일과 18일, 류학이 습근평 주석의 특사 신분으로 워싱턴에 가서 미국정부와 담판을 하였다. 그 기간, 트럼프는 부통령을 포함한 미국정계 엘리트들을 모아 놓고 백악관에서 류학을 접견하였고, 그렇게 중미 쌍방은 워싱턴에서 협약에 사인하고, "중-미 무역전쟁 종결"을 선포했다.

그렇게 많은 이들이 중미무역전쟁의 종결 선언이 현실로 되기를 간절히 바라고 있을 무렵 - 6월 15일, 그러니까 쌍방이 "정전협의"에 사인한 지 아직 한 달도 채 되지 않은 시점에서, 트럼프가 뜬금없이 500억 달러 상당의 중국제품들에 관세를 추가 징수할 것이라고 선포하면서 중미무역전쟁이 비로소 정식으로 막을 올리게 된 것이다.

트럼프의 이 같은 변덕을 단순히 장사꾼기질이라고 일축한다면 그건 잘못이다. 사실 이 같은 변덕은 트럼프를 위수로 하는 미국 정부의 일관된 작법, 그러니까 먹을 알이 없으면 바로 늘어지고 횡포를 부리는 건달, 깡패의 근성인 것이다.

그렇게 무역전쟁이 시작된 이래, 중국은 지금 신용이란 꼬물만큼도 찾아볼 수 없고, 횡포와 야료로 일관하는 깡패 적수를 상대하고 있는 것이다. 이 같은 상대하고 이치를 설명하거나 담판을 통해서 문제를 해결한다는 것은 있을 수 없는 일, 상대의 공격을 그때그때 물리치면서, 끝까지 항쟁하는 것만이 유일한 방법일 것이다. 항미원조 전쟁 때처럼 따끔한 맛을 보여줘야 정신을 차릴 것이다.

중국정부도 마음의 준비가 되어있을 것이다.

《월가일보》머릿기사 제목이 아주 흥미롭다. "미국에서 중국측 관세를 추가징수한다면 중국은 담판을 거절할 것이다."

해당 기사에서는 트럼프가 17일, 2000억 달러 상당의 중국제품들에 관세를 추가징수할 시 중국측에서는 담판을 거부할 것이며, 어쩌면 중국 전문가들과 관리들이 들고 일어나 미국에 반격을 가할 것과 미국이 필요로 하는 모든 제품들, 그리고 미국 기업들이 필요로 하는 부품과 필수품목들의 대미수출을 차단할 것을 정부에 제안할 수도 있다, 그리 되면 전반 미국의 공수시스템은 심각한 타격을 받게 될 것이라고 했다.

《월가일보》의 분석은 정확한 것이었다. 트럼프가 중국제품들에 관세 추가징수를 한 데 대한 앙갚음으로 중국은 물론 상술한 방법들을 쓸 수도 있지만, 그것 말고도 방법은 많다.

방법은 얼마든지 있다.

트럼프는 반드시 쓴맛을 보게 될 것이다.

미국 중문매체 《세계일보》는 9월 15일 단독문장분석에서 미국이 중국제품 2000억 달러에 관세를 추가 징수할 시, 미국 국민들 모두가 "머리에서 발끝까지" 성한 곳 하나 없게 될 것이라고 했다.

문장에서는 트럼프가 선포한 관세 추가징수 품목을 보면 그것은 미국 백성들이 사용하는 생필품의 전부 목록이나 다름없는 것으로, 그게 정말 기정사실이 될 경우, 빅토리아의 비밀(Victoria's Secret) 표 속옷, 언더아머(Under Armour) 스포츠용품, 나이키(Nike)운동화, 심지어 애플 휴대폰에 이르기까지 전부 가격이 인상될 것이라고 했다.

머리에서부터 보자면: 지난해 미국이 중국에서 수입한 여러 가지 선글라스와 기타 종류의 안경만 해도 총 10억 달러어치로, 미국의 최대공급상이다. 중국산Prive Revaux 선글라스의 월마트(Walmart) 소매가격은 29.95달러이지만, 관세 추가징수 이후에도 이렇게 저렴할 수 있을까?

다음은 몸에 입는 것들: 지난해 미국은 중국으로부터 46억 달러어치의 와이셔츠와 6.06억 달러어치의 티셔츠, 런닝셔츠와 캐주얼 재킷을 수입하였는데, 미국 남, **여성** 외투의 가장 큰 내원 역시 중국이다. 소비자들이 따뜻한 겨울을 나려면 돈 좀 쓰게 생겼다.

다음은 호주머니에 넣고 다니는 것들: 애플 지능시계를 비롯해서 이어폰까지 모두 2000억 달러 관세명부에 있는 것들이며, 관세 범위가 확대된다면 아이폰이나 아이패드 역시 그에 포함될 게 뻔하다. 애플사에서는 결국 모든 관세는 소비자가 부담할 몫이라고 표명했다.

허리띠 이하 부분도 참 가관이다: 미국 속옷의 가장 큰 수입 내원 역시 중국인데, 지난 한 해 동안 브래지어, 허리띠, 거들, 스타킹 등의 총 수입액은 2억 달러였다고 한다.

해당 문장이 이로부터 내린 결론인 즉, 미국이 중국제품 2000억 달러에 관세를 추가 징수할 시, 미국 백성들 모두가 "머리에서 발끝까지" 성한 곳 하나 없게 될 거라는 것이었다.

《세계일보》의 이 같은 분석을 트럼프라고 전혀 모르고 있지는 않을 것이다. 하면 번연히 알면서도 한사코 버티는 저의는 또 무엇일까? 필자의 분석에 의하면 첫째는 트럼프가 이번 중미무역전쟁을 일으킨 실질적인 목적은 중국의 경제발전을 저지하는 데 있다는 것, 즉 중국이 미국을 초월해서는 안 된다는 것이고, 둘째는 중국이 주동적으로 저항을 포기하고 순순히 백기를 들고 나오기를 바란다는 것이다.

요즘 보면 중국경제발전의 속도는 확실히 더뎌졌고, 심지어 위축되고 퇴보까지 해 있다. 어쩌면 중국은 영영 미국을 추월할 수가 없을 것 같고, 지금과 같은 상황이 중국의 정치체제가 미국이나 서양사회에 비견할 수 없다는 것을 증명하고 있는 것처럼 보일지도 모른다. 해서 이번 중미무역전쟁의 실질은 두 부동한 정치체제(가치관)의 대결이라고 하는 사람들도 있다. 물론 이 같은 관점에 동의하지 않는 사람들도 있겠지만, 그러나 미국의 매파(鷹派) 정객들이 지금 중국을 적대시하는 표현이나 창궐한 모습들, 그리고 이번 무역전쟁에서 중국이 크게 패하여 철저히 망하기를 고대하는 국내외 "민족운동인사"들의 행각을 보면 필자의 관점이 억지논리는 아니라는 것을 알게 될 것이다.

이러한 연유로 인해 중국 현존의 정치체제에 변화가 발생하지 않는 한, 중국이 주동적으로 백기를 들고 나가는 일은 절대 없을 것이다. 이는 중국의 생사존망과 관계되는 일이고, 수 대째 탐색을 거쳐 걸어온 길을 지속적으로 걸어갈 수 있을지 여부를 결정하는 문제이며, 또 14억 중국 국민들이 진정 부강해지고 세상에 떳떳이 얼굴을 내밀 수 있을 지 말 지와 직결되는 문제이기도 하다.

무역에도 그 자체의 규율과 법칙이 있는 법, 단순히 주관적 의지로 결정할 수 없는 일들도 더러 있게 마련이다. 중미무역에서 적자가 발생하는 것과 마찬가지로, 중국의 인위적인 작법이 아닌 양국의 무역거래 과정에서 그 규율에 의해 결정되는 경우가 더 많을 것이다. 전세계가 공동운명체로 향해 나아가는 발전추세에 의해 결정된 것임에도, 그 같은 발전추세를 저지하려고 든다면 보복을 당하는 수밖에 없을 것이다. 미국이 지금 중국의 발전을 저지하기 위해 수단방법 가리지 않는 것처럼, 일단 중국사람들이 하나같이 똘똘 뭉쳐 노력, 분발하여 저항한다면 그 어떤 세력도 당해내지 못할 것이다.

여기까지 쓰고 보니 새삼 트럼프가 포드 (Ford) 사에 망신당한 일화가 떠오른다. 트럼프가 자신이 중미무역전쟁에서 거둔 성과를 과시하기 위해 9월 9일 아주 자신만만해서 트윗에 "포드사가 중국에서 Focus Active 차종 생산계획을 전면 철회하였다"는 글을 올렸다.

그런데 이를 본 포드사 북아메리카 제품매니저 마이크 레빈 (Mike Levine)이 당장에 트윗에 "미국에서 Focus Active와 같은 차종을 생산할 일은 없다. 이는 관세 추가징수와 아무 상관없는 일이므로." 라고 응수하여 트럼프의 체면을 납작하게 만들었다는 일화다.

중국을 마뜩잖게 여기면서, 이번 무역전쟁에서 은근히 중국이 패하기를 바라는 일부 세력들이 있는 반면, 일부 경제전문가와 학자들은 이들과 전연 다른 관점을 내놓고 있다.

9월 15일≪아시아타임지(亞洲时报)≫에 실린 "트럼프는 무역전쟁을 '원형 형집행팀(行刑队)'으로 만들었다" 라는 제목의 칼럼에서는 트럼프가 일으킨 무역전쟁을 문제 삼아 미국에 경고했다.

문장에서는 여러 세계경제학자, 전문가들의 관점을 언급했는데, 전 마이클 블룸버그(MichaelBloomberg)정보코너 작가 윌리엄 피세크(William Pesek)는 다음과 같이 말했다.

"트럼프의 실수는 '무역전쟁은 좋은 일이며, 이기기 쉬운 전쟁'이라고 떠벌린 데 있다. 중국정부가 자기 국민들에게 보여준 "용맹불굴"의 자태와 의지를 너무 우습게 여긴 것이다. 두 번째 수를 잘못 쓴 것 역시 트럼프 쪽이었다. 글쎄, 왜 하필이면 오랜 세월 미국경제에 막대한 공헌을 해온 국제회사를 타깃으로 삼았는가 말이다."

트럼프가 일으킨 무역전쟁은 미국과 그 동반자 국가들과의 관계를 "원형 형집행자팀(circular firing squad)"으로 만들어버렸다.

말하자면 동반자들끼리 협력하여 공동의 적수를 대적하려고 해도 내분으로 인해 저들 내부에서 먼저 분란이 일어나는 형국이 되어 버린 것이다. 그런 연유로 미국은 지금 유럽, 캐나다, 멕시코 등 나라와 지역들과 대립된 상태에 있으며, 일본, 한국 등 나라들과도 점점 소원해지고 있는 상황이다. 더 기막힌 것은 트럼프가 미국기업들을 상대로 "알아서 줄 서라"고 망언을 서슴지 않았다는 것. 미국무역의 대표자 격인 로버트 라이트 하이저(Robert Lighthizer)는 평소 입버릇처럼 미국 기업들에 충고하기를 "수입관세라는 처벌을 면하고 싶으면 국내에서 제품을 생산하라'고 했다. 피세크(Pisek) 역시 이 같은 정책은 결국 "자기상해'나 다름없으며, 필시 장기후유증으로 고생하게 될 거라고 경고했다.

경제고문회사 Gavekal Research의 주관 - 아더 크로버(Arthur Kroeber)는 "트럼프"의 목적은 세계 2대 경제체계로 하여금 '연결고리'를 끊게 하는 것이므로, 미국회사들이 중국투자를 적게 하고, 미국에 많이 투자할 것을 극력 권장하고 있는 것이라고 했다.

하지만 그 목적대로라면, 정작 워싱턴으로 하여금 관세 압박을 늦추게 하는 것은 결국 중국측의 어떠한 반응 때문이 아니라 미국 회사들 모두가 줄을 바꿔 섰다는 걸 증명하는 격이 된다. 아더 크로버는 또 수많은 미국회사들로 말하자면 중국은 가장 큰 시장이며, 가장 빠르게 성장하는 시장이다. 날로 많아지는 회사들이 중국시장을 외면한다는 것은 "말이 안 되는 상업책략"이며, 그대로 나아가면 시장점유율과 이익 둘 다 잃는 대가를 치르게 될 것이며, 게다가 주주들까지 격노하여 주가가 폭락할 날도 멀지 않을 것이라고 했다.

일례로 아더 크로버는 이런 이야기를 했다. 트럼프가 애플의 CEO 팀 쿡(Tim Cook)을 불러 중국에서의 iPhone 조립과 생산라인 등 작업을 전부 미국에 옮겨갈 것을 요구했다고 한다. 그런데 미국은 노동력 원가가 엄청날 뿐만 아니라 약 90% 가량의 iPhone 부품들이 해외에서 제조되는 상황이고, 또 그 대부분이 동아시아 생산라인에서 공급되는 것이었으므로 칩이며 배터리, 렌즈모듈과 같은 부품들을 일일이 국외로부터 가져다 미국에서 조립한다는 것은, 게다가 트럼프가 인상해 놓은 관세까지 물어야 한다면 그건 정말 있을 수 없는 일이였다.

경제학자들의 관점으로부터 알 수 있는 바, 중미무역전쟁에서 미국에 득이 될 일은 거의 없다. 은근히 자기비탄에 빠져 있는 일부 중국인들에게 이 같은 결론이 혹 반성의 기회가 되지 않을까 싶다.

트럼프가 일으킨 이번 중미무역전쟁이 단시간 내에 끝나기는 어려울 것이다. 워낙 번복을 밥 먹듯 하고, 신용 따윈 발싸개처럼 여기는 위인이다 보니 어쩌면 장기전이 될 가능성도 없지 않다. 그 상대로서 중국 또한 지구전을 치를 각오를 해야 할 것이고, 만반의 준비를 함으로써 상대의 다양한 수단 방법에 수시로 맞서 반격할 만한 태세를 갖추어야 낭패 보는 일이 없을 것이다!

재한중국동포단체의 문제 핵심은 문화의 부재

김정용 (중국동포사회문제연구소, 소장)

인간이 동물과의 구분이 문화이다. 따라서 한 인간집단의 우수성을 평가하는 핵심기준이 곧바로 문화이다.

개혁개방 전 조선족이 중국에서 55개 소수민족가운데서 가장 우수한 민족으로 평가받은 주요기준이 세 가지였는데 문화제일, 위생제일, 스포츠제일이었다. 조선족의 문화제일은 문맹이 없었고 중고교 졸업율과 대학진학률이 가장 높은 것이 근거였다.

문화란 무엇인가?

文은 紋(줄음)이며 紋은 자연의 생김새 즉 자연의 현상이다. 자연의 생김새에는 규율이 있고 규칙이 있고 법칙이 있다. 주야교체, 사계절 변화부터 시작해서 모든 현상은 그럴 수밖에 없는 소이연을 갖고 있다. 인간은 자연현상에서 나타나는 규율과 규칙 및 법칙을 발견하고 그것을 인간의 삶에 도입하여 생활을 영위해왔다. 대표적인 예로서 농경문화에서 24절기를 들 수 있다.

> 文은 紋이고 자연의 규율, 규칙, 법칙을 지니고 있는 紋으로 인간세상을 깨우치는 것이 바로 문화이며 紋으로 인간세상을 밝게 하는 것이 곧 문명이다.

인간의 문화는 크게 두 가지로 나눌 수 있다. 그 하나는 인간이 일상생활에서 영위하는 의식주라는 삶의 문화이며 다른 하나는 지식으로서의 문화이다.

먼저 일상생활에서 영위하는 삶의 문화를 말하자면 조선족은 100년 전부터 만주에 이주하여 한복을 입고, 조선집을 짓고, 조선음식을 먹었다. 그러다가 2세, 3세로 내려오면서 학교에 다니게 되었는데 학교라는 교육의 장은 주체민족인 한족의 문화를 습득하게 되는데 이로부터 조선족은 이중문화 구조를 갖게 된다.

오른손 왼손 법칙으로 말하자면 한반도에서 갖고 간 조상의 문화가 오른손처럼 습관 되었던 몸에 중국문화가 침투되어 처음에는 거부감을 느끼다가 세월의 흐름에 따라 점차 오른손처럼 자연스러워진다. 몸에 배인 이중구조문화를 갖고 한국에 온 조선족은 같은 뿌리인 한국인과 갈등을 빚게 되는데 이런 현상을 문화차이라고 표현한다.

한 이주민집단이 거주국에서 성공하려면 문화적응이 잘 이뤄져야 한다. 현재의 상황은 문화적응이 갈 길이 멀고도 멀다. 이 문제가 해결되려면 앞으로 30년 내지 반세기는 걸려야 할 것이다.

다음 지식으로서의 문화를 논의해보자.

중국에서는 공부하여 지와 식을 갖춘 사람을 문화인(文化人)이라고 말한다. 조선족은 지식으로서의 문화전통이 깊고 넓다.

만주에 이주하자마자 학교를 세우고 야학도 세워 글을 가르쳤다. 해방 이후 연변대학을 비롯해 여러 대학과 중등전문학교, 중고교와 소학교를 세워 문맹을 없앴다. 출판사도 세우고 신문사도 세우고 방송국도 세워 문화가 번창했다. 예술로서의 문화도 잘 발전되었었다.

그러나 한국에 이주해온 조선족은 문화수준이 지극히 낮다. 그이유는 첫째 재한조선족사회는 재일조선족사회와 달리 처음부터 노무일군을 주류로 형성되었기 때문에 문화수준이 낮을 수밖에 없다. 미국이나 유럽 등 다른 나라에 진출한 조선족집단의 문화수준은 괜찮은 편이고 중국 내 연해도시와 대도시에 진출하여 취직한 조선족은 면접을 통해 합격되기 때문에 외모와 일정한 문화수준도 갖춰야 한다. 그러나 한국에 온 조선족은 머리가 어떻든 간에 사지만 멀쩡하면 돈을 벌 수 있기 때문에 문화수준이 필요가 없었다.

이렇듯 문화수준이 낮은 재한조선족사회는 2007년 방문취업비자 실시에 의해 음지에서 양지로 나올 수 있었고 먹고 살만한

여유가 생겨나 각종 스포츠동호회를 비롯해 전문성적인 스포츠단
체와 예술단체가 우후죽순마냥 생겨났고 따라서 종합단체들도 자
고 깨면 생겨날 정도로 많아졌다. 가장 많을 때는 60여개 단체가
있었다.

　발제자께서 재한중국동포단체의 문제점을 ▲전문성 부족 ▲지
도자 부재 ▲경제력 약소 ▲응집력 결핍으로 지적하였는데 필자는
재한조선족단체의 가장 큰 문제의 핵심은 문화의 부재라고 본다.

　재한조선족이주 역사를 1992년 한중수교를 계기로 잡아도 27
년이라는 역사가 흘렀다. 강산이 세 번 바뀔 법도 하지만 아작도
학교다운 학교가 하나도 없는 실정이다. 성인들의 사정은 어떨까?
툭 까놓고 말해서 재한조선족단체의 단체장이나 소위 단체간부라
는 임원들이 1년에 책 한 권 읽는 사람이 몇 명이나 될까? 정말
회의적이다. 83만의 재한조선족사회에 아직도 독서모임 하나 없
다는 것은 정말 부끄러운 일이다. 몇 해 전 재한동포교사협회 문
민 회장이 독서모임을 만들었는데 매번 지정 책은 한 페이지도
읽지 않고 모임에서 한다는 소리가 출입국동포정책 성토회 하다
가 마는 정말 바닥수준의 사람들이 모여 말도 안 되는 모임으로
끝나고 말았다. 그나마 그 독서모임 회원들은 조금이라도 배웠다
는 사람들인데도 그 모양이니 전반 재한조선족사회 문화수준은
알고도 남음이 있다. 사정이 이렇다보니 서울시청, 경찰청, 구청
등 각종 관공서 회의에 참석한 단체장과 간부들이 회의 주제가
뭔지도 모르고 회의 내용과 동떨어진 엉뚱한 얘기를 해서 공무원

들 눈에 재한조선족 문화수준이 바닥채로 드러내 보이고 있다. 따라서 단체들의 발전도 기대하기 어렵다.

문화수준이 지극히 낮은 줄을 모르고 자신들이 재한조선족사회를 이끌어가는 리더라는 착각 속에 빠져 큰 소리 치며 안하무인 격이다.

지금의 상황대로 앞으로 나아간다면 재한조선족사회는 정말 희망이 없다. 너무 과격한 발언이 될 수 있겠지만 한 사회를 이끌어가는 주체는 문화인들이라는 사실을 겸허하게 받아들여야 한다.

한편 재한조선족사회는 먹고 살만하니까 동창모임, 고향모임, 친구모임, 동종업종 모임, 동호회 모임 등 각종 모임이 헤아릴 수 없이 많다. 대림동이나 가리봉거리는 주말이면 발 디딜 틈 없이 붐빈다. 각종 모임 때문이다. 그런데 모임들을 살펴보면 1차 식당에서, 2차 노래방에서, 3차 양꼬치 가게가 필수 코스이고 개별적으로 끼리끼리 모여 또 4차내지 5차 간다. 어느 모임이나 거의 똑같은 판박이 패턴이다. 현재 연변이나 중국 대도시에 진출한 조선족모임은 유명 인사를 청해 강의 듣고 토론을 벌이고 나서 먹고 마시는 모임을 벌인다. 지적인 모임이다. 필자가 알고 있는 건만 해도 연길시에 매주 열리는 독서모임이 두 곳이나 있다. 지난 7월에 그 모임에 가서 강의한 적이 있다. 젊은 여성회원들에게 "모임 참석 목적이 무엇이냐?"고 물었다. "아이가 커가니 부모로서 지식이 풍부해야 훌륭하게 키울 수 있지 않을까!"라는 대답이고 "시대가 자고 깨면 변하는데 배우지 않으면 어디가나 할 말이 없어서." 또 "자신의 정신적인 소양을 충실히 하기 위해서"라는 등 참다운 삶이 태도를 읽을 수 있었다. 이에 비해 재한조선족사회는 정말 뒤떨어져도 너무 뒤떨어져 있다.

재한조선족사회 이러한 문제 해결에 있어서 어떤 방안이 필요할까?

개개인이 책을 읽고 영화보고 한국 각종 지적인 모임에 참여하는 것이 문화수준을 높이는데 있어서 하나의 해결책이 될 수 있을 것이고, 집단적으로는 놀이문화부터 개선되어야 한다고 생각한다.

동창모임과 고향모임을 비롯한 각종 모임들에서 영화보고 토론회를 갖는다든지, 유명 인사를 초청하여 강의를 듣고 토론한다든지, 이러한 지적 모임을 조직해주는 이벤트회사를 설립할 필요가 있다고 생각한다. 이 회사는 지적인 모임에 각종 놀이문화를 결부하여 상업화시킨다면 금상첨화일 것이다.

재한조선족사회 발전은 문화수준의 제고에 달렸다는 것을 재차 한 번 강조하고 싶다.

"중국은 비기기만 하여도 이긴 것이다"
- 중미무역전에 대한 관전평

성 연

1, 중미무역전쟁 어디까지 왔나?

요즘 중미 무역전쟁이 지난 한 시기의 치열한 겨룸과 담판을 거쳐 사태를 완화하면서 최종 해결을 위한 숨 고르기에 들어갔다고 할 수 있다. 무역전쟁의 주요 당사국인 미국과 중국의 정상들도 조속한 해결을 위하여 고심하고 있다. 중미가 교착상태에 빠졌던 무역협상에 다시 박차를 가하는 가운데 3월 28일 중국 베이징(北京)에서 제8차 고위급 무역협상에 나섰다.

이번 협상에 이어 다음 달 4월 3일에는 류허(劉鶴) 중국 부총리 등 중국 대표단이 워싱턴으로 건너가 협상을 이어갈 예정이어서 양측이 어느 수준까지 입장을 좁힐지 관심이 쏠리고 있다. 따라서 "2주간에 걸친 두 차례 협상은 무역전쟁을 해결하는 막판 스퍼트 단계와 같다"고 하면서 보편적으로 기대감을 나타내고 있다. 이번 두 차례 협상에 대해 세계여론은 "양측의 합의를 기대하고 있으며 양국의 협상이 결정적인 순간과 가장 험난한 순간에 다가가고 있다"고 진단했다.

중국 공산당 기관지 인민일보의 자매지 환구시보는 "대부분 사람은 중국과 미국이 협의를 달성하기를 원하고, 무역 전쟁에 대해 매우 가슴 졸이고 있다"며 "협의를 달성하지 못한 상황은 경제 정세의 심리적인 측면에 많은 영향을 끼칠 것"이라고 강조했다. 그러면서 무역전쟁의 여파가 크지만 애초에 생각했던 것보다는 중국 경제에 큰 영향을 주지는 못했다고 평가했다. "중국의 40년 간의 고속발전 경험은 천연적인 방파제를 형성했다"면서 "무역전쟁이 길어지면 중국 경제에 끼치는 영향이 점점 더 커지겠지만, 중국 사회는 이를 버텨낼 능력이 있다"고 주장했다. 아울러 "앞으로 있을 결정적인 담판이 어떤 결과를 가져올 지는 여전히 불확실하다"면서 "그러나 우리는 자신감이 있고, 중국 정부 역시 전 사회를 위해 책임감 있는 협의를 이뤄낼 것이라고 믿는다"고 덧붙였다.

실상 전 한 단계의 미중 무역전쟁이 중국에 한 일정한 피해를 주었지만 미국도 손해를 많이 본것 만은 사실이다. 절대적인 승자는 결코 없다.

3월 28일 홍콩 사우스차이나모닝포스트(SCMP)는 맥스 보커스 전 주중 미국 대사가 하이난성에서 열린 보아오포럼에 참석해 "우리는 하루가 다르게 합의에 이르고 있다"고 말했다고 보도했다. 그는 미·중 무역협상이 합의에 이르지 않고 무산되긴 힘들 것이라고 전망하면서 "협상이 빈손으로 끝나면 트럼프 재선에 부담이 커질 것이다"고 하였다. 그는 "미국과 중국 모두 시간이 흐를수록 협상에서 발을 빼기 어려워지고 있다"고 강조했다. 내년에 재선 부담이 있는 도널드 트럼프 대통령이 2차 북미정상회담처럼 '노딜(No deal) 전략'을 쓰지는 못할 것이란 이유이기도 하다.

중국도 시진핑 국가주석으로선 무역합의를 통해 전 세계에 중국의 개혁개방 의지를 드러내야 하는 상황, 그 필요성이 절실하다고 보커스 전 대사는 평가했다. 이를 미뤄보아 양측 모두 합의를 이루는데 노력을 할 것이란 얘기다. 최근 양국 협상단은 합의안을 놓고 어느 정도 의견 일치를 이룬 것으로 전해졌다. 다만 양측이 아직 관세 자동 폐지문제 등 일부 핵심 문제를 둘러싸고 이견을 보이고 있어서 무역협상 휴전이 장기화할 수 있다는 관측도 나온다.

이런 맥락에서 중국의 시진핑 주석이 최근에 5박 6일 간에 거쳐 이탈리아, 모나코, 프랑스 등 유럽 3개국을 순방하고 프랑스 대통령 마크롱, 독일 총리 메르켈, 이탈리아 총리 등과 정상회담을 갖고 중대한 성과를 이룩한 것은 특히 경하할 바이다.

앙겔라 메르켈 독일 총리가 시진핑 국가주석을 만난 자리에서 일대일로(一帶一路·육해상 실크로드)에 대한 긍정적인 의사를 피력한 것에 대하여 특히 주목할 바이다.

26일(현지시간) 메르켈 총리는 프랑스 파리에서 열린 '중·프랑스 글로벌 지배포럼 폐막식'에서 시 주석을 만나 "유럽 국가들은 여전히 중국의 일대일로에 참여하길 원한다"고 말했다. 메르켈 총리가 '여전히'라는 단어를 쓴 것은 트럼프정부가 중국의 일대일로를 정면 비판하며 불편해하고 있기 때문으로 풀이된다. 최근 미국은 중국의 일대일로가 일부 국가들을 부채의 늪에 빠뜨려 속국화하고 있다고 공세하고 있다.

메르켈 총리도 이를 의식한 듯 "일대일로에 대한 논쟁이 약간 있지만 유럽국가들에 긍정적인 역할을 기대하며 호혜적 관계가 되길 원한다"며 "일대일로 프로젝트는 상호작용의 좋은 예"라고 평가했다. 이와 함께 메르켈 총리는 다음달 베이징에서 열리는 2회 일대일로 국제협력 정상회의에 적극적으로 참석하겠다고 밝히기도 했다.

다만 그는 협상 시간이 6월을 넘기면 '신뢰의 적자'가 발생하며 난항을 빚을 수 있을 것이라고 우려했다. 협상 시간까지 길어지면 신뢰가 더욱 무너질 것이다 거란 게 여론의 보편적인 주장이다.

2, 승자도 패자도 없는 사상 가장 치렬한 무역분쟁

무역전쟁이 터진 2018년 중국 무역은 수출과 수입 모두 큰 폭 감소세를 보였다. 이 결과 중국 GDP 성장률은 28년래 최저치인 6.6%로 뚝 떨어졌다. 경기 부양 수단도 별로 없는 상황에서 무역전쟁의 영향이 본격화하면 2019년 성장률 6%대 사수가 힘겨울

수 있다는 걱정이 이젠 중국 내부에서도 나오는 상황이다. 상황이
여기에 이르자 시진핑 주석까지 직접 나서서 '검은 백조(블랙스
완)'와 '회색 코뿔소'의 위험을 철저히 예방하라고 강조했다. 시
주석이 언급한 검은 백조는 위안화 급락에 따른 외자 이탈과 이
로 인한 전면적인 금융위기다. 중국 경제의 회색 코뿔소는 부동산
거품 붕락과 지방 부채 및 디폴트 리스크 등이다.

이런 가운데 중국 상무부 국제무역경제협력 연구원의 메이신위
(梅新育) 연구원은 인민일보 해외계정 SNS 샤커다오(侠客島)에
'미중 무역전쟁이 어디로 가고 있는지'에 대한 진단 보고서를 게
재했다. 샤커다오는 당 기관지 인민일보의 해외용 선전 도구이
고, 또 메이신위는 신분상 중국 정부 입장을 공식 대변하는 전문
가라는 점에 비춰볼 때 이 보고서는 무역전쟁에 대한 중국의 공
식적인 입장과 마찬가지라는 점에서 주목을 끈다.

보고서에는 이번 중미 간 무역전쟁의 배경과 의미, 양국에 끼
칠 영향, 예상되는 무역전쟁 승패의 균형점, 향후 중국의 응대 전
략 등에 대한 내용이 상세히 기술돼 있다.

주요 내용을 발췌해 소개한다.

우선 중미 무역전쟁은 중국이 명실상부한 세계적 대국으로 굴
기하는 필연적 과정이라는 것이다. 이 와중에 오늘날 지구촌에서
유일한 패권국인 미국과 비약적으로 부상하고 있는 신흥대국 중

국간의 마찰과 충돌은 불가피한 면이 있다. 동시에 이런 충돌은 결코 일과성으로 마무리되는 것이 아니라 시기와 상황에 따라서 수시로 반복된다는 것이다. 지구촌의 1인지와 2인자 이 두 강대국은 싸우면서 대화하고 대화하면서 전쟁하는 과정으로 될 것이라고 전문가들은 전망한다.

2018년 무역전쟁이 터졌을 때 중국 인터넷에는 전쟁의 발단이 '중국이 성급히 도광양회(韜光養晦, 자신을 드러내지 않고 때를 기다리며 실력을 기른다)를 포기하고 미국을 적으로 돌린 데서 비롯됐다'는 얘기가 나돌았다. 이런 관점은 중미 두 나라 관계 발전 역사에 대한 이해 부족 때문이다. 이미 미국은 10여 년 전 '국가안전 전략 보고서'에서 중국을 '전략적 경쟁상대'로 규정했다. 중국에 대한 압박이 이번 트럼프 정부에서 시작된 게 아니라는 얘기다.

트럼프 정부 출범 이후 시진핑 주석은 우호적 분위기에서 미국을 방문했고 트럼프 대통령은 중국을 방문해 중국이 제시한 선물 2,500억 달러의 경제협력 협약에도 서명했다. 2018년 트럼프 대통령이 3월 22일 대중 선전포고를 하기 전 시진핑 주석은 양회 전야임에도 자신의 책사로 알려진 류허 부총리를 미국에 보내 중미 관계 발전을 호소했다.

미중 무역전쟁은 본질상 세계 유일 패권국 미국과 막 부상하는 신흥 대국 중국 사이의 충돌이다. 무역전쟁은 패권국인 미국이 중국의 전략적 발전을 억제하려는 데서 발생하는 필연적 과정이다.

중국이 도광양회의 입장을 계속 견지한다고 피할 수 있는 게 아니다.

중미 무역전쟁은 일과성 사건으로 끝나는 게 아니라 오랫동안 거치고 지나가야 할 단계라고 볼 수 있다. 이번 무역전은 (수교 40년의) 중미관계가 새로운 단계에 진입했음을 상징한다. 중국은 트럼프행정부가 2017년 '국가안전 전략 보고서'에서 강조한 '경제안전은 국가안전이다'는 관점을 똑똑히 기억해야 한다. 때문에 중국도 미국과 무역전쟁을 치르는 과정에서 '대화하며 싸우고, 싸움 중에 대화를 추구'하며 지구전을 준비해야 한다. 중국에 있어 미국의 무역 압력은 경제발전의 부산물이라고 할 수 있다. 1978년 개혁개방 이래 중국은 다양한 형태의 무역갈등과 압력을 받으며 세계 수출 1위국, 2대 수입국의 지위를 갖게 됐다.

오늘날 갈수록 치렬해지고 있는 중미무역전에서 중국은 투쟁으로 공존 모색하는 전략을 구사하고 있는 바 최후의 승자는 중국일 것이라는 시각도 적지 않다. 전문가들은 미중 이 두 개 강대국의 현실정으로 볼 때 미국은 속전속결하는 것이 기본전략으로서 시간을 끌수록 불리할 것이다 라고 진단한다. 하지만 중국은 총체적으로 장기전 지구전 각오하면서 수년전부터 이미 준비된 상태에서도 지금은 최악의 상황에 대해서도 대비하고 있다. 그래서 그 결과는 중국이 비기기만 해도 이기는 전쟁이라고 보고 있다. 물론 그 대가는 참 중할 것이다 라고 전망한다.

상기하다시피 중국 국내 및 국제 정세로 볼 때 이번 무역전은 벌써부터 예견된 것이라고 볼 수 있다. 엎드려 있던 중국은 이미 꼿꼿이 일어섰고, 부자가 됐다. 중국은 여기에 머물지 않고 강해지려 하고 있는데, 무역전은 중국의 이런 변화에 하나의 상징적인 사건이라고 할 수 있다. 미국은 자국 일방에게 유리한 국제 경제 정치 규칙을 만들려는 야심을 보이고 있다. 미국의 종합 국력은 세계에서 따라올 나라가 없다. 하지만 중국은 그렇지 못하다. 공산당 19대 보고에서 언급했듯 중국은 여전히 또 앞으로도 장시간 (생산력이 충분히 발전하지 못한) '사회주의 초급단계'를 밟을 것이다. 따라서 중국은 무역전에서 총체전과 지구전의 각오를 가다듬어야 한다. 또한 극단적인 상황에도 대비해 언제나 주어진 상황에서 최상의 성과를 쟁취해야 한다.

결과적으로 중국의 지속발전이 중단만 안되면 중국의 성장 속도는 여전히 미국 등 서방 주요 대국들보다 빠르고 중국이 국제 경제체제에서 차지하는 비중도 지속적으로 확대될 것이다. 중국의 산업은 계속 업그레이드되고, 중국은 미국이 일으킨 이번 무역전쟁을 격파한다는 목표를 능히 실현할 수 있을 것이다. 이번 무역전쟁의 승패를 평가 판정하는데 있어 과정 중의 사소한 이해득실에 연연해할 필요가 없다. 글로벌 경제체제에 있어서의 중국 지위가 미국과 이번 무역전쟁을 치르고 난 뒤에 몰라보게 달라질 것이라는 사실만 주목하면 된다.

미국은 무역전쟁이 발발한 이후 지금까지 줄곧 주도권을 잡은 듯 기세등등하게 중국을 압박해 왔다. 하지만 모든 일에는 양면성이 있게 마련이다. 트럼프 대통령이 큰 소리로 중국의 기세를 제압하려 하지만 이는 자신을 곤경으로 몰아가는 것일 수 있다. 이번 무역전쟁에 있어 중국은 지지 않고, 최소한 비기기만 해도 이기는 것이지만, 미국은 이기지 못하면 지는 것이다.

3. 윈윈하면서 공평 대등한 것만이 유일한 출로

왕치산 중국 국가부주석은 지난 1월 23일(현지시간) 다보스포럼에 참석해 "중국과 미국의 경제는 상호 불가결한 상태"라며 양국 경제협력의 중요성을 강조했다고 CNBC 등이 보도했다. "중국과 미국의 경제는 상호 불가결한 상태"라며 양국 경제협력의 중요성을 강조한 것으로 풀이된다. 지금 상황은 미국과 중국이 치열한 무역전쟁 끝에 무역협상에 돌입한 것이다.

왕치산 부주석은 "(중국과 미국은) 어느 한 쪽도 다른 한 쪽이 없어선 안 된다. 이것은 현실"이라며 "결론은 (중국과 미국 사이에) 상호 이익이 있어야 하며, (양국 관계가) 윈윈해야 한다는 것"이라고 했다. 왕 부주석은 그러면서도 도널드 트럼프 미국 대통령의 '미국 우선주의(America-first)'를 거론, "많은 나라들이 정책을 만들 때 내부(사정)를 바라본다"고 우회 비판하기도 했다. 그는 "국제무역 및 투자에 대한 장벽이 늘고 있다. 일방주의와 보호주의, 포퓰리즘이 전 세계로 퍼져나가고 있다"며 "이 모든 것들은 국제 질서에 심각하게 도전하고 있다"고 했다. 그는 "우리가 해야 할 일은 파이를 키우면서 이를 보다 공평하게 나누는 방법을 찾는 것"이라며 "파이를 만드는 것을 중단하고 어떻게 나눌지 헛된 토론을 하는 데 사로잡히는 것은 우리가 가장 마지막에 해야 할 일"이라고 했다.

왕 부주석은 아울러 최근 커지고 있는 중국 경제성장 둔화 우려에 대해서는 "(경제성장률이) 전혀 낮지 않다"고 했다. 앞서 중국 국가통계국은 지난 21일 중국의 2018년 경제성장률을 6.6%로 발표한 바 있다. 왕 부주석은 "명확한 것은 중국의 성장이 계속되고 지속 가능하다는 것"이라고 했다. 그는 "어떤 이들은 중국이 성장의 막바지에 다가가고 있거나 이미 도달했다고 말한다"며 "만약 우리에게 (중국의 경제에 대해) 묻는다면, 우리는 아직 끝에 도달하지 않았다고 믿는다"고 했다. 그는 "우리는 보다 지속 가능한 성장을 추구한다"고 강조했다.

한편 아베 신조 일본 총리도 이날 국제무역 신뢰를 재건해야 한다며 미중 무역갈등 해소를 촉구했다.

지금까지 중미 양국 여론에서 자국이 "너무 많이 양보할 것"이라는 우려가 제기돼 온 것은 이해할 만하다. 그러나 중미 같은 무역대국은 압력과 저항에 맞닥뜨렸다고 쉽게 양보하지 않는다. 1년 가까이 계속된 무역전은 양국의 최대한의 결의와 의지를 보여주는 것이었는데, 무역전쟁을 종식시킬 수 있는 유일한 원칙은 공평 대등한 무역을 극대화하는 상호타협 뿐이다. 중국사회로 말하자면, 우리는 스스로와 중미 협상의 기본 형세를 이해하면서, 더 나아가 큰 배경 속에서 중미가 아마도 도달하게 될 무역 합의에 대해 인식하는 것이 필요하다.

미국은 지난해 전 세계적 무역전쟁을 일으킨 이래 대외적으로 몇 가지 압박 방향을 부각시켰으며, 그 중에서도 중국에 대해 가장 강하게 압력을 가하였다. 그리고 이를 이겨내려는 중국의 반격 역시도 가장 강했다. 미국 측 핵심부는 중국의 보복이 이처럼 단호하고 후속 반격능력이 이처럼 강하리라고는 미처 생각치 못했을 것이다. 중국경제는 비록 손실이 있었지만 통제 불능의 조짐은 전혀 보이지 않았다. 중국이 지난해 미국의 무역전쟁에 주눅 들지 않고 함께 따라가는 능력을 보여준 것은 양측 협상심리에서 중요한 저울추 중 하나였다.

무역전쟁이 시작되고부터 오늘까지 1년반이 넘었다. 미국의 다음 대선 시기가 가까워지고 있으며, 미국 경제성장의 예상되는 주기적 전환점도 다가오고 있다. 이 때문에 워싱턴이 어떤 주저함도 없이 대외압박을 가할 수 있는 시간대는 급속히 좁아지고 있는 중이다. 이러한 변화도 중미가 대등한 협상을 벌이는데 유리하게 작용하였다.

결론적으로, 만약 중미가 최종 합의를 이룬다면 그것은 중국이 미국과의 협상을 통해 이루어낸 것일 뿐만 아니라, 우리가 미국 측의 압박에 단호히 대처하고 세계 최대 규모의 반격 조치를 전개함과 함께 중국시장의 흡인력을 방출하는 것들을 종합함으로써 만들어 낸 것이다.

중미 간에 협상하고 싸운 지난 1년 동안, 중국은 미국을 향해 공정하고 대등한 방식으로 무역전을 종결짓기를 요구하고, 또 협상은 양측의 관심사를 배려하는 것이 되어야 하며 서로 타협하는 과정이길 요구한 그런 최대한의 능력을 보여준 국가였다. 중국의 이런 능력은 많은 중소 경제체가 지니지 못한 것이라 할 수 있다.

상술한 중미 무역협상의 큰 배경을 이성적으로 고찰한다면, 앞으로 양측이 도달할 합의에 대해서도 기본적인 예측이 가능하다. 그리하면 일부 미국 급진 인사들이 트럼프 행정부에 "많이 양보했다"고 비난하거나, 중국의 일부 급진 인사들이 우리 측이 "항복했다"고 비난하는 그런 소리에 미혹되거나 주요한 사실을 벗어난 인식이 생겨날 수는 없을 것이다.

4. 중미무역전쟁이 한국에 대한 영향

중미무역전쟁과 그 여파로 동북아 특히 한국과 일본의 간접적 혹은 직접적 손해도 적지 않다.

세계 초강대국 미국과 중국이 1년여간 끌어온 무역전쟁이 타결 조짐을 보이고 있는 이 시점에서 직접적피해국의 하나로서 한국도 적극적인 대비책이 절실한 사안이 아닐 수 없다.

앞서 미국은 지난해 7월부터 500억 달러 규모의 중국 제품에 25%, 같은 해 9월에 2,000억 달러 규모의 중국산 제품에 10%의 추가 관세를 부과했다. 이에 맞서 중국은 1,100억 달러 규모의 미국 제품에 보복관세를 매기며 평행선을 그었다. 하지만 그 어느 때보다 미국과 중국 간 무역협상 타결 기대감이 높아진 지금, 미중 무역분쟁 타결 시 한국 경제에 미치는 영향이 주목받고 있다.

우선, 미중 무역분쟁이 한국경제에 미친 영향부터 파악하는 것이 최우선 과제로 보아진다. 한국 경제의 근간은 단연 '수출'이다. 한국의 GDP 대비 무역의존도는 68.8%로 매우 높다. 이중 대(對)중국 무역의존도는 절대적이다. 지난해 5월 기준 한국의 수출 현황을 보면 중국이 26.5%로 압도적인 1위다. 여기에 7.6%의 홍콩까지 더하면 중국 의존도는 34.1%에 달한다. 2위 수출 대상국가인 미국의 11.4%보다 무려 3배 이상 많다. 특히 무역전쟁이 고조된 지난해 대중국 수출 증가율은 크게 높아졌다.

타방으로 한국은 철강이나 자동차 부품 등 완성품 생산에 필요한 부품이나 반제품(중간재)을 중국에 수출하는 경우가 많다. 중국은 한국에서 중간재를 수입한 뒤 완제품을 만들어 미국에 수출한다. 하지만 미중 무역분쟁으로 중국의 대 미국 수출길이 좁아진 상태다. 중국 경제에 악재다.

최근에 한국 현대경제연구원에 따르면 중국 경제성장률이 1% 떨어지면 한국 수출 증가율은 1.6%, 한국 경제성장률은 0.5% 하락할 요인이 생긴다. 미중 무역전쟁으로 한국경제가 직접적인 피해를 보는 것이다. 상기한 상황에서 미중 무역분쟁이 타결될 경우 합의안의 골자는 중국이 대미 무역흑자 폭을 30% 이상 대폭 줄이고 미국산 자동차와 반도체, 항공기 및 농산물 수입을 확대하며 기술유출 문제와 지식재산권 보호 강화에 합의하는 수준이 될 것으로 보인다. 이럴 경우 중국의 시장개방은 확대될 것으로 예상된다.

상기한 상황에서 미중 무역분쟁이 타결될 경우 합의안의 골자는 중국이 대미 무역흑자 폭을 30% 이상 대폭 줄이고 미국산 자동차와 반도체, 항공기 및 농산물 수입을 확대하며 기술유출 문제와 지식재산권 보호 강화에 합의하는 수준이 될 것으로 보인다. 이럴 경우 중국의 시장개방은 확대될 것으로 예상된다.

한중기업연구소 강준 소장은 다음과 같이 주장한다.

우선 "한국은 오랫동안 경중안미(經中安美, 경제는 중국, 안보는 미국)정책을 유지하고 있다. 중국은 한국경제에 가장 큰 영향을 미치는 전략적 파트너인 반면, 미국은 한국의 안보(비핵화)에 중대한 영향력을 행사하는 동맹국이기 때문이다"고 강조하고 있다. 그런데 무역전쟁으로 둘 사이에 심각한 균열이 발생했다. 이로 인한 우리(혹은 기업)의 손실을 완전히 회피할 수는 없겠지만, 이를 최소화하거나 혹은 전화위복의 기회로 삼을 수 있는 방안은 없는지 분석해 본다.

둘째, 미중 무역전쟁을 사드사태로 인해 고조된 중국인들의 반한감정을 해소할 반전의 기회로 활용해야 한다. 중국이 미국과의 벅찬 싸움에 힘겨워하고 있을 때 한국은 정관계, 문화계, 학계 등 다양한 채널을 통해 중국과의 교류를 강화해야 한다.

셋째, 기업들은 미중 무역전쟁의 장기화에 대비한 버티기(Survival) 경영전략을 수립해야 한다. 한국이 생산한 중간재를 중국이 조립하고 미국이 소비하는 3국간 무역구조를 감안해 볼 때 미중 무역전쟁의 장기화는 우리 기업에겐 큰 악재이다. 한국의 대중국 수출액은 총 수출액의 30% 이상(홍콩 포함)이다. 미중 무역전쟁이 본격화되는 내년부터 한국의 대중수출에 상당한 타격이 불가피할 것이다. 단기간에 이를 해결한 돌파구를 수립하는 것은 현실적으로 매우 어려운 만큼 한국 기업들은 경영악화에 대비한 긴축경영에 돌입해야 한다.

* 본문은 2019년 7월 동북아신문 인터넷판에 게재된 기고문입니다.

PART Ⅳ

부록

중미경제무역백서에 언급된 내용 무엇일가?

김 견 편역

국무원 뉴스사무실에서 발포한 ≪중미경제무역협상에 관한 중국의 입장≫백서, 이는 2018년 9월에 이은 두 번째 백서로 보다 상세하고 다양한 내용들이 언급되어 있다. 그럼 우리 함께 중미경제무역전쟁에 관한 새로운 소식들을 알아보도록 하자.

一、 중미무역전쟁백서 주요내용

원문이 8300자 정도 분량으로 된 해당 백서에서는 주로 중미경제무역 마찰이 일어나게 된 자초지종과 양국 간 경제무역 협상의 기본상황을 체계적으로 정리, 소개했으며 중미경제무역 협상에서의 중국정부의 원칙과 입장을 표명하였다.

1. 백서에서는 먼저 중미경제무역 관계의 중요성을 강조하였고, 2017년 새로운 트럼프 정권이 들어선 이래 주요 무역동반자들과 빈번히 마찰을 일으킨 사건들을 언급하고 있다.

2. 백서에서는 미국 측에서 관세를 추가징수하는 등 상대에게 피해를 줄 뿐만 아니라 자기한테도 득 될 것 없는 방법으로 쌍방의 무역투자합작을 방해하고 양국 간, 지어 세계시장과 경제의 온건한 운영 발전에 영향을 끼친다고 지적하고 있다.

3. 백서에서는 또 중국의 대미수출액이 하강세를 보이기 시작해 2019년 1월부터 4월 사이에는 동기대비 9.7% 하락, 연 5개월간 하강세를 유지했고, 그와 동시에 미국의 대중수출액도 연속 8개월간 하강세를 기록하였다고 밝히고 있다.

4. 결론적으로 백서에서는 중미무역마찰로 인한 심각한 결과는 미국 기업들의 생산원가와 국내 물가 인상은 물론, 미국의 경제성장과 민생, 그리고 대외수출에도 지대한 영향을 끼칠 것이라고 지적했다.

二、 세 번씩 번복된 미국의 입장표명

백서에서 가장 주목할 만한 대목은 뭐니 뭐니 해도 협상 과정에서 미국정부가 세 번씩이나 자기 주장을 번복한 전반 과정을 상세하게 기술한 것이라 하겠다.

1、2018년 연초, 중국과 미국은 선후로 수차에 거쳐 고위급 경제무역협상을 개최하여 중요한 발전을 가져왔다. 하지만 몇 참 못 가 미국정부에서 뜬금없이 소위 "301조사"라는 요구 조건을 중국에 제시하면서 "지적소유권 절취"니, "강제적 기술양도"니 하며 터무니없이 트집 잡고 늘어지는가 싶더니 이를 핑계로 중국에서 수입되는 500억 달러 상당의 제품들에 25%의 관세를 징수할 것이라고 표명하였다.

2、2018년5월19일, 중국과 미국은 "쌍방은 무역전쟁을 치르지 않을 것"이라는 공통된 인식으로 연합성명까지 발표하였다. 이에 따라 미국에서는 중국을 상대로 한 관세 징수계획을 잠정 중단한다고 공포했다. 그런데 불과 열흘 만에 미국정부에서는 또 이 결정을 뒤집고 계속해서 관세를 추가 징수한다고 번복했다.

3、이 같은 번복 사례는 2019년에 와서도 계속되었다. 지난 5월 10일부터 2000억 달러 상당의 중국 대미수출제품의 관세 징수세율을 10%에서 25%로 인상하였고, 5월 13일부터는 나머지 3000억 달러 상당의 대미수출제품들에 한해서도 관세추가징수 절차를 가동할 것이라고 선포했다.

三、성사되기 어려운 담판

백서 마지막 부분에서는 중미양국에 상호이익이 되는 협의가 이루어져야, 말하자면 중미양국의 이익에 부합될 뿐만 아니라 세계각국의 기대에 순응하는 결과를 가져와야 할 것이라고 강조하고 있다. 그러자면 미국은 중국과 어깨 나란히 경제무역에서의 분기점을 잘 관제하고, 경제무역협력을 공고히 하는 데 진력해야 할 것이며 보다 조화롭고 협조적이고 온건한 중미관계를 구축함으로써 양국과 세계인류의 복지에 기여해야 할 것이다.

2018년 미중무역전쟁 일지

미국		중국

3月

미국

3월 8일
3월 23일부터 수입 철가 및 알루미늄 등에 25%, `0% 관세부과 결정

3월 22일
트럼프, 중국산 600억 달러어치에 대한 관세 부과 결정

4월 4일
301조 조사 관세 부과 목록 발표, 대상 업종 항공, 정보통신, 로봇 등으로 규모 500억 달러 상당

4월 6일
트럼프 대통령, 중국산 제품에 대한 1000억 달러 추가관세 부과 고려

4월 16일
상무부, ZTE에 향후 7년간 미국기업과 거래할 수 없도록 제재 단행

중국

3월 23일
30억 달러 규모 미국산 과일, 돼지고기에 각각 15%, 25% 관세 부과할 것, 4월 2일 발효예고

4月

4월 2일
돼지고기와 과일 등 미국산 수입품 128개 품목 고율관세 부과

4월 4일
500억 달러 규모 미국산 대두, 자동차, 화학, 공업제품, 비행기 등에 25% 동등 규모 관세 부과 계획, 발효 시점은 미국측 조치 이후 결정

4월 6일
미국 관세부과에 맞서 동등 규모의 보복 대응 예고

4월 11일
시진핑 주석, 보아오포럼에서 대외개방 확대 천명,

4월 17일
상무부 "중국 기업 권익 보호를 위해 언제든 필요한 조치 취할 것",

4월 18일
미국산 수수에 대해 반덤핑 예비판정

미국		중국
5월 15~19일 제 2차 미중 고위급 무역협상	**5月**	**5월 3~4일** 제 1차 미중 고위급 무역협상
6월 15일 백악관 500억 달러 규모의 중국산 수입품에 25% 고율관세 부가 결정, 이 중 340억 달러 상당 제품에 대해서는 7월 6일부터 발효	**6月**	**6월 2~3일** 제3차 미중 고위급 무역협상
6월 19일 트럼프 미국 대통령, 400억 달러 중국산 제품에 추가 관세 고려,		**6월 15일** 500억 달러 상당 미국산 수입품 25% 관세부과 발표. 이 중 340억 달러 규모 제품에 대해서는 7월 6일부터 발효
		6월 19일 상무부, "미국 관세 부과에 모든 수단 동원해 반격할 것"
		6월 26일 일부 아시아 국가 수입품에 대한 관세 인하 결정
		6월 29일 신(新) 외국인투자 네거티브 리스트 발표(2017년 63개에서 48개로 감소), 제조업 분야 전면 개방확대하고 2021년부터 금융분야 외자 지분 규제 철폐 예고
7월 2일 중국계 최대 이동통신사 차이나모바일 미국 시장 진출 불허	**7月**	**7월 1일** 25%였던 수입자동차 관세를 15%로 인하
7월 6일 340억 달러 규모 중국산 제품에 25% 관세 부과		**7월 3일** 중국 법원, 중국 내 마이크론 판매금지 예비발령
7월 10일 2000억 달러 규모의 중국 수입품에 추가 관세부과 계획 발표		**7월 6일** 340억 달러 미국산 수입품에 동등 규모의 관세 부과 시행

미국		중국
	7月	**7월 16일** 2000억 달러 추가관세 관련 WTO에 미국 제소
8월 1일 기존 10%인 대 중국산 수입품 관세율 25%로 상황	8月	**8월 3일** 600억 달러 규모 미국산 수입품에 5~25% 관세 부과 발표
8월 7일 미국무역대표부(USTR), 160억 달러 규모 중국산 수입품 추가 관세 부과 발표		**8월 7일** 미국과 동일한 규모로 미국산 수입품에 보복관세 부과 **8월 22~23일** 미중 4차 무역협상 개최
9월 17일 2000억 달러 규모 중국산 수입품에 관세 부과 결정(9월 24일부터 연말까지 10%, 2019년부터 25%)	9月	**9월** 중국과 미국이 상대국 제품에 600억 달러어치 보복관세 부과 **9월24일** 중국 국무원 '중·미 경제무역 마찰 실상과 중국의 입장에 관한 백서'발간 발표
10월 트럼프 대통령, 중국이 구체적인 양보 명단을 제시하지 않거나 미국 측의 관세 조치에 보복할 경우, 2,670억 달러 규모의 추가 관세를 부과하겠다며 경고(사실상 중국의 대미 수출액 5,056억 달러 전체에 관세를 부과하겠다는 의미)	10月	**10월** 미국산 원유 수입 중단 발표
	11月	
12월1일 아르헨티나 G20에서 미중 정상 '90일 무역전쟁 휴전' 합의	12月	**12월 18일** 중국, 개혁개방 40주년 맞아 "패권 추구 하지 않겠다" 대미 화해 메시지 보냄.

2019년 미중무역전쟁 일지

미국		중국
1월 중국 통신기업 화웨이 제재안 발표	1月	**1월 7~9일** 제10차 미중 차관급 무역협상 (1월 7일~10일 간 시진핑 주석, 북한 김정은 위원장 방중 정상회담
1월 28일 미국 사법 중국 화웨이와 멍완저우 부회장 기소 결정		
1월 30~31일 제5차 미중 고위급 무역협상		
2월 19~20일 제11차 미중 차관급 고위급 무역협 상	2月	**2월 11일** 제5차 미중 차관급 무역협상
		2월 14~15일 제8차 미중 고위급 무역협상
	3月	**3월 5일** 리커창 중국 총리, 6.0~6.5% 성장률 목표치 제시
		3월 28~29일 제9차 미중 고위급 무역협상
4월 3~5일 제10차 미중 고위급 무역협상	4月	
5월 9~10일 제11차 미중 고위급 무역협상	5月	**5월** 600억달러 규모 미국산에 5~25% 관 세 발표
5월 10일 2,000억달러 중국산에 대한 관세율 10%에서 25%로 인상		

미국		중국
6월 미국 비자 신청 중국인 지난 5년간 사용한 사회관계망서비스(SNS) 활동 기록 조사 등 유학 장벽 높이는 조치	6月	**6월 2일** '중미무역협상에 관한 중국의 입장'이라는 백서 발표
6월 10일 트럼프 대통령, 오는 28~29일 일본 오사카 G20 정상회의에서 시진핑 주석과 합의가 이루어지지 않으면 6,000억 달러(의 중국산 제품)에 대한 25% 관세 부과 예고		**6월 3일** 중국 교육부, 미국 유학 비자 발급 등에 주의하라는 내용의 '2019년 제1호 유학 경계령' 발효 **6월 5~7일** 시진핑 주석, 러시아 국빈방문 **6월 20일** 시진핑 주석 북한 방문
	7月	**7월 30~31일** 제12차 미중 고위급 무역협상
8월 1일 트럼프, 9월부터 중국산 3,000억달러에 10% 관세 발표 **8월** 중국을 환율조작국으로 지정	8月	**8월 5일** 국유기업의 미국산 농산물 수입 중단 시사 위안화 가치 달러당 7위안대 추락, 11년 만에 최저
9월 1일 3,000억달러어치 중국산 수입품 중 일부 품목에 대해 기존 10%에서 15%로 관세인상(나머지 품목은 12월 15일부터 15% 관세 부과 예정) **9월 19~20일** 제12차 미중 차관급 무역협상 (10월 초 제13차 미중 고위급 무역협상 예정)	9月	**9월 1일** 미국산 5천78개 품목, 750억 달러어치의 상품에 대해 각각 10%와 5% 관세 추징(오는 12월 15일에도 미국과 동등한 관세 부과)

편집 후기

『문명충돌과 미중 무역전쟁』
책 편집을 마무리하며

지금의 미국과 중국 간의 무역전쟁은 피할 수 없는 현상임을 확신하게 된다. 왜냐하면 쉽게 멈출 수 없는 본격적인 궤도에 올라서 있기 때문이다. 어떤 방식으로 종결될 것이냐는 현재로서는 가늠하기 어렵다. 혹자는 그래도 미국이 확실한 우의를 차지하고 있다며 미국의 승리를 주장하고 혹자는 15억 인구를 갖고 있는 중국을 무시할 수 없다며 장기전이 될 것임을 주장한다.

이번 무역전쟁에서 미국과 중국의 입장은 선명한 차이가 있다. 중국은 미국과의 상생을 주창하면서 버티기만 해도 이긴다는 생각으로 중국식 장기전을 구사하고 있다. 한편, 미국 트럼프 대통령은 2020년 대선을 앞두고 빠른 결과를 내고자 한다. 결론적으로 말해 이 책을 읽는 독자들은 이런 물음에 대한 해답을 얻고자 할지도 모른다고 생각했다.

미국과 중국은 지금까지 어떤 관계를 맺어왔는가? 미국과 중국이 패권을 놓고 경쟁을 한다고 하는데, 과연 중국이 미국을 맞상대할 수 있을 정도로 성장했는가? 결국 어느 쪽이 이긴다고 생각하는가? 그렇다면 한국은 어느 편에 서야 하나? 중국 시진핑 주석의 '일대일로(一帶一路)'와 미국 트럼프 대통령의 '미국 우선주의(America First)'는 무엇을 추구하며 여기에 맞서 우리는 어떻게 나가야 하나? 등 다양한 물음들이 있을 것이다.

어느 하나 쉬운 답을 찾을 수 없다. 하지만 이런 상상은 갖게 될 것이다. 미국과 중국 중 어느 쪽이 더 이길 확률이 높냐에 따라 세계질서의 향방은 달라질 것이라는 상상이다.

이번 책은 2019년 7월 19일 개최된 "중미무역전쟁이 한중 경제관계에 미치는 영향과 대응방안 모색"이라는 학술토론회가 기초가 되어 발간에 이르렀다.

19일 학술토론회는 무역, 금융, ICT 크게 세 가지 분야로 나누어 한국과 중국을 주 배경으로 활동해온 한중관계 전문가들의 논문 발표와 토론이 있었다. 논문과 토론 발표자들에게 내용을 보강해 줄 것을 요청하고 이 번 책에 전문을 수록했다.

또한 앞서 미국과 중국의 대외외교 정책 흐름을 정리해 수록하였고, 미중 무역전쟁을 키워드로 검색한 언론보도 내용을 분석해 년도별 일자별로 정리함으로써 그동안의 전개과정을 쉽게 파악해 볼 수 있도록 했다. 특히 미국 트럼프 대통령 집권 이후 2018년과 2019년 9월말 현재까지의 미중 무역전쟁 전개과정을 정리하고 중국의 대응정책도 비교해 볼 수 있도록 도표로 정리해 부록으로 게재했다.

이번 책 제목을 '문명충돌과 미중 무역전쟁'으로 정했다. 미국과 중국의 패권전쟁으로 비치는 무역전쟁은 단지 경제 주도권 싸움만

이 아니라는 것은 독자들도 알고 있을 것으로 본다. 미국과 중국은 세계 문명의 중요한 축이다. 세계를 지배해온 문명도 서서히 이동해 왔음을 과거 역사가 말해준다. 그런 측면에서 본다면 미국과 중국의 무역전쟁은 문명사의 흐름에 중요한 전환점이 될 것으로 전문가들은 내다보고 있다. 미중간 주도권 경쟁을 두고 동서양의 '문명충돌'이라 예견한 책들도 1990년대부터 출간되어 관심을 모았다.

우리는 다양한 측면에서 이번 미중 무역전쟁을 바라보고 분석하고 이해하고자 하는 노력이 있어야 하고, 현실을 바로 직시하고 미래를 예측할 수 있는 예지력도 필요한 때라고 본다. 그런 측면에서 이번 책이 지니는 가치는 어느 일방의 목소리만 담지 않았다는 점과 한중관계를 중시한 학자들과 지식인의 입장에서 바라본 미중 무역전쟁과 한국이 나아갈 방향을 고민해 보았다는 점에서 주목해 볼만하다고 판단된다.

1992년 한중수교 이후 한국의 경제는 중국과 뗄래야 뗄 수 없는 관계를 이루며 성장해 왔다. 그런 가운데 한국과 중국 간에는 상품뿐만 아니라 인적교류도 부쩍 늘어, 재한 중국인 100만명에 이르고 재한 중국인 유학생 수도 8만명 가까이에 이른다. 재중한국인도 60만명이 넘고 중국으로 유학간 한국인도 한국에 온 중국인 유학생 수에 거의 비등할 정도로 몇 만명에 이르고 있다.

한국 외교부가 발표한 재외동포 현황을 보면. 전 세계 750만 재외동포 인구 중 중국 거주 재외동포 인구는 약 250만명, 미국 거주 재외동포 인구도 약 250만명에 이른다. 중국과 미국에 거의 비슷한 규모로, 그리고 상당수의 재외동포가 거주하고 있다는 것을 우리는 알 수 있다.

재외동포라는 개념은 외국 국적 동포와 재외국민을 통합해 사용하는 용어로, 보통 외국국적 동포가 전체 64%를 차지하고 재외국민 수는 36%를 차지한다고 한다. 따라서 중국에 거주하는 재외동포 인구에는 중국동포인 조선족(약 190만명)을 포함해 한국국적을 갖고 있는 재중한국인을 합친 수라 보면 될 것이다.

중국에 거주하는 재외동포는 미국에 거주하는 재외동포와 다른 점이 있다.

중국 거주 재외동포는 1948년 대한민국 정부 수립 이후 일제시대에 만주로 이주한 한인 후손이 190만명에 이르고, 이들은 중화인민공화국 수립 전부터 중국 땅에 거주해 와 태어날 때부터 중국식 교육을 받고 오늘날 조선족 공동체를 이루며 살아왔다. 이주민 신분이 아니라 중국 공민 일원으로 살아온 것이다. 그러다 1992년 한중수교 이후 한국과 중국을 자주 오가며 다방면의 한중 교류사업을 통해 경제적으로 성장한 그룹이라 할 수 있다.

미국 거주 재외동포는 미국이 세계 패권국으로 성장 이후 '아메리카 드림'을 쫓아 7, 80년대 이민을 간 세대들이 주축이 되었으며 미국사회에서 경제적으로 성장해 정착해 살고 있는 재외동포와 유학을 통해 미국으로 진출한 지식인 그룹이라 할 수 있다.

중국과 미국에 거주하는 재외동포 인구와 특징에 대해 언급한 이유는 우리는 미국과 중국 현지에 살고 있거나 네트워크를 이루고 있는 재외동포를 통해 미중 무역전쟁 과정에서 일어나는 현상을 현장 중심으로 시시각각 파악해 볼 수 있는 인적 네트워크 환경을 갖추고 있다는 점을 강조하고 싶어서 이다. 또한 한국이 앞으로 나아갈 방향에 대한 재외동포들의 조언을 귀담아 들어볼 필요가 있다고 생각되었기 때문이다.

이번 책을 편집 정리하는데 책임을 맡게 된 필자는 21세기 세계화 정보화 시대에 재외동포를 중요한 자원으로 봐야 한다고 판단했다. 특히 한국사회에서는 미지의 세계나 다름없었던 중국 조선족에 대한 바른 이해가 필요하고, 한중관계와 남북관계가 중요해지는 만큼 중국동포의 역할이 중요하다고 생각했다. 따라서 2000년초부터 필자는 서울 구로구에서 국내 체류 중국동포를 중심으로 동포 신문을 만들며 활동을 해오고 있다. 그런 인연으로 '문명충돌과 미중 무역전쟁'이라는 묵직한 제목의 책을 발간하는데 편집주간으로 역할을 맡게 된 것 같다.

책을 편집하며 필자도 미중 무역전쟁과 관련된 책들을 읽고 공부했다. 이번 책은 중국동포 조선족 학자, 지식인들의 논문과 견해를 담은 여러 편의 글을 게재했다. 그동안 머리속에 박혀 있던 미국 중심의 사고에서 벗어나 미중 무역전쟁을 바라볼 수 있는 기회의 장이 되어 많은 공부가 된 것같다.

이번 미중 무역전쟁 전개과정을 분석해보면, 통신기술발달로 국가 대 국가 간 벌어지는 일도 이젠 이웃집 사이에 벌어지는 일 마냥 빠른 속도로 전개되고 있음을 보게 된다. 잠시라도 한눈을 팔면 엉뚱한 소리를 할 수도 있는 시대에 살고 있다는 것이다.

특히 미중 무역전쟁은 한반도의 여러 상황과 직결되어 있는 중요한 사안으로 떠오르고 있고 한국경제에는 직격탄으로 날아오고 있다.

한국은 미국과의 군사동맹관계를 맺고 있다고 하지만 지난 수천년의 역사를 두고 볼때 중국과의 관계는 결코 무시할 수 없다. 국제관계를 어떻게 풀어가느냐 하는 것이 한국 입장에서는 매우 중요한 문제일 수밖에 없다. 우리가 다양한 의견에 귀를 기울이고 들어보는 게 필요하다고 생각되는 이유이면서 이번 책이 그런 면에서 가치가 있다고 확신한다.

2019년 10월

편집주간 **김용필** (동포세계신문 대표)

문명충돌과
美中무역전쟁
한중 경제관계에 미치는 영향과 대응방안 모색

초판인쇄 2019년 10월 25일
초판발행 2019년 10월 25일

지은이 정인갑, 조평규, 박동훈, 박재진, 안유화, 전병서 외
펴낸이 채종준
펴낸곳 한국학술정보㈜
주소 경기도 파주시 회동길 230(문발동)
전화 031) 908-3181(대표)
팩스 031) 908-3189
홈페이지 http://ebook.kstudy.com
전자우편 출판사업부 publish@kstudy.com
등록 제일산-115호(2000. 6. 19)

ISBN 978-89-268-9702-7 93340